LO QUE LAS PERSONAS DICEN ACERCA DEL DR. MYLES MUNROE Y EL PROPÓSITO Y PODER DEL ESPÍRITU SANTO...

La sabiduría [del Dr. Myles Munroe] es para el creyente lo qu la caseta de teléfono es para Superman. ¡Entre a cada página y sea cambiado!

—*Obispo T.D. Jakes*
The Potter's House de Dallas

Myles Munroe se para como un pilar de fuerza en el medio de tanta confusión soplada por el viento que está destrozando sectores de la iglesia. Su compromiso con la integridad y la pasión espiritual—a un estilo de vida bíblico despejado por tradición muerta—es un gozo para contemplar.

—*Jack W. Hayford*
Canciller Emérito, The King's University, Los Angeles, CA

Myles Munroe le da una mirada fresca al ministerio y a la persona del Espíritu Santo. *El Propósito y Poder del Espíritu Santo* es un libro poderoso que hace a la verdad, simple y fácil de entender.

—*Billy Joe Daugherty*
Fundador y pastor principal, Victory Christian Center, Tulsa, OK

Cada reino presenta un sistema administrativo cuidadosamente estructurado. En este libro, Myles Munroe se enfoca en la administración del reino de Dios en la tierra desde una perspectiva celestial. Al hacerlo, ofrece visiones frescas y desafiantes en los principios de ciudadanía del reino, el carácter y propósito del administrador divino, y los recursos que nuestro Gobernador provee para capacitar a los ciudadanos del reino para cumplir con las responsabilidades de ciudadanía.

—*Dr. Jerry Horner*
Decano Fundador, School of Divinity, Regent University,
Virginia Beach, VA
Ex Decano, School of Theology, Oral Roberts University, Tulsa, OK

EL PROPÓSITO Y PODER DEL ESPÍRITU SANTO

EL GOBIERNO DE DIOS EN LA TIERRA

DR. MYLES MUNROE

W

WHITAKER
HOUSE
Español

Traducción al español por: Sara Raquel Ramos

Editado por: Ofelia Pérez

El propósito y poder del Espíritu Santo
El Gobierno de Dios en la tierra
Publicado originalmente en inglés bajo el título
The Most Important Person on Earth:
The Holy Spirit, Governor of the Kingdom

Munroe Global
P. O. Box N9583
Nassau, Bahamas
www.munroeglobal.com
office@munroeglobal.com

ISBN: 978-1-64123-136-7
eBook ISBN: 978-1-64123-111-4
Impreso en los Estados Unidos de América
© 2007, 2018 por Munroe Group of Companies Ltd.

Whitaker House
1030 Hunt Valley Circle
New Kensington, PA 15068
www.whitakerhouse.com

CONTENIDO

INTRODUCCIÓN

Los seres humanos de todas las edades, géneros, nacionalidades y grupos étnicos están en la búsqueda de propósito e importancia. Considere:

+ La cantidad de religiones en el mundo que buscan la explicación de nuestra existencia.
+ La grande y creciente cantidad de libros sobre "auto-ayuda" en los estantes de las librerías.
+ El enorme énfasis en los países del Oeste sobre auto-realización.
+ La búsqueda constante de la comunidad científica sobre el origen de la vida.
+ La lucha continua de los pueblos tercermundistas para obtener libertad y sentido de identidad para sus naciones y para ellos mismos.

Buscamos cómo entender el por qué estamos aquí, la importancia del mundo en que vivimos, y cómo podemos lograr nuestro potencial personal. Queremos saber si nuestras vidas individuales tienen algún significado real en la vasta expansión de la historia y el tiempo.

¿Por qué luchamos con estas preguntas? ¿Por qué todavía no sabemos las respuestas?

¿Qué nos hace tan introspectivos y continuamente deseosos de encontrar el significado para nosotros y nuestro mundo?

"REGRESE AL FABRICANTE"

¿No sería maravilloso si todos los seres humanos naciéramos con las "instrucciones del fabricante" atadas a las muñecas, explicando quiénes somos y cómo funcionamos? (¡Por supuesto que aunque así fuera, la mayoría probablemente no leeríamos las instrucciones y trataríamos de descifrar la vida en la marcha!)

Creo que los seres humanos venimos con el equivalente a las instrucciones de operación que nos da las respuestas a nuestras preguntas más profundas sobre nosotros mismos y nuestro mundo. Parte de esta información ha sido colocada dentro de nosotros; el resto nos ha sido entregado por nuestro Creador o "Fabricante" en forma escrita. La razón por la que estamos llenos de incertidumbre y confusión acerca de la vida es que hemos perdido nuestra conexión con estas instrucciones originales. No nos hemos detenido a reconocer nuestra programación interna o a leer nuestro manual de la vida para entender nuestro potencial personal o cómo funcionamos. Es por esto que no podemos ver el propósito del mismo mundo, y cómo se supone que marche.

Cuando tratamos, pero fallamos en resolver lo que está roto en nuestras vidas y en nuestro mundo, es porque las etiquetas de nuestro Fabricante se han descolorado y no hemos leído esta instrucción crucial: "No trate de repararse usted mismo. Regrese al Fabricante".

Es el Fabricante quien…

+ Tiene el plano original.
+ Sabe cómo reparar lo que está roto dentro de nosotros.
+ Puede proveer la pieza de reemplazo para lo que está perdido en nuestras vidas.

Cuando volvemos a descubrir la intención original del Fabricante, entendemos nuestro propósito, nuestro potencial y la importancia del papel que jugamos en este mundo.

EL GOBIERNO DEL REINO

La mente de nuestro Fabricante no inventó la vida fragmentada que tenemos hoy, con sus divisiones entre las naciones y los grupos de personas, disputas entre las familias, su doble ánimo y ética, su abuso y pérdida. Él imaginó una vida metódica, pero enérgica, en la que cada persona pudiera lograr su máximo potencial en conjunto con otros para el mayor bienestar de los individuos y la comunidad de los seres humanos.

El plano original del Creador fue de un *gobierno del reino sobre la tierra* como una extensión y reflejo de su grande y espiritual reino. Este gobierno terrenal fue formado para ser una colonia próspera con la humanidad como (1) sus ciudadanos, y (2) sus co-gobernadores locales representando al Reino. Nuestro mandato era el de transformar la colonia en la naturaleza del Reino.

El carácter de la colonia inicial fue pacífico y productivo debido a la generosa naturaleza de su Creador y Soberano. Los intereses del Creador son el bienestar, la productividad y la realización de sus ciudadanos. Su gobierno es *perfecto*, rige benévolamente.

CONEXIÓN ENTRE REINOS

La clave para el éxito de este plan fue el establecimiento de una *conexión entre reinos* y una continua relación entre el Reino y la colonia de la tierra. Esta conexión fue completamente efectiva porque fue directa—de Soberano a ciudadano individual—por medio de una comunicación sobrenatural que le permitía a los ciudadanos conocer los deseos y planes del Rey. Esa conexión fue el propio Espíritu del Soberano, viviendo entre la humanidad: su Espíritu Santo.

Para entender esta conexión entre reinos, tenemos que buscar el concepto de *sobrenatural*, y debemos mencionar los varios conceptos erróneos que las personas tienen cuando escuchan el término *Espíritu Santo*. No hablo de algún tipo de "fuerza", "misticismo" o "sentimiento", sino de una Persona. Me refiero al Creador "extendiéndose a sí mismo" hacia nosotros en interacción personal, en una comunicación de Persona a persona.

EL CONCEPTO DE LO SOBRENATURAL

La palabra *sobrenatural* no existe en las Escrituras, pero describe un concepto claramente presentado aquí. Sobrenatural simplemente significa "fuera" o "sobre" lo natural; es espiritual en vez de físico. El mundo sobrenatural está sobre nuestro mundo natural. Pablo de Tarso, el teólogo del primer siglo, defendió este concepto como *invisible* o *no visto*:

> Porque las cosas invisibles de él, su eterno poder y deidad, se hacen claramente visibles desde la creación del mundo, siendo entendidas por medio de las cosas hechas, de modo que no tienen excusa (Romanos 1:20).

> No mirando nosotros las cosas que se ven, sino las que *no se ven*; pues las cosas que se ven son temporales, pero *las que no se ven son eternas* (2 Corintios 4:18).

El reino sobrenatural es, por lo tanto, un mundo invisible o no visto que es distinto del físico nuestro. Es al que el incomparable joven rabino, Jesús de Nazaret, se refería cuando dijo: "Mi reino no es de este mundo... pero mi reino no es de aquí" (Juan 18:36).

Cuando alguien "experimenta" el mundo sobrenatural del Rey Creador, se refiere a su encuentro con el reino de su Soberano. La clave de su interacción con el Reino no visto es el Espíritu Santo comunicándose con la mente y el corazón del Rey para que el humano pueda llevar a cabo [su tarea] en la tierra.

La naturaleza de esta relación entre el mundo invisible del gobierno del Reino y el mundo corpóreo de la tierra física enfatiza el valor incalculable de Aquel que hace posible la conexión entre estos dos reinos, el Espíritu Santo.

EL CONCEPTO DEL REINO

Para apreciar totalmente el gobierno invisible, debemos entender que la *idea* del "reino" no se originó en la tierra con las civilizaciones ancestrales de Babilonia y Egipto. No vino del todo de la tierra. El concepto del reino está basado en el deseo del Creador para diseñar y mantener ambos reinos, tanto el visible como el invisible, para expresar, representar y manifestar su naturaleza.

Las ideas son una de las fuerzas más poderosas en la existencia. Vemos cómo las grandes ideas transcienden generaciones y sirven como fuente de actividad creativa de las personas, y de motivación para su productividad. Las ideas son los puntos de partida de todo lo que es creado. Una idea se vuelve un concepto completamente desarrollado y viable cuando es visionada y ejecutada. El concepto de un reino ideal es tan lindo que solo el Rey Creador de cierta naturaleza pudo haberlo visionado y establecido. Necesitamos entender al Rey y el reino del cual venimos.

La palabra *rey* se refiere a la persona o personalidad que influencia y supervisa el desarrollo productivo y el servicio provechoso de todo lo que está bajo su cuidado, para el cumplimiento de sus nobles deseos y el beneficio de todos aquellos viviendo en su reino. El entorno, territorio y autoridad sobre los que preside son sus "dominios" o "reinos". Un rey eficazmente relacionado con sus dominios es la esencia del concepto de reino.

El reino es, por tanto, el ejemplo perfecto del divino acto creativo del Creador. El primer reino de su dominio es descrito como cielo. El cielo es el reino original; fue el origen de los reinos. Ningún reino existió antes de él y nada natural puede ser adecuadamente comparado a este. Es el primer reino verdadero porque el primer Rey lo creó. El reino de los cielos es el único prototipo perfecto de los reinos existentes.

Cuando nuestro Rey Creador deseó extender su perfecto reino invisible al visible, el resultado fue la creación del universo físico y la designación del planeta tierra como el destino para una extensión particular de su ser divino. Pablo de Tarso intentó comunicar este divino proceso de creación y extensión cuando escribió al pueblo de la ciudad de Colosas: "Porque en él fueron creadas todas las cosas, las que hay en los cielos y las que hay en la tierra, visibles e invisibles; sean tronos, sean dominios, sean principados, sean potestades; todo fue creado por medio de él y para él" (Colosenses 1:16).

El reino de los cielos y su colonia en la tierra existen a través de la voluntad de nuestro Rey Creador. Por lo tanto, es imposible comprender el propósito de la humanidad sin entender el concepto del Reino y cómo debemos representarlo sobre la tierra. Una conexión entre reinos por medio del Espíritu Santo es lo que nos permite cumplir nuestro propio propósito como seres humanos. El gobierno del Reino es la respuesta máxima a nuestra búsqueda del significado personal y el significado del mundo a nuestro derredor.

Ya no podemos seguir ignorando el escrito borroso en nuestra etiqueta del Fabricante. Volvamos a la intención inicial de nuestro Rey Creador para que podamos entender el plano original de ambos, el Reino y la colonia.

PRÓLOGO

En el principio era la Palabra del Rey. Su Palabra era él mismo y era inseparable de él. Su Palabra era con él desde el inicio. Todo lo que existe fue hecho por medio de la Palabra del Rey; no existe ninguna otra fuente de vida. En su Palabra había vida, y esta vida manifestó el conocimiento del Rey y su Reino a las mentes obscuras y confundidas de la humanidad. Pero aunque la luz de este conocimiento brilla fuertemente, aquellos que eligen permanecer en un estado de oscuridad no pueden verlo.

En el principio, el Rey creó una colonia para su Reino. La colonia estaba vacía y sin desarrollar, y no había vida. El Gobernador del Rey estaba listo para traer el orden y la influencia del Reino a la colonia por medio de la Palabra del Rey...

PARTE 1

EL PROGRAMA DE LA EXPANSIÓN CELESTIAL

EL PODER DE LA INFLUENCIA

NADA ES MÁS DAÑINO A UNA NUEVA VERDAD QUE UN VIEJO ERROR.
—JOHANN WOLFGANG VON GOETHE

Me encontraba sentado entre el reino y la colonia.

Fui invitado por el Embajador de los Estados Unidos a las Bahamas para un evento estatal oficial en su residencia. También asistieron a esta reunión el Primer Ministro de las Islas Turcos y Caicos, y su Excelencia, el Gobernador Real de las Islas de Turcos y Caicos.

Este grupo de islas se ubica en la costa sur de mi país, las Bahamas. Al escribir este libro, Turcos y Caicos son colonia de Inglaterra. La colonia es regida por el Gobernador Real, quien fue nombrado por la Reina Isabel II de Inglaterra. Él es la autoridad máxima en esa colonia. Sin embargo, el Primer Ministro, un oficial elegido, aprobado por la Corona, es quien dirige el gobierno local.

El Primer Ministro fue el invitado especial del Embajador de los Estados Unidos. El Embajador también había invitado a otros miembros del cuerpo diplomático, como también a oficiales gubernamentales e invitados distinguidos de todo el mundo. Previo a esta reunión, ya había estado bien relacionado con el Primer Ministro. Por invitación personal, ya había visitado su maravilloso territorio isleño para dirigirme a líderes gubernamentales y civiles en un evento nacional especial, y nos habíamos hecho buenos amigos.

Durante el evento estatal en la residencia del Embajador de los Estados Unidos, también conocí bastante bien al Gobernador Real, ya que yo estuve sentado entre él y el Primer Ministro por más de tres horas de eventos. El Primer Ministro es un isleño nativo de Turcos y Caicos, mientras que su Excelencia, el Gobernador, es inglés puro. Cuando habló, se supo inmediatamente que no era de las islas.

Al conversar con estos dos distinguidos líderes, uno a cada lado de mí, nuevamente entendí el principio de los reinos y el impacto en sus colonias.

Esto refrescó mi perspectiva y me recordó de mi experiencia personal como un ciudadano de la que fuera colonia del reino de Inglaterra. Allí estaba sentado entre la corona y la colonia, el gobernador y el administrador, la autoridad y el poder. El gobernador fue enviado por el reino para vivir en la colonia, entre la gente, para representar a la Reina y ejecutar sus deseos y voluntad sobre la colonia. Su propósito principal era mantener la influencia del reino y la presencia en este territorio.

LA VIDA DEL REINO

Años de investigación me han llevado a la conclusión de que las estructuras prácticas de los reinos nos señalan las verdades y principios que transcienden las fortunas meramente políticas de imperios individuales. El observar cómo realmente funciona:

+ Nos provee de conocimiento profundo acerca de nuestra propia naturaleza como seres humanos.
+ Revela la clave para nuestro extraordinario propósito en la vida, y
+ Nos capacita para ejercer nuestro total potencial en el mundo.

Estas cosas tienen tremendas implicaciones para la raza humana, personalmente, profesionalmente, socialmente y políticamente; para nuestras familias, comunidades, países y el mundo.

De alguna manera estoy en una posición inigualable para discutir la naturaleza de los reinos y sus colonias, habiendo crecido en una tierra que fue colonia británica por casi doscientos años, y habiendo sido testigo de su transición pacífica hacia la independencia. Recuerdo muy bien lo que significó vivir bajo la monarquía—la mentalidad de un reino, sus funciones y procedimientos. También entiendo lo que significa vivir en una nación independiente, habiendo seguido muy de cerca nuestra transición del autogobierno, cuando yo todavía era una persona joven. Mi conocimiento afín con estas dos formas de gobierno han sido extremadamente beneficiosos para mí al haber explorado la naturaleza del reino y lo que esto significa para cada persona en este planeta.

Mi investigación sobre el concepto de reino me ha convencido de que el éxito de su vida y la mía depende de lo bien que entendamos y vivamos lo que denominaré la *vida del reino*. No me estoy refiriendo a un sistema político, ni a ningún gobierno nacional en particular, sino a una manera de entender y vivir la vida cada día.

UNA PERSPECTIVA ANTI-REINO

El concepto de reino puede parecer antitético para la mente contemporánea. Los imperios y sus colonias parecieran estar fuera de tiempo en el Siglo XXI, solo mortecinos remanentes del pasado. Hoy en día, muchas naciones tienen gobiernos representativos. Una cantidad de viejas colonias y protectorados han obtenido su independencia. Las oportunidades de autogobierno se han expandido grandemente por todo el mundo, y justamente celebramos las libertades políticas y las oportunidades que estos cambios han traído. La historia de la humanidad ha visto suficientes reinos tiranos y dictadores provocándole buscar una diferente manera de gobierno.

La democracia es esencialmente reacción de la humanidad hacia los reinos pervertidos. Los fundadores de los Estados Unidos se rebelaron contra lo que ellos consideraron un gobierno opresor, y los propios orígenes de la sociedad contemporánea occidental son anti-reino. Debido a la fuerte influencia de ideas políticas y sociales de independencia y libertad, esta perspectiva ha impregnado el mundo y afecta muchas áreas de nuestro pensamiento, no solo al reino gubernamental. Esto se demuestra en cómo nos vemos y nos conducimos en las relaciones personales, en los negocios, en los medios de comunicación, en la educación e incluso en lo religioso, ya que nuestras experiencias culturales producen nuestras definiciones. Es por esto que el concepto de reino es desechado por la mayoría de las personas en la actualidad como irrelevante, y aun es considerado por otros como aterrador.

Sin embargo, a la luz de estos desarrollos, muchas personas ya no entienden lo que significa vivir en un reino auténtico e incorrupto. Creo que esta falta de entendimiento les ha entorpecido su perspectiva sobre la vida. La mayoría hemos olvidado por qué los reinos históricamente tuvieron un impacto profundo en las personas y naciones por miles de años, algunos de los cuales todavía se hacen sentir. No han reconocido lo que el concepto y la historia de los reinos revelan, lo cual es vital para nosotros hoy.

Por lo tanto, paso a paso quiero presentarle a usted cómo la obra práctica de la vida del reino responde a las preguntas esenciales sobre nuestra existencia humana, propósito y realización. Hemos tratado con nuestras metas personales y problemas, como también nuestras crisis nacionales y globales, desde muchas posiciones ventajosas, pero no siempre desde esta perspectiva. Las democracias son instituciones políticas valiosas para nosotros hoy en día, pero me estoy refiriendo a algo que transciende nuestros gobiernos y políticas contemporáneas—algo que habla a la base de nuestro propio ser como humanos. Tiene importancia para las personas de todas las naciones, religiones y credos. Yace en el centro de la existencia de cada persona sobre la tierra, *ya sea cristiano, budista, hindú, musulmán, judío, nóstico o ateo.*

Al igual que yo me encontré sentado entre el reino y la colonia, usted y cada persona sobre el planeta están, en cierto sentido, supuestos a encontrarse en una relación entre reino y colonia, y, experimentar esa dinámica en sus propias vidas.

EL PODER DEL REINO

El carácter de este Reino es, de nuevo, nada parecido a los reinos políticos del pasado y del presente, los cuales buscan someter a otros bajo sus controles basados en poder territorial, avaricia o doctrina religiosa. Estos reinos esclavizan. Mas la misma naturaleza de la humanidad, como también el progreso personal y colectivo del mundo, está diseñada para desarrollarse y prosperar desde la estructura de este Reino.

Mencioné en el prefacio de este libro que el tema principal de la humanidad es el poder, definido como "la habilidad para influenciar y controlar las circunstancias". Todos queremos dirigir e influenciar nuestras vidas de una manera positivista y realizable. La naturaleza de este Reino habla directamente a esta necesidad.

El entender nuestra asociación con este Reino se inicia con una exploración de lo que todos los reinos humanos han compartido en común, y de cómo fueron diferentes a la experiencia contemporánea de los gobiernos a los que todos estamos familiarizados en la actualidad. Luego podemos movernos al concepto más extenso de lo que estas cualidades revelan sobre nuestra existencia y propósito humanos.

LA NATURALEZA DEL GOBIERNO DEL REINO

Yo defino un reino como **"la autoridad e influencia gobernante de un regente soberano que impacta a su territorio por medio de su voluntad, propósito e intenciones, las cuales son manifestadas en la cultura, el estilo de vida y la calidad de su ciudadanía".** Un rey debe tener su dominio o su territorio. A esto le llamamos el "dominio del rey" o su reino. Usted no puede ser rey sin tener un territorio; usted debe gobernar sobre algo. Y no puede ser un rey sin tener ciudadanos que vivan y trabajen en el reino.

En un reino legítimo y tradicional, todo poder es conferido al monarca. En realidad, el rey, personalmente es *dueño* del país, incluyendo a ese pueblo. En contraste, un presidente o primer ministro representando a un gobierno, no es dueño del país; él lo gobierna en nombre del pueblo.

El rey implementa su visión para el reino. No hay congreso o parlamento para discutir cuáles leyes serán creadas. Solo existe el monarca, y tiene acceso inmediato para escoger cuidadosamente un concilio confiable que pondrá en práctica sus deseos. El trabajo de estos asesores es tomar la voluntad del rey, transcribirla en la ley de la tierra, y asegurarse que sea promulgada por todo el reino.

Por lo tanto, un reino es la influencia gobernante de un rey sobre su territorio, impactando e influenciándolo con su *voluntad personal*. En un reino, los intereses personales del rey se convertirán en normas, y la voluntad personal del rey se convertirá en ley.

La efectividad de un reino y su poder es, por ende, la habilidad de influenciar y controlar el territorio de acuerdo a la visión del rey.

LA META DEL REINO: GOBERNAR Y GANAR TERRITORIO

La mayoría de los reinos a través de la historia buscan tener territorio adicional, algunas veces a cierta distancia del país base, porque el poder de un rey está relacionado con el territorio que le pertenece. Mientras más territorio tenga el rey, más respetado era por los otros reinos, especialmente si los territorios tenían abundante riqueza natural. El país originario del rey era su *dominio*, y los territorios adyacentes eran sus *colonias*.

Una vez que era obtenida una colonia, la meta número uno del soberano era ejercer su influencia personal sobre esta.

LA TRANSFORMACIÓN DE LAS COLONIAS EN EL REINO

Una colonia está comprendida por "un conjunto de personas que van a poblar un territorio alejado, pero que continúan perteneciendo a su patria";[1] o sea, un grupo de emigrantes o sus descendientes que se establecen en una tierra distante, pero permanecen sujetos al país originario. La palabra *colonia* se deriva de la misma palabra latina *colonu*, la cual a su vez se deriva de *colere*, que quiere decir "cultivar"[2]. En este sentido, una colonia es:

+ La presencia de una ciudadanía cultural diferente en territorio extranjero que es gobernado por las leyes y costumbres de su país originario.
+ Establecida para influenciar ese territorio a favor del gobierno natal.

Esto significa que el propósito de una colonia era esencialmente para:

1. Ser una extensión del país originario en otro territorio.
2. Establecer un prototipo del país de origen en otro territorio.
3. Representar los valores, morales y modales del país originario.
4. Manifestar la cultura y estilo de vida de la nación original.

Por lo tanto, cuando un rey se apodera de un territorio, su meta es hacer ese territorio exactamente igual al reino. El propósito no solo es obtener tierras, sino también transformar esas tierras para que reflejen al país en su mentalidad y estilo de vida, en sus características y cultura. De esta manera, el reino no solo extiende su poder, sino que también expande la influencia de su naturaleza misma.

El Imperio Romano tenía una manera específica de asegurar la permanencia y efectividad de la influencia del reino sobre sus colonias. Cuando los romanos conquistaban una región, situaban dentro de ella a un grupo de unos trescientos de sus propios ciudadanos, como también de una gran cantidad de aquellos aliados del imperio y una cantidad de colonos, para servir como un tipo de puesto militar. Estos constituían una "colonia de ciudadanos romanos" (*colonia civium Romanorum*) o una "pequeña Roma". Una colonia de ciudadanos romanos era libre de pagar impuestos y de obligaciones militares. Tenía su propia constitución basada en la constitución romana y se les permitía elegir su propio senado y otros cargos de estado. Los habitantes originarios tenían que adherirse a este nuevo gobierno y su constitución.[3] Estas "pequeña Romas" llevaban la cultura y los valores del Imperio Romano por toda Europa y el norte de África.

CARACTERIZAR EL REINO

Un impresionante panorama del poder e influencia de los reinos sobre un territorio y el estilo de vida de sus habitantes puede ser visto en varias naciones del Caribe y Las Antillas. Siempre se puede decir quien controló una colonia al estudiar su cultura. Las Bahamas, Jamaica, Trinidad y Barbados fueron colonias del Reino Unido. Cuba fue una colonia de España. Haití fue una colonia de Francia. Las culturas de todas estas islas son características distintivas de los países que las reclamaban como suyas.

Todavía se puede ver la influencia de los reinos en el diario vivir de las costumbres de los pueblos. Si visita las Bahamas, observará la influencia de Gran Bretaña en nuestras calles estrechas, nuestro manejo al lado izquierdo de la calle y nuestro hábito de tomar el té. Cuando era un jovencito e iba al colegio, mis compañeros de clases y yo crecimos cantando "Dios salve a la Reina". Fuimos seres enseñados a ser una "pequeña Inglaterra". Similarmente, si usted va a Cuba, puede pensar que está en España al observar su arquitectura y comida. Significativamente para estas culturas, cada una de estas antiguas colonias habla el lenguaje del reino que las conquistó.

La mayoría de los reinos en el período de la colonia tenían que luchar por nuevo territorio porque había limitada cantidad de terreno en el mundo. Bajo el control europeo, las Bahamas fueron inicialmente reclamadas por los españoles. Los franceses trataron de conquistarla, pero los españoles no lo permitieron. Finalmente, los británicos le ganaron a España. Si el Imperio Británico no hubiera ganado, hoy pudiera estar hablando español. Así es que, aunque las Bahamas, Haití y Cuba son todas partes de una cadena de islas, quien controlaba el dominio controlaba el idioma y la cultura del pueblo. Si realmente quiere investigar el poder de los reinos, estudie la isla de La Española, constituida por República Dominicana y Haití. Dos reinos tomaron la misma isla, hay una línea justo al medio de la isla; un lado habla francés, mientras que el otro habla español.

LA PERSONA MÁS IMPORTANTE EN LA COLONIA

La transformación de una colonia en la cultura del reino no sucedía automáticamente. Un decidido desarrollo estaba involucrado. Usualmente, el rey no extendía su influencia directamente a su colonia al ir físicamente. Administraba su voluntad por medio de su representante personal, llamado gobernador o regente. Enviaba a su representante a vivir físicamente en la colonia en vez de él. Por lo tanto, el Gobernador Real era la *presencia del rey ausente* en la colonia.

Con el gobernador en la colonia, usted no necesitaba la presencia física del rey para experimentar y ser cambiado por medio de la influencia del rey. Mencioné que los monarcas británicos que influenciaron las naciones caribeñas de habla inglesa, no visitaban frecuentemente sus colonias. Pero, en las Bahamas, todos aprendimos a hablar inglés, beber té, ondear la bandera del Reino Unido, y cantar los himnos de Inglaterra. Nos convertimos en parte del Reino Unido. Y los gobernadores reales fueron el instrumento directo de esa transformación.

De esta manera, el gobernador era la persona más importante en la colonia. Logramos apreciar mejor por qué esto es cierto cuando miramos su propósito.

EL PROPÓSITO DEL GOBERNADOR

El propósito del gobernador era séxtuplo:

1. *Relación*: El gobernador era el garante de que el reino siempre tuviera acceso a la colonia. La interrelación entre el rey y la colonia era totalmente dependiente de él.

2. *Comunicación*: Todo lo que el rey quería que la colonia supiera o recibiera, lo enviaría por medio de su gobernador, su vía de comunicación.

3. *Representación*: El gobernador era el representante principal del rey y su reino en la colonia. También representaba la colonia ante el rey.

4. *Interpretación*: El gobernador conocía íntimamente los deseos, ideas, intenciones, propósitos, voluntad y planes del rey; por lo tanto, era el único que efectivamente interpretaba estas cosas para la colonia.

5. *Poder*: El gobernador era el único facultado con la autoridad y habilidad para ejecutar los deseos y órdenes del rey para la colonia.

6. *Colaboración*: El gobernador, efectivamente, era el colaborador del rey en el mandato.

CALIFICACIONES Y FUNCIONES DEL GOBERNADOR

Las calificaciones y funciones de un gobernador eran importantes en términos del reino y la colonia:

1. *El gobernador era nombrado por el rey.*

A diferencia de los gobernadores de gobiernos representativos, el gobernador real no era elegido; era designado por el rey.

2. *El gobernador venía únicamente del reino, nunca de la colonia.*

Los gobernadores nunca eran escogidos de los nativos de las colonias. Siempre fueron designados desde el país originario. ¿Por qué? Un gobernador debía ser tradicional en la *cultura original* del reino. Tenía que ser una persona que conociera el reino y entendiera el corazón, la mente, los deseos, la voluntad e intención del rey para llevar a cabo los propósitos del rey en el territorio.

3. *El gobernador representaba solo al rey.*

Nuevamente, la diferencia entre los gobernadores de las colonias y los gobernadores para muchos de nosotros que estamos familiarizados con un gobierno representativo, es como la noche y el día. Cada estado en los Estados Unidos tiene un gobernador que es elegido por el pueblo y puede también ser quitado. Él o ella eran fundamentalmente responsables a las personas del estado, no al gobierno federal o sus líderes. En contraste, el gobernador real era responsable y rendía cuentas solo al rey por su lealtad, actitud, acciones y responsabilidad.

4. *El gobernador solo expresaba la mente y voluntad del rey.*

El gobernador no estaba ahí para promover sus propias políticas o agendas. Debía tomar la visión y voluntad del rey y comunicárselas al pueblo, traduciéndolas en leyes y políticas.

5. *El gobernador era responsable de convertir la colonia en el reino.*

Una vez más, era trabajo del gobernador el vigilar y realizar la transformación de las colonias de acuerdo al carácter del reino. El gobernador estaba "colocado" en la colonia para sembrar las semillas del país originario en la cultura del nuevo territorio. La colonización era para el propósito de la *conversión*—para intercambiar la cultura del territorio por la cultura del reino. Cualquier cosa que sucediera en el reino se suponía que también sucediera también en la colonia.

6. *En convertir la colonia, el gobernador transfería la cultura, los valores, naturaleza, lenguaje y estilo de vida del reino al pueblo.*

El gobernador se aseguraba que cada súbdito del reino tomara la cultura del reino en el idioma, actitud, vestimenta, comida, etc. Los colonos también eran tomados en cuenta en la historia del reino como si fuera la suya propia, que de hecho así es ahora, porque pasaban a ser parte de las crónicas de la nación. Los súbditos tomaban la mentalidad y el estilo de vida del reino al punto que, si usted visitaba el territorio, pensaría que estaba en el mismo país originario.

7. *El gobernador preparaba a los súbditos para la ciudadanía.*

Cuando un rey tomaba control de una colonia, el pueblo, esencialmente, venía a ser su posesión. Los habitantes de la colonia no eran ciudadanos inmediatamente; eran llamados *súbditos.* Por ejemplo, cuando las Bahamas era una colonia, el pueblo no era ciudadano de Gran Bretaña. No podíamos votar y no teníamos los otros derechos de los ciudadanos británicos.

En un reino, la ciudadanía era un privilegio. Era prerrogativa del rey quién se convertía en ciudadano, y él personalmente la concedía. La razón para que la ciudadanía no era automática es que, una vez que una persona era designada como ciudadano, tenía beneficios especiales y protecciones en el reino. En el Imperio Romano, la ciudadanía era un alto honor y privilegio que involucraba muchos derechos. En el siglo primero, Pablo de Tarso fue arrestado en Jerusalén por el tribuno romano alegando que perturbaba la paz. Casi estaba a punto de ser azotado cuando le declaró a uno de los centuriones que él era ciudadano romano. Inmediatamente, la actitud de los soldados hacia él cambió. El siguiente intercambio dramáticamente revela el poder de la ciudadanía del reino en el Imperio Romano, especialmente si usted era *nacido* como ciudadano:

Cuando le ataron con correas, Pablo le dijo al centurión que estaba presente: "¿Os es lícito azotar a un ciudadano romano sin haber sido condenado?" Cuan-do el centurión oyó esto, fue y dio aviso al tribuno, diciendo: ¿Qué vas a hacer? Porque este hombre es ciudadano romano. Vino el tribuno y le dijo: Dime, ¿eres tú ciudadano romano? Él dijo: Sí. Respondió el tribuno: Yo con una gran suma adquirí esta ciudadanía. Entonces Pablo dijo: Pero yo lo soy de nacimiento. Así que, luego se apartaron de él los que le iban a dar tormento; y aun el tribuno, al saber que era ciudadano romano, también tuvo temor por haberle atado (Hechos 22:25-29).

Una vez que usted es ciudadano, sus privilegios, derechos y obligaciones cambian ante el trono. El rey es responsable por cuidar de usted. Por lo tanto, la función del gobernador de preparar a los súbditos era una tremenda responsabilidad. Si el gobernador creía que un súbdito estaba listo para convertirse en ciudadano o que era especialmente merecedor de ciudadanía, lo recomendaba ante el rey. Debido a que el gobernador vivía en la colonia y conocía muy bien a los súbditos, el rey aceptaba las sugerencias del gobernador al respecto.

8. *El gobernador vivía en una residencia construida por el gobierno del país originario.*

Un reino debía construir una residencia en sus colonias especialmente para que sus gobernadores reales vivieran en ella. Esto enfatizaba que el gobernador, el principal representante del reino en la colonia, no era solo una visita; él vivía allí, estaba para quedarse y esta era su residencia legal. Los británicos construyeron una mansión para el gobernador en Nassau, la capital de las Bahamas, especialmente para que el Gobernador Real viviera allí, la cual en la actualidad es llamada la Casa Gubernamental. Similarmente, Gran Bretaña construyó casas en Jamaica, Trinidad, Barbados y en cada colonia donde regían.

9. *La presencia del gobernador en la colonia era evidencia que el reino mismo estaba en la colonia.*

Mientras el gobernador viviera en la colonia, el reino mismo estaba presente. Cuando por primera vez las Bahamas fue declarada una colonia británica, fue cuando el gobernador real sacó las guarniciones españolas remanentes, solidificando su propiedad para el reino de Gran Bretaña.

10. *El gobernador se retiraba si la colonia era declarada independiente.*

Ya sea por fuerza o por llamado a retirarse, el gobernador dejaría la colonia si era declarada independiente, y el reino ya no estaba oficialmente gobernando. Durante la Revolución Americana, los gobernadores reales fueron forzados a abandonar sus puestos. Cuando las Bahamas recibieron su independencia, fue a través de negociaciones con Gran Bretaña, y el gobernador fue retirado porque ya no tenía derecho legal para quedarse.

EL VALOR DEL GOBERNADOR

Entonces, en términos de reino, el gobernador era la persona más poderosa e importante en la colonia. Porque era quien introducía la cultura, el lenguaje y el estilo de vida del reino —cada aspecto propio del reino— en la colonia, tenía gran valor para el reino y sus grandes propósitos. Sintetizando, el gobernador era valioso:

1. *Como la presencia del gobierno.* Sin él, el reino no hubiera existido en la colonia.
2. *Para representación del gobierno.* Si este no estaba presente, el rey no podía estar adecuadamente o efectivamente representado.
3. *Para la capacitación de la colonia.* Él era quien tenía la autoridad y la habilidad de suplir poder y medios para la colonia.
4. *Para protección.* Mientras el reino estuviera representado con un gobernador en una colonia, el rey estaba obligado a proteger el territorio de las amenazas y peligros exteriores.
5. *Por su habilidad de conocer y comunicar el pensamiento del rey.* El gobernador representaba los intereses y la voluntad del rey en la colonia, y se aseguraba de que fueran puestos en práctica.
6. *Para capacitar a los ciudadanos y súbditos de la colonia para cumplir la voluntad del reino.* La colonia recibía las instrucciones solo por medio del gobernador, y por lo tanto, dependía de él para su efectividad. Los ciudadanos y súbditos no podían llevar a cabo el mandato del reino sin la guía y la capacitación del gobernador.

LA INFLUENCIA DE OTRO REINO

Estas eran las características principales en una relación reino-colonia, incluyendo la función fundamental del gobernador en el proceso de transformar las colonias en el país originario. Esto nos regresa al Reino que ya mencioné anteriormente en este capítulo, que trasciende nuestros gobiernos humanos y habla de las bases de nuestra propia naturaleza y existencia como seres humanos. Este Reino tiene propiedades que son similares, pero va más allá, a aquellos reinos terrenales tradicionales que hemos estado observando.

Hace dos milenios, un Maestro principiante describió este reino trascendental. Se anota que cuando Jesús de Nazaret empezó a viajar y hablar por Palestina, la primer cosa que dijo fue: "El tiempo se ha cumplido...El reino de Dios se ha acercado" (Marcos 1:15).

Esta declaración me intriga y surgen varias preguntas para que exploremos en términos del reino:

+ ¿De qué "tiempo" estaba hablando? ¿Y por qué fue entonces?
+ ¿Cuál era la naturaleza del reino al que se estaba refiriendo?

Él estaba anunciando el regreso inminente de un reino y su influencia sobre la tierra. Nótese que no proclamó la introducción de una nueva religión, ni anunciaba el inicio de una forma de gobierno democrático. Debemos preguntar:

+ ¿Por qué utiliza esta referencia gubernamental en particular al inicio de Su vida pública?
+ ¿Qué significaba esto en su mensaje y propósito?
+ Si la influencia de un reino estaba entrando en el mundo, ¿qué cultura nueva podría emerger para los ciudadanos de la tierra?

Para entender el contexto de estas declaraciones que provocan al pensamiento y sus implicaciones, necesitamos regresar al primer libro de Moisés, el libro de Génesis, al origen de este reino. Ya que esta no era la primera vez que el trascendental Reino había entrado en el mundo e impactado a sus habitantes...

PREGUNTAS DE ESTUDIO DEL CAPÍTULO UNO

PREGUNTA PARA REFLEXIÓN

1. ¿Preferiría vivir bajo un reino o bajo una república democrática? ¿Por qué?

EXPLORAR PRINCIPIOS Y PROPÓSITOS

2. ¿De qué depende el éxito de su vida, de acuerdo con la investigación del Dr. Munroe en cuanto al concepto de reino?

3. ¿Por qué el mundo contemporáneo es generalmente anti-reino?

4. Usted está supuesto a encontrarse en una relación entre _____ y _____.

5. ¿Cuáles preguntas esenciales responde la "vida de reino" trascendente a las personas de todas las naciones, religiones y credos?

6. ¿Cuál es el problema principal de la humanidad que aborda la vida del reino? ¿Cómo se define este problema?

7. ¿Cuál es la definición de reino de Dr. Munroe?

8. ¿Cuál es la labor de los asesores de un rey?

9. ¿Cuál es la meta número 1 de un soberano después de ganar una colonia?

10. ¿De qué se deriva la palabra *colonia* en latín?

11. Enumere los cuatro propósitos de una colonia:
(1)

(2)

(3)

(4)

12. ¿Qué hacía al gobernador la persona más importante en una colonia?

13. Paree los seis propósitos de un gobernador son su importancia:

(1) relación   (4) interpretación

(2) comunicación   (5) poder

(3) representación   (6) asociación

Clarifica los deseos, las ideas, la intención, la voluntad y los planes del rey: _____

Comunica lo que el rey quiere que las colonias sepan o reciban:

_____

Comparte el mando con el rey: _____

Provee el acceso del reino a la colonia: _____

Actúa en el nombre del rey de la colonia, y al rey en el nombre de la colonia: _____

Ejerce autoridad para ejecutar los deseos y mandatos del rey para la colonia. _____

14. Enumere varias razones por las que el gobernador era de gran valor para la colonia.

15. ¿Cuál afirmación hizo Jesús de Nazaret acerca de un reino que trasciende gobiernos humanos y habla a la base de nuestra misma naturaleza y existencia como seres humanos?

16. ¿Cuáles propiedades tiene el reino trascendente en relación con reinos tradicionalmente terrenales?

APLICAR LOS PRINCIPIOS DE LA VIDA DEL REINO

PENSÁNDOLO BIEN

+ ¿Qué aprendió usted en este capítulo acerca de la relación entre reinos y colonias, que no había pensado antes?
+ ¿A cuál reino piensa que Jesús de Nazaret se refería? ¿Cuál usted piensa que es la naturaleza de este reino?

ACTUAR AL RESPECTO

+ Haga una búsqueda de las diversas referencias que Jesús hizo al reino en los recuentos de su vida en las Escrituras (Vea los cuatro primeros libros del Nuevo Testamento, también llamados los Evangelios. Una concordancia bíblica [índice por tópico] o un programa bíblico de computadora es un buen medio para hacerlo.) ¿Qué aprende usted acerca del reino trascendente, leyendo estas afirmaciones?

El éxito de su vida depende de cuán bien
vive la vida del reino.

LA ADMINISTRACIÓN ADÁMICA

EL PRINCIPIO Y EL PROPÓSITO DE LA AUTORIDAD DELEGADA ES EL RENDIR CUENTAS Y SER RESPONSABLE.

El primer gobierno sobre la tierra provino de un reino fuera de esta. El mundo estaba gobernado de una manera similar a las colonias que hemos estado analizando. Con todo, el Reino trascendental tenía diferencias significativas:

+ El territorio de la tierra fue creado por el país originario, en vez de haberla tomado a la fuerza. La tierra no era posesión de nadie anteriormente.

+ Al principio no había habitantes sobre la tierra, la cual fue diseñada con ellos en mente; fue especialmente preparada para aquellos que vivirían aquí.

+ Los habitantes originales no eran de una cultura diferente a la del país originario, sino que eran realmente vástagos del mismo Rey.

Estas son las similitudes:

+ El país originario deseaba expandir la amplitud de su influencia al traer la naturaleza, mentalidad y propósitos del reino a la colonia de la tierra.

+ El Gobernador del Rey estaba presente en la colonia para supervisar el proceso de transformación. Él debía guiar a los hijos del Rey—los gobernadores locales—quienes a su vez debían convertir la colonia en una réplica del Reino.

Echemos un vistazo más de cerca a la creación de esta colonia en la tierra.

EL GOBIERNO ORIGINAL

El primer libro de Moisés empieza con estas palabras: "En el principio creó Dios [el Rey Creador] los cielos y la tierra [el universo físico]" (Génesis 1:1). El Creador es descrito por el teólogo del primer siglo, Pablo de Tarso, como "el bienaventurado y solo Soberano, el Rey de reyes y Señor de señores, el único que tiene inmortalidad que habita en luz inaccesible; a quien ninguno de los hombres ha visto ni puede ver" (1 Timoteo 6:15). El Rey eterno de un reino no visto ni conceptualizado, quien creó todo el universo físico. Por derechos de creación, este le pertenece.

Sería imposible tomar la inmensidad del Reino no visto que abarca nuestro universo—especialmente cuando consideramos que el reino físico en el cual existe la tierra, es demasiado inmenso como para que lo comprendamos. Nuestro universo es tan enorme que todavía estamos tratando de encontrar dónde termina. Los astrónomos han descubierto miles de millones (algunos dicen que hasta 200 miles de millones) de galaxias en el universo observable. Se estima que cada una de estas galaxias tiene decenas o centenas de miles de millones de estrellas. Multipliquemos miles de millones de galaxias por miles de millones de estrellas en cada galaxia, y obtendremos una asombrosa cantidad de estrellas en el universo.[1] Si estos números meramente no son suficientes para dejarnos atónitos, considere la forma en que están enlazados. La NASA lo registra así:

> Casi todo objeto en el espacio gira alrededor de algo. Los planetas giran alrededor del Sol; nuestra Luna y las lunas de los otros planetas giran alrededor de sus planetas; los cometas giran alrededor del Sol…Inclusive el Sol gira alrededor del centro de nuestra galaxia…
>
> Una órbita es el resultado de un balance preciso entre el movimiento de avance de un objeto en el espacio (como un planeta o luna) y la fuerza de la gravedad del cuerpo alrededor del cual gira. Un objeto en movimiento permanecerá en movimiento hasta que algo lo empuje o hale. Esta es la Primera Ley de la Gravedad de Isaac Newton. Sin la gravedad, un satélite girando alrededor de la Tierra sería lanzado al espacio en línea recta. Con la gravedad, este es halado de regreso hacia la tierra. Existe un continuo juego de tira y afloja entre la tendencia de un objeto para moverse en línea recta y el tirón de la gravedad halándolo de regreso.[2]

El universo existe en balance extraordinario. Es por esto que, esencialmente, las Escrituras dicen que solo un insensato piensa, *nadie mantiene este universo en orden.* Claramente, un gobierno de orden y con vasta habilidad y poder mantiene nuestro universo.

EXPANDIR EL REINO INVISIBLE

Uno de los escritores del Nuevo Testamento dijo: "Por la fe entendemos haber sido constituido el universo por la palabra de Dios, de modo que lo que se ve fue hecho de lo que no se veía" (Hebreos 11:3). El Rey del mundo invisible decidió crear un mundo *físico.* Hizo esto con el propósito de expandir su dominio celestial como una extensión de Sí mismo y de Su gobierno. Creó el universo físico para que hubiera territorio adicional para gobernarlo y transformarlo en la extensión de Su naturaleza y deseos. Volviendo a nuestra definición de *reino,* podemos decir que el Reino invisible es la influencia gubernamental de Dios sobre el territorio de la tierra, impactándolo e influenciándolo con su voluntad, propósito e intención. El cielo es el reino de Dios o país originario, y la tierra es Su colonia.

Cada día vemos varios tipos de influencias gubernamentales en nuestra experiencia humana, no solo en un contexto político:

+ Un artista extiende el dominio de su mente y corazón al expresarse en sus propias pinturas o esculturas, las cuales pueden tener un impacto en aquellos que las ven.

+ Un escritor expresa la visión de su mundo interior por medio de la palabra impresa, y, esas palabras pueden influenciar los pensamientos y actitudes de aquellos que las leen.

+ Un hombre de negocios transforma sus conceptos empresariales en compañías específicas que reflejan su filosofía personal, y provee nuevos productos y servicios que cambian la manera de vivir de otros.

Todos estos son ejemplos de individuos extendiendo su influencia personal en el mundo.

Lo que las personas crean, expresan o construyen es usualmente un reflejo de su personalidad y perspectiva. Por lo tanto, al ver el deseo del Rey Creador de extender la influencia del Reino invisible en la tierra, es natural que queramos saber acerca de la naturaleza del Rey y Su reino. ¿Qué influencia quería Él traer a la tierra?

LA NATURALEZA DEL REY: UN GOBIERNO PERFECTO

La naturaleza del Reino invisible se vuelve especialmente importante cuando llegamos al conocimiento de que los habitantes de la tierra debemos tener esa misma naturaleza. El primer libro de Moisés registra estas palabras del Rey Creador:

Hagamos al hombre a nuestra imagen, conforme a nuestra semejanza; y señoree ["tenga dominio"] en los peces del mar, en las aves de los cielos, en las bestias, en toda la tierra, y en todo animal que se arrastra sobre la tierra. Y creó Dios al hombre a su imagen, a imagen de Dios lo creó; varón y hembra los creó (Génesis 1:26-27).

Los seres humanos no fueron creados como máquinas o seres sin relación directa con el Creador. Fueron formados de Su propia persona: "Hagamos al hombre a nuestra *imagen*, a nuestra semejanza, y señoree… sobre la tierra".

Después de crear el universo por su propia prerrogativa divina, el Rey Creador escogió un planeta en medio de todos los planetas del universo como la práctica y particular extensión de su influencia—la tierra. Luego extendió la gobernación de la tierra a aquellos que fueron creados a su propia imagen, sus "hijos" reales.

La palabra original hebrea para "imagen", es *tsélem* que significa 'imagen' en el sentido de la naturaleza esencial".[3] La palabra hebrea para *semejanza* es *demút*, que "significa el original de donde algo fue creado".[4] Estas palabras definen y describen nuestro diseño, capacidad, potencial y valores como seres humanos creados para reflejar la personalidad de nuestro Creador.

La naturaleza de nuestro Rey Creador fue registrada por Moisés como el Dios "misericordioso y piadoso; tardo para la ira, y grande en misericordia y verdad" (Éxodo 34:6). La única forma en que un reino puede funcionar perfectamente es que sea dirigido por un rey perfecto, quien no traicionará a sus ciudadanos por medio de corrupción u opresión. Y si lo hace, no es un rey verdadero, sino un tirano y dictador. Debido a que un rey es la fuente y el propietario de todo y de todos en su reino, la clave para un verdadero reino es la benevolencia. Un gobierno perfecto no existe para sí solo; existe para sus ciudadanos.

LA NATURALEZA DE LOS CIUDADANOS DE LA TIERRA

El que hayamos sido hechos a la imagen y semejanza del Rey Creador significa que los seres humanos poseen Su naturaleza espiritual, características y especificaciones esenciales. Fuimos diseñados para ser, actuar y funcionar como el Gobernador del Reino invisible.

Después que el Creador nos dio Su propia naturaleza, nos dio (1) cuerpos físicos para que pudiéramos funcionar en el mundo físico que Él había creado y preparado especialmente para nosotros, y (2) respiró Su propio Espíritu *en* nosotros, animándonos y capacitándonos para cumplir con nuestro llamado sobre la tierra. Moisés registró: "Jehová Dios formó al hombre del polvo de la tierra, y sopló en su nariz aliento de vida, y fue el hombre un ser viviente" (Génesis 2:7).

El Rey Creador formó al hombre, Adán, del polvo de la tierra, lo que significa que este "producto" humano estaba presente en el mundo, pero todavía no estaba vivo. Su cuerpo y su cerebro ya estaban listos, pero estaban inactivos. No podríamos decir que Adán estaba "muerto" porque no existía la muerte en ese tiempo. Él era, como pudiéramos decir, un "ser no viviente". Fue en ese momento cuando el Creador sopló aliento de vida en él para que Adán se convirtiera en un ser viviente.

Ese soplo del Espíritu inició la vida en Adán en tres maneras diferentes: (1) en el espíritu invisible del hombre, el cual, siendo creado a la imagen de Dios, es eterno; (2) en el alma del hombre—significando la total conciencia de la mente, la voluntad y las emociones del humano; y (3) en su cuerpo físico, el cual se convirtió en una vasija donde habitan del espíritu y el alma. El alma y el cuerpo del hombre le dieron conciencia de su ambiente terrenal, mientras que el Espíritu de Dios, morando dentro del espíritu del hombre, le dio una conciencia de su Rey Creador y la habilidad para comunicarse directamente con el gobierno celestial.

Entonces, el Espíritu le dio vida a todos los aspectos de Adán como ser humano. Lo mismo fue aplicable en la creación de Eva, la primera mujer. Cuando Dios impartió su Espíritu a los seres humanos, estos experimentaron la recepción del Espíritu de Dios por primera vez. El Espíritu del Creador fue nuestro "Gobernador" celestial sobre la tierra, quien procediendo del Rey y habitando con nosotros en la colonia de la tierra, nos capacitó para recibir, conocer y realizar su voluntad, de la misma manera que los gobernadores reales guiaron y dirigieron a los pueblos de las colonias.

La declaración: "Hagamos al hombre a nuestra imagen" (Génesis 1:26), no se refiere a *parecerse*, sino a *ser* iguales. La intención del Rey Creador fue expresar Su naturaleza a través de la humanidad. Esa naturaleza debe ser comunicada por medio del espíritu del hombre y manifestada por medio de su alma—mente, voluntad y emociones—últimamente encontrando la expresión por medio de su cuerpo físico. De esta manera, los seres humanos fueron creados por Dios para vivir desde "adentro hacia fuera".

Los seres humanos fueron creados para expresar la *naturaleza* de Dios—en otras palabras, como Él es naturalmente. (Pudiéramos decir "sobrenaturalmente natural", porque el Rey Creador es un Ser puramente espiritual). Un ser humano solo puede relacionarse y reflejar la naturaleza del Rey Creador si posee la imagen esencial del Rey Creador y si tiene el Espíritu viviendo en él.

Pablo escribió: "El Dios que hizo el mundo y todas las cosas que en él hay, siendo Señor del cielo y de la tierra, no habita en templos hechos por manos humanas" (Hechos 17:24) e "¿ignoráis que vuestro cuerpo es templo del Espíritu Santo, el cual está en vosotros, el cual tenéis de Dios?" (1 Corintios 6:19). El Rey Creador no vive en ningún tipo de edificio, iglesia, templo, santuario o mezquita. Su única y verdadera residencia sobre la tierra está dentro de la creación humana. Cuando su Espíritu llena nuestros cuerpos, somos su lugar de habitación. De esta manera, a través de la creación de la humanidad, el Rey construyó su propia residencia real para morar en ella y desde donde gobernar la colonia de la tierra.

HIJOS REALES Y CIUDADANOS CON TODOS LOS DERECHOS

Adán y Eva fueron los vástagos o hijos del Creador. La humanidad, por lo tanto, es realmente una familia real cuyo Padre es el Rey de un vasto y eterno reino. Los seres humanos no fueron súbditos, sino que tuvieron categoría de *ciudadanos* con todos los derechos del reino, habiendo recibido libre acceso a todo lo que había sobre la tierra.

Y los bendijo Dios, y les dijo: Fructificad y multiplicaos; llenad la tierra, y sojuzgadla, y señoread en los peces del mar, en las aves de los cielos, y en todas las bestias que se mueven sobre la tierra" (Génesis 1:28).

La única excepción a su total acceso a la tierra era la res-tricción de una parte de su hogar en el jardín, parte que estaba bajo la jurisdicción absoluta del Rey. Él les dijo: "De todo árbol del huerto podrás comer, más del árbol de la ciencia del bien y del mal no comerás; porque el día que de él comieres, ciertamente morirás" (Génesis 2:16-17). Hablaremos más sobre esta restricción en el próximo capítulo.

ASIGNACIÓN COMO VICE GOBERNADORES

Cuando el Rey les dio a Adán y a Eva el dominio sobre la tierra, estaba delegando autoridad a la humanidad. Ellos fueron nombrados gobernadores locales en el territorio de la tierra bajo el Gobernador celestial. La humanidad era como una "pequeña Roma", establecida en la tierra para el propósito del Reino de los cielos, y le fue dada la asignación de hacer la tierra como el país originario. Como tal, esta sería *patroni* de las colonias romanas que fundaron y guiaron las colonias en nombre del reino.[5] Sin embargo, los *patroni* romanos estaban limitados a tres miembros; a cada miembro de la humanidad que naciera sobre la tierra le fue dado el mandato de ejercer dominio. La tierra debía ser colonizada por todos los miembros de la raza humana. Yo le llamo a esta asignación la "Administración adámica".

Tener el *dominio* significa gobernar, administrar, controlar, manejar, dirigir, influir e impactar. Los seres humanos son esencialmente seres espirituales que viven en cuerpos físicos para llevar a cabo sus responsabilidades gubernamentales en el mundo material de la colonia de la tierra. Cuando el Rey Creador dijo: Para que "señoree", estaba diciendo: "Para que tengan 'reino' sobre la tierra. Dejemos que influencien la tierra en beneficio de mi país, el Cielo". El trabajo de la humanidad era ejecutar las políticas y las leyes celestiales, y, supervisar la tierra—cultivar la vida del reino celestial, manejar los recursos naturales de la tierra, gobernar sobre los animales, regir sabia y justamente, y, mantener todo en orden. Todas estas cosas tienen que ver con la administración del territorio.

LA FUNCIÓN DEL GOBERNADOR CELESTIAL

Es importante notar que puesto que los seres humanos fueron hechos a imagen del Rey Creador y les fue dada la tarea de administrar la tierra, la clave para su liderazgo efectivo era un gobierno benevolente que tuviera presente el mejor interés del Reino y sus ciudadanos. Solamente un perfecto gobierno colonial podría funcionar en un Reino perfecto.

Anteriormente enfaticé que en una colonia, para que una autoridad delegada funcione, debía haber un canal abierto de comunicación con el rey, como también del poder para ejecutar sus responsabilidades de acuerdo con los deseos del rey. Es por esto que el Gobernador—el mismo Espíritu del propio Rey—le fue dado a la humanidad.

El Gobernador vino del Rey y era el único que podía transformar apropiadamente la colonia en el país originario. Él conocía el corazón, la mente, los deseos, la voluntad e intención del Rey, y estaba comprometido a llevar a cabo los propósitos del Rey en el territorio. Pablo escribió: "Porque ¿quién de los hombres sabe las cosas del hombre, sino el espíritu del hombre que está en él? Así tampoco nadie conoció las cosas de Dios, sino el Espíritu de Dios" (1 Corintios 2:11). Además, los seres humanos fueron creados a la imagen y semejanza del Rey Creador, *con su propia presencia personal viviendo en ellos,* para que pudieran ser capaces de transformar la colonia de la tierra en una extensión del Reino invisible. ¿Quién podría implementar mejor el proceso de transformación que aquellos que tenían la misma naturaleza del Rey y eran guiados por el mismo Espíritu del Rey? De esta manera, la tierra podía estar íntimamente relacionada en su naturaleza y propósito con el país originario. Además, vemos que *la intención del Creador era gobernar el mundo visible desde el mundo no visible.* Él deseaba gobernar el mundo visible por medio del espíritu del hombre. Y el Espíritu Santo, como Gobernador del espíritu humano, era el puente entre la humanidad y el reino originario; él era el canal de comunicación directa entre el espíritu del hombre y del gobierno del cielo.

Era la presencia del Espíritu Santo dentro de los seres humanos que les daba *autoridad* y *habilidad* para dominar sobre su entorno. Como ya mencioné anteriormente, el tema principal de la humanidad es el de poder, la habilidad de influenciar y controlar las circunstancias de la vida. Deseamos esta habilidad porque estábamos diseñados para cumplir con nuestra tarea original como co-gobernantes sobre la tierra. Uno de los salmistas escribió: "Los cielos son los cielos de Jehová; y ha dado la tierra a los hijos de los hombres" (Salmo 115:16).

REGENCIA SOBRE UN NUEVO TERRITORIO

Desde otra perspectiva, veamos la asignación que le fue dada a la humanidad. Un príncipe o una princesa que es heredero del rey no ocupa el trono mientras el rey aún está vivo. La única manera para que esto ocurra (aparte de que un rey abdique a su trono) es que el heredero del rey se vaya a otro territorio a gobernar. Esto ha sucedido en la historia, aunque muy pocas veces. Por lo tanto, mientras el heredero está en el mismo territorio que el del rey padre, él o ella se mantienen como príncipe o princesa. Aunque el heredero viva en un país o territorio extranjero, el primero puede regir como soberano, mientras el rey padre todavía gobierne el país originario. De manera que si un rey quería que sus hijos tuvieran el mismo poder, autoridad, gloria y liderazgo que él poseía, tenía que enviarlos a un territorio o territorios diferentes para que gobernaran.

El Rey Creador del reino invisible del cielo es eterno. No puede morir. Nadie podrá sucederle en su trono celestial. Con todo y porque se complació en la humanidad, él quería que sus hijos, a quienes creó a su imagen, gobernaran un territorio propio en su nombre.

Esta no fue una idea de último momento. Él preparó la colonia terrestre antes que creara al primer hombre y mujer. Él diseñó el perfecto ambiente físico para que sus hijos lo gobernaran. El primer libro de Moisés relata la creación de la tierra, el mar y los animales—a los cuales los seres humanos debían gobernar como co-gobernadores—antes de la creación de la humanidad. Luego leemos: "Tomó, pues, Jehová Dios al hombre, y lo puso en el huerto de Edén, para que lo labrara y lo guardase" (Génesis 2:15). El mundo natural, tan distinto del circundante reino invisible, era un reino totalmente nuevo sobre el cual la humanidad podía tener dominio legalmente.

Por lo tanto, el mensaje de la creación de la humanidad es muy práctico. No es acerca de "religión" como pretendemos creer; tampoco es acerca de rituales. Este describe el gobierno de un Rey y un reino eterno y los hijos reales del Rey a quienes les nombró gobernadores locales sobre la tierra por medio de la autoridad y el poder de su propio Espíritu. Este mensaje es acerca del gobierno de un Rey sobre su territorio y la transformación de ese territorio en la manifestación de su reino.

PREGUNTAS DE ESTUDIO DEL CAPÍTULO DOS

PREGUNTA PARA REFLEXIÓN

1. ¿Tienen los seres humanos un propósito en la tierra? Si es así, ¿cuál es?

EXPLORAR PRINCIPIOS Y PROPÓSITOS

2. ¿De dónde vino el gobierno de la tierra?

3. ¿En qué maneras es diferente el reino trascendente al reino terrenal tradicional?

4. ¿De qué maneras es similar el reino trascendente a un reino tradicional?

5. ¿A quién le pertenece el universo y por qué?

6. ¿Cuál es la definición del reino invisible, trascendente, basada en la definición del Dr. Munroe en el capítulo uno?

7. ¿Qué les extendió a los seres humanos el Creador-Rey después de que los creó a su imagen y semejanza?

8. ¿Qué nos dicen las palabras *imagen* (naturaleza esencial) y *semejanza* (el original a base del cual una cosa es diseñada) acerca de quiénes somos como seres humanos?

9. ¿Cuál es la única manera que un reino puede funcionar perfectamente?

10. ¿De qué el espíritu del hombre, a través del Espíritu Santo morando en él, le dio consciencia?

11. ¿Para hacer qué el Espíritu Creador, el Gobernador, capacitó a la humanidad?

12. ¿Cuál fue la asignación de la Administración Adámica?

13. Defina lo que significa tener dominio.

14. Describa la descripción de trabajo de la humanidad en la tierra.

15. ¿Cuál fue la clave de la regencia efectiva de los seres humanos sobre la tierra?

16. ¿Qué dos cosas proveyó a los seres humanos la presencia del Espíritu Santo en ellos? ¿Qué asunto primordial de la humanidad abordaron estas dos cosas?

APLICAR LOS PRINCIPIOS DE LA VIDA DEL REINO

PENSÁNDOLO BIEN

+ Después de leer este capítulo, ¿cambió su pensamiento con respecto a la naturaleza de Dios y de la humanidad? Si es así, ¿de qué manera?

+ ¿Hasta qué punto está usted viviendo el propósito de la humanidad de transformar la tierra en una réplica del reino celestial?

+ ¿Cuánta influencia le permite al Espíritu de Dios, el Gobernador, tener en su vida?

ACTUAR AL RESPECTO

+ ¿Cuáles aspectos de la naturaleza del reino le gustaría desarrollar en su vida?

+ Enumere dos formas en que sus actividades diarias podrían cumplir mejor el propósito de la humanidad de cultivar la tierra de acuerdo con la naturaleza del reino.

ORAR SOBRE ESO

+ El Dr. Munroe dijo que los seres humanos están diseñados para vivir de "adentro para fuera, en vez de "de "afuera hacia dentro". Estamos supuestos a ser dirigidos por el Espíritu de Dios, que mora en nuestros espíritus. Esta dirección debe manifestarse a través de nuestras almas, mente, voluntad y emociones, t eventualmente encontrar expresión a través de nuestros cuerpos físicos. Pídale a Dios que le ayude a vivir su vida de acuerdo con su Espíritu, para que pueda cumplir su propósito en la tierra.

Nosotros fuimos diseñados para ser y funcionar
como el gobernante del reino invisible.

TRES

DECLARACIÓN DE INDEPENDENCIA

LA MAYOR AMENAZA A LOS PRIVILEGIOS Y BENEFICIOS DE UN REINO ES UN ESPÍRITU DE INDEPENDENCIA.

El territorio de la tierra ha sido creado y se ha establecido la colonia. A los hijos del Rey se les proveyó de una casa abundante y de autoridad para regir y prosperar sobre la tierra en nombre del Rey. Sin embargo, algo pasó que entorpeció el plan del país originario para expandir la esfera de su reino celestial sobre la tierra. Una rebelión que se inició en el país originario se esparció hasta la colonia.

UNA BRECHA DE CONFIANZA

EL COMPLOT: DERROCAMIENTO

La rebelión había sido instigada por uno de los principales generales del Rey, llamado Lucifer. Este había intentado un golpe de estado al reino celestial y se había desaparecido de la presencia del Rey, junto con sus seguidores. Este vergonzoso antiguo asistente estaba empeñado en vengarse, y todavía ansía el poder para gobernar un reino. Este pensó que si podía ganar el control sobre los propios hijos del Rey, podía insultar al Rey, frustrar los propósitos del reino celestial y usurpar la colonia.

EL PLAN: SEPARACIÓN

El plan de Lucifer era dañar la relación entre los hijos del Rey y su Padre, y separar a los ciudadanos de la colonia de su verdadero gobierno. Por lo que, disfrazado, se fue a la colonia donde los hijos del Rey habían empezado a gobernar y se infiltró en su gobierno usando astucia y engaño.

LA ESTRATEGIA: UN ESPÍRITU INDEPENDIENTE

Su estrategia para lograr romper esta relación era promover un espíritu de rebelión e independencia. Sutilmente cuestionó la integridad y buena voluntad del Soberano, sedujo a los hijos del Rey a hacer caso omiso a la autoridad del Padre sobre la colonia, y les instó a llevar a cabo un acto de insurrección. El siguiente es un relato de este incidente en el primer libro de Moisés:

> La serpiente...dijo a la mujer: ¿Conque Dios os ha dicho: No comáis de todo árbol del huerto? Y la mujer respondió a la serpiente: Del fruto de los árboles del huerto podemos comer; pero del fruto del árbol que está en medio del huerto dijo Dios: No comeréis de él, ni le tocaréis, para que no muráis. Entonces la serpiente dijo a la mujer: No moriréis; sino que sabe Dios que el día que comáis de él, serán abiertos vuestros ojos, y seréis como Dios, sabiendo el bien y el mal. Y vio la mujer que el árbol era bueno para comer, y que era agradable a los ojos, y árbol codiciable para alcanzar la sabiduría; y tomó de su fruto, y comió; y dio también a su marido, el cual comió así como ella. Entonces fueron abiertos los ojos de ambos, y conocieron que estaban desnudos (Génesis 3:1-7).

Los hijos del rey se pusieron en contra de sus instrucciones explícitas, las cuales Él había instituido para su protección. El general renegado había plantado dudas acerca del motivo del Rey y creció la desconfianza en sus corazones. Inmediatamente volvieron sus espaldas a todo lo que el Padre les había dado, y en cambio creyeron en la mentira puesta delante de ellos. La respuesta de los hijos fue contraria a la naturaleza y deseos del Rey. Esto también muestra que hubo corrupción en sus propias naturalezas, las cuales habían sido hechas a su semejanza. Lo que parecía ser un acto inofensivo para su beneficio, realmente era un desastre; esto representaba una serie de rompimientos de fe y desviación del corazón y voluntad del Rey. Si no se les podía confiar el aspecto más simple de su labor asignada en la colonia, ¿cómo podrían transformar la tierra en la cultura del reino de los cielos? ¿Especialmente ahora que sus mentes y corazones estaban alineados con el archienemigo del Rey?

EL RESULTADO: TRAICIÓN

Los propios hijos del Rey habían declarado: "Ya no queremos estar bajo la jurisdicción del Reino; no queremos estar bajo el Rey de reyes; no queremos estar sujetos al gobierno celestial". Aún así, la tierra es propiedad del cielo. Cuando Adán y Eva se rebelaron y declararon su independencia, ellos violaron el contrato legal que el gobierno del cielo había establecido con los seres humanos. Muchas personas piensan acerca del "pecado" como cosas que alguien hace. Pero es más profundo y específico que eso. El pecado es rebelión contra la naturaleza esencial y la autoridad del gobierno celestial.

Por medio de su rebelión, los hijos no solo tomaron algo que no les pertenecía, sino que también entregaron a alguien que no se lo merecía y que nunca iba a estar calificado para ello. Lucifer, el primer general infiel del cielo, nunca transformaría el mundo en el reino celestial. Podía transformarlo en algo completamente opuesto, como en el reino de la oscuridad.

RENUNCIA A LA ALIANZA Y EXPATRIACIÓN

¿Cómo reaccionó el Rey a la disensión de sus hijos? Aunque sabía lo que ellos habían hecho, les dio la oportunidad de admitir su falta. Ellos, en cambio, se culparon entre sí, como también al que los había seducido a rebelarse. Como muchos hijos rebeldes expuestos a la desobediencia, a ellos parecía preocuparles solamente el hecho de haber sido descubiertos. El Rey no tenía otra opción más que removerlos del jardín; ellos fueron expulsados de la casa especial que se les había proveído porque ya no tenían la naturaleza necesaria para vivir ahí y ya no eran capaces de cuidarlo apropiadamente.

El primer libro de Moisés dice: "Echó, pues, [el Rey Creador] fuera al hombre, y puso al oriente del huerto de Edén querubines, y una espada encendida que se revolvía por todos lados, para guardar el camino del árbol de la vida" (Génesis 3:24). La palabra *echar* usada aquí significa "quitarles una posesión; especialmente expatriar o divorciar". Es significativo que encontremos aquí el concepto de *expatriar*, el cual significa "renunciar a la lealtad del país natal de alguien". Adán y Eva básicamente se separaron de su Rey Padre y de su país originario. Tener que sacarlos del huerto fue tan doloroso para su Padre como el experimentar un desvolvedor divorcio después de la traición un ser amado.

Adán y Eva habían cometido una alta traición. El Rey les había dado autoridad bajo el poder delegado, pero en cambio, ellos abusaron de esa autoridad al separar el territorio, del gobierno celestial.

LA RETIRADA DEL GOBERNADOR

Aunque fueron removidos del magnífico jardín, de su previa ley y estilo de vida del Reino, el rechazo de ellos hacia el Rey y Su naturaleza les llevaron hacia algo peor. El Rey previamente les había alertado: "De todo árbol del huerto podrás comer; mas del árbol de la ciencia del bien y del mal no comerás; *porque el día que de él comieres, ciertamente morirás*" (Génesis 2:16-17). Esta era la única área sobre la tierra donde el Rey reclamaba jurisdicción porque sabía que el mal uso conllevaría a la muerte.

La muerte a la que se refería el Rey no era una muerte física inmediata. Adán y Eva no murieron físicamente de inmediato, sino que perdieron su *fuente esencial de vida* como seres humanos—el Espíritu del Rey. Recuerde que el Espíritu del Rey dio vida a sus espíritus, almas y cuerpos. Cuando ellos rechazaron al Rey, también rechazaron y perdieron su Espíritu. El Gobernador era su única conexión dinámica entre los reinos, el visto y el no visto. Por tanto, sus espíritus y almas fueron cortados del país originario y sus cuerpos físicos empezaron a sufrir una muerte lenta. Todavía estaban vivos físicamente, por un tiempo, pero en espíritu y en alma ya estaban muertos para el Rey y su Reino.

Anteriormente vimos que siempre que una colonia se independizaba de su país originario, el gobernador era forzado a salir o el reino lo retiraba. De la misma manera, cuando Adán y Eva declararon su independencia, el Gobernador tenía que ser regresado a su reino celestial. Vi una sorprendente ilustración de esta circunstancia la noche en que el poder gobernante en las Bahamas fue transferido de Gran Bretaña al nuevo gobierno independiente. Los bahameses dijeron: "Ya no queremos estar conectados con Bretaña, en lo que respecta al control gubernamental directo", y obtuvimos nuestra libertad.

Miles de emocionados bahameses se reunieron en el *Clifford Park* (Parque Clifford), pocas horas antes de la media noche el día de independencia. El cambio gubernamental oficial estaba programado para las 12:00 a.m., el 10 de julio de 1973. Estaban presentes el Príncipe Carlos, como el representante de la corona; también nuestro ministro, cuyo título muy pronto cambiaría al de Primer Ministro. Se realizaron varias ceremonias, y el grupo musical que yo había fundado fue invitado para cantar en representación de la juventud de la nación.

A las 11:50 p.m., la bandera británica todavía estaba ondeando en el asta al centro del parque. El símbolo del reino de Gran Bretaña significaba que todavía estábamos bajo el mandato de Inglaterra. A las 11:59 p.m., uno de nuestros oficiales militares se colocó frente al asta y empezó a bajar la bandera. Otro oficial estaba cerca de él, izando la nueva bandera independiente de las Bahamas. Estábamos siendo testigos directos de un cambio de reinos. Mientras más bajo estuviera la bandera británica, más cercanos estábamos de no tener un Gobernador Real. Mientras más alto estuviera la nueva bandera, más cercano estaba el ministro de convertirse en Primer Ministro. Para cuando la bandera británica llegó hasta abajo y la bandera bahamés llegó hasta arriba, ya todo había concluido. Temprano de la mañana siguiente, el Gobernador Real dejó la casa de gobierno, subió a un avión y salió de las Bahamas. La reina le había retirado. Ya no tenía la autoridad o derecho legal para quedarse.

Aunque describo un alegre período en la vida nacional de las Bahamas, no fue un momento de júbilo para los ciudadanos de la tierra cuando ellos rechazaron al gobierno celestial. Una vez más, ellos no habían rechazado la ley extranjera de sus vidas. Ellos habían rechazado a su propio país originario y a su amado Rey Padre, que deseó darles las riquezas de su Reino. Cuando Adán izó la "bandera de la independencia humana", la bandera del reino celestial había sido simultáneamente bajada hasta que la humanidad fue separada del Rey y su Reino.

Mencioné que el gobernador de las Bahamas debía abandonar la casa de gobierno cuando fue llamado al país originario. En la colonia de la tierra, los *mismos seres humanos eran la casa donde el Gobernador celestial había vivido.* Así es que cuando la humanidad declaró su independencia del Rey Padre, esta casa se volvió un ambiente hostil e inmundo, y, el Gobernador ya no podía residir ahí. Se retiró a su país originario.

EXISTENCIA SIN EL GOBERNADOR

¿Cómo era la vida de Adán y Eva después que le dieron la espalda al Reino y perdieron la presencia del Gobernador? Su acto de rebelión, con frecuencia, es referido como a "la caída" debido al cambio extremo en la calidad de la existencia humana que experimentaron. Era como si un príncipe cayera de un lujoso coche real en una zanja lodosa y luego tuviera que vivir allí. La independencia, en el sentido humano y político, es un concepto positivo para nosotros. La Revolución Americana, cuando en 1776 fue declarada la independencia americana de Gran Bretaña, es celebrada con fuegos artificiales y reuniones familiares. No obstante, la independencia humana del reino celestial no es algo que se deba celebrar. Es algo para llorar porque es la peor cosa que le haya sucedido a los seres humanos, mientras que el Reino era lo mejor que pudiéramos haber recibido.

Podemos empezar a comprender el valor del Gobernador sobre la tierra al ver cómo es nuestra existencia sin él.

PÉRDIDA DEL REINO

La pérdida del Gobernador significó la pérdida del ambiente del Reino sobre la tierra. Ya que el Gobernador era la evidencia de la presencia del Reino, su ausencia inevitablemente significó la ausencia de la presencia del Reino. El ambiente de la tierra se convirtió en la antítesis del reino celestial.

CORTADOS DE LA VIDA VERDADERA

Aunque los seres humanos fueron diseñados para vivir desde *adentro hacia fuera*, esta situación ahora estaba revertida. Puesto que perdieron al Espíritu Santo, quien era su conexión con el Padre, ahora ellos tenían que vivir desde *afuera hacia adentro*. Se volvieron totalmente dependientes de sus cinco sentidos físicos. El mundo físico—el cual les podía dar solo una perspectiva limitada sobre las realidades de la vida—se impusieron en su mundo interior. Creo que por esta razón, una de las primeras palabras que leemos sobre Adán y Eva después de su rebelión, es la palabra "conocieron" o "supieron". De pronto, *supieron* que estaban desnudos. ¿Implica esto que no lo sabían antes? No lo creo. Lo que creo es que implica lo siguiente: la desnudez es un escrúpulo externo y no algo que es discernido espiritualmente. El cuerpo y sus sentidos, y no el Espíritu, se posesionaron del enfoque de la humanidad en la vida. Los seres humanos ya no tenían una perspectiva *espiritual* en su esencia, sino una *sensual*.

Una perspectiva basada *solo* en los sentidos inevitablemente lleva a confusión. La humanidad empezó a depender del alma—la mente, la voluntad y las emociones informadas por los sentidos—para interpretar la vida. De ahí en adelante, lo que vemos, oímos, tocamos, probamos y olemos se convirtió en los componentes dominantes de nuestra experiencia humana. Consecuentemente, también empezamos a interpretar a nuestro

Rey Creador principalmente desde nuestros sentidos físicos. Por ejemplo, el campo de la ciencia intenta entender el mundo no visto solo desde el mundo visto. Este enfoque es peligroso porque los seres humanos no fueron creados para interpretar el mundo físico por sí mismos, sino desde la realidad espiritual del Reino.

No estoy diciendo que la ciencia sea "mala". Tampoco estoy diciendo que el intelecto es perverso, solamente que se ha movido de su posición correcta. El intelecto es un don maravilloso creado por Dios. Sin embargo, debe estar en su posición apropiada para que efectivamente ejecute su propósito y logre su potencial. Las cosas que son visibles fueron hechas de las cosas que son invisibles, y la única manera de entender verdaderamente algo es relacionándose con lo que fue hecho o con quien lo hizo. El Espíritu del Creador es el único medio que tenemos para entendernos completamente a nosotros y al mundo físico, ya que él es la Fuente, el Autor y el Fabricante de la creación.

Debemos comprender la importancia de esta verdad: tener el Espíritu del Rey no solo es vital para nuestra relación con el Rey invisible, sino también para entender nuestra propia humanidad. Solamente por medio del Gobernador podemos saber por qué realmente estamos aquí y cómo interpretamos al mundo en el que vivimos; es decir, cómo *advertir* verdaderamente nuestro ambiente. *El Gobernador es la clave para que seamos completamente humanos.* No podemos expresar la naturaleza del Rey a menos que establezcamos relación con él, y el Gobernador proveía esa relación.

Solo el Gobernador conoce la mente del Rey. No podemos ser realmente para lo que nacimos como seres humanos, a menos que tengamos una conexión vital con su intención original. El Gobernador es nuestra propia referencia; es la clave para nuestro auto-entendimiento. Para ser seres humanos verdaderos y completos, de alguna manera debemos volver a conectarnos y a ser habitados por el Espíritu Santo.

PÉRDIDA DE AUTORIDAD Y PODER

No solamente perdimos la comunicación con el país originario al perder al Gobernador, sino que también perdimos el poder y la autoridad que él proveía. Recuerde que el poder es la habilidad de controlar e influenciar las circunstancias. Una de las primeras cosas que el Rey le dijo a Adán después de su rebelión fue algo así: "De ahora en adelante vas a tener que pelear con la tierra para obtener alimento". Anteriormente, Él había dicho: "Señoree sobre... toda la tierra" (Génesis 1:26). Ahora el Rey tristemente le informó:

> Maldita será la tierra por tu causa; con dolor comerás de ella todos los días de tu vida. Espinos y cardos te producirá, y comerás plantas del campo. Con el sudor de tu rostro comerás el pan hasta que vuelvas a la tierra, porque de ella fuiste tomado; pues polvo eres, y al polvo volverás (Génesis 3:17-19).

El Rey no solo estaba hablando literalmente de espinas. Estaba diciéndole: "Va a ser difícil para ti proveerte a ti mismo. Vas a tener que sudarla". Antes de eso, el trabajo de Adán no era extenuante. Él tenía la autoridad y el dominio sobre el mundo natural. El mundo trabajaba para él y no a la inversa.

RAMIFICACIONES DEL AUTO-GOBIERNO

El Gobernador había sido la conexión entre la humanidad y el país originario, permitiendo a los seres humanos ejercer su autoridad y dominio sobre la tierra. Cuando él se retiró, básicamente, la tierra se volvió en una nación independiente. Una colonia sin un gobernador resulta en autogobierno. De nuevo, para nuestras mentes contemporáneas, *independencia* y *auto-determinación* son palabras positivas. Celebramos la libertad y el autogobierno. Pero, nuevamente, este no era el triunfo de libertad sobre una tiranía. Esta no era la eliminación de los grilletes de la ocupación extranjera. Esto era como rechazar a su amada familia, a su país natal y a su herencia de miles de millones de dólares de una sola vez. Parafraseando al sabio rey Salomón: "Algunos caminos en la vida *parecen* correctos, pero llevan a la muerte" (Proverbios 14:12).

No hay nada más peligroso y amenazante para un reino que un espíritu de independencia. Para los reinos humanos, esto se traduce como en pérdida de poder y riqueza, y, probablemente, en algo de orgullo. Sin embargo, para el reino celestial, esto significó la muerte espiritual de los amados hijos que fueron creados para portar el nombre y legado de la familia. Para los hijos, esto significó la introducción al temor, a una mentalidad de supervivencia y al conocimiento de la muerte inevitable.

Cuando usted es una persona independiente, tiene que sobrevivir por su propio ingenio. De la misma manera, cuando una nación se vuelve independiente, tiene que pagar totalmente por su propia condición. Cuando el gobernador real salió de las Bahamas, la mañana del 10 de julio, estábamos totalmente solos—en nuestra vida política y económica, en cuidar de nuestra infraestructura y de todos los aspectos gubernativos. Así mismo, se dejó a la humanidad para valerse por sí misma, aunque los seres humanos no estaban diseñados para funcionar usando solamente sus propios sentidos. No se suponía que vivieran como huérfanos abandonados para sobrevivir en un mundo hostil con lo que pudieran recoger, o convictos dejados para escarbar una existencia en una isla remota y punitiva. Los seres humanos fueron diseñados para progresar, prosperar y usar la plenitud de su creatividad por medio de la guía y el poder del Espíritu Santo. El retiro del Gobernador fue una pérdida devastadora para los habitantes de la tierra.

UN ESTADO REBELDE

La declaración de independencia de la humanidad, y la pérdida subsiguiente del Gobernador, dejó a los seres humanos en un estado de rebelión. El gobierno de la tierra, tal como se ejercía en la vida de cada ser humano, se volvió esencialmente en una rebelión que no tenía los propósitos del Reino en el corazón. Cada persona ha nacido dentro de este estado desde el inicio de la rebelión. El teólogo, Pablo de Tarso, lo escribió así: "Por cuanto todos pecaron, y están destituidos de la gloria de Dios" (Romanos 3:23). Todos estamos faltos de la naturaleza esencial de Dios y todo lo que le hace digno de adoración. Él es el Rey perfecto; su reino es el gobierno perfecto. No obstante, hemos distorsionado la imagen de esa perfección dentro de nosotros. Y todos nuestros esfuerzos para ejecutar el gobierno sobre la tierra de manera personal y colectiva, también se han quedado profundamente cortos.

UNA CULTURA DE OSCURIDAD Y MUERTE

Cuando un país se vuelve independiente después de haber sido una colonia, usualmente elige o nombra su propio gobernador. Este gobernador no le enseña al pueblo la cultura del país de origen, sino solo la suya propia. Similarmente, cuando el gobierno celestial retiró al Gobernador, los seres humanos dejaron de aprender la cultura del cielo y crearon su propia cultura, la cual pasaron a sus hijos. Dejamos de vivir conforme a los valores celestiales y empezamos a tener nuestras propias ideas independientes acerca de la vida.

Debemos preguntarnos: ¿Qué tan bien lo estamos haciendo? ¿En qué se convirtió la naturaleza que tiene nuestra cultura? Una de las primeras cosas que se dieron después que la tierra perdió al Gobernador, fue el asesinato de un hombre por la propia mano de su hermano mayor. ¡Qué manera de iniciar una nueva cultura! En vez que el reino de los cielos definiera y transformara la tierra, un reino y cultura de oscuridad se posó sobre esta y empezó a difundirse. El adulterio, incesto, abuso y violencia doméstica son todas partes de esa cultura de oscuridad; destruye al joven y al viejo, al fuerte y al débil. Todavía estamos experimentando crimen tras crimen, un hermano matando a su hermano. Donde el Gobernador del Rey no gobierna, usted encontrará muerte y cualquier tipo de actos inhumanos del hombre contra el hombre. El abuso y la destrucción afligen a familias, comunidades, negocios y gobiernos—a todo el ámbito de la existencia humana.

Todo esto sucedió porque los seres humanos escucharon las mentiras traicioneras del rebelde y antiguo asistente de nuestro Rey Padre, quien quería usurpar la colonia para sí mismo. Jesús de Nazaret describió a Lucifer como el "padre de las mentiras" y un "asesino" (Juan 8:44). Él también dijo: "El ladrón no viene sino para hurtar y matar y destruir" (Juan 10:10).

Cuando este deshonroso antiguo general tomó la autoridad sobre el territorio de la tierra, el resultado natural fue devastación y muerte. Su intención como el gobernador ilegal sobre la tierra no era para traer libertad. Era para robarles la vida a las personas para así el poder destruirlos al final. Él es un gobernador extranjero que ha tomado la colonia de la tierra y desea destruir la cultura original de los habitantes. Gobierna con un reino destructivo de oscuridad en el que los seres humanos se han convertido en sus cómplices voluntarios o involuntarios.

¿Qué le hemos hecho a este planeta? Desde el tiempo del rechazo de la humanidad hacia el Rey y la pérdida del Gobernador, los seres humanos han estado intentando dominar la colonia del Rey sin la mente y el corazón del Rey. Tratar de gobernar el planeta sin la naturaleza del Rey ha llevado al humano a un rompimiento de autoridad y poder para tratar asuntos vitales. Esta es la fuente de la pobreza del mundo, del genocidio, del terrorismo, de la corrupción política, de la drogadicción, de las familias fragmentadas y de cualquier tipo de mal que pueda ser mencionado.

Hemos creado un estado de rebelión y confusión. Este mundo es un desastre sin el Gobernador.

LA PROMESA DEL REY

La colonia de la tierra sucumbió bajo la ausencia del Gobernador. Sin su presencia, la raza humana perdió su dignidad y el sentido de responsabilidad; se volvió confusa y caótica. Las personas experimentaron una muerte viviente. Aunque muchas personas todavía luchan por hacer el bien, esta es la esencia de la cultura de la tierra en la actualidad. Como descendientes de Adán y Eva, nosotros no estamos capacitados para gobernar en nombre del reino celestial porque abdicamos nuestro gobierno a la cultura de oscuridad de Lucifer.

Pero, sorprendentemente, inmediatamente después de la rebelión de la humanidad y de la pérdida del Gobernador, el Rey prometió el *regreso* del Gobernador y la restauración de la tierra como territorio leal del reino de los cielos. La promesa más importante que el gobierno del cielo haya hecho a la humanidad ha sido el regreso del Gobernador porque él es al que cada ser humano necesita para vivir una vida verdadera. Él es lo que todo el mundo necesita; de otra forma, el territorio se mantendrá por siempre en un estado de caos y muerte.

Incluso inmediatamente después de la rebelión, el Rey dio una indicación de cómo Él podría restaurar al Gobernador. Le dijo a Lucifer: "Y pondré enemistad entre ti y la mujer; y entre tu simiente y la simiente suya; ésta te herirá en la cabeza, y tú le herirás en el calcañar" (Génesis 3:15). El plan del Rey era enviar a un Vástago para que naciera en la colonia y restaurara la influencia del Reino sobre la colonia. Él aplastaría el poder del reino de la oscuridad, retomaría la autoridad del Reino que le fue usurpada, y, restauraría el poder y la autoridad a aquellos a quienes les fue dado primeramente: a la humanidad. Podríamos, una vez más, ser reinstalados como gobernadores locales en nombre del reino celestial. Esto podría suceder porque el Rey reasignaría al Gobernador en la colonia de la tierra.

BUSCAR AL GOBERNADOR

Creo que la base de la búsqueda de cada persona por el poder y el significado en la vida es esta: Realmente están buscando el regreso del Gobernador, aunque no se den cuenta de ello. Muchas personas sienten que les falta algo en sus vidas, pero no están seguros de lo que es. Tratan de llenar su vacío con una variedad de cosas: dinero, relaciones interpersonales, fiestas, drogas, sexo, alcohol, trabajo, deportes o vacaciones. De hecho, creo que cada persona, ya sea cristiano, ateo, hinduista, budista, musulmán, sintoísta, cientificista, animista e incluso satanista, en esencia desea la misma cosa. Quiere llenar lo que está vacío en su vida, y solamente la presencia del Gobernador en su vida puede lograr esto. Un ser humano sin el Gobernador es disfuncional porque nunca está completo; su mismo propósito requiere de la presencia del Espíritu Santo.

Por consiguiente, si un mensaje fuera enviado del reino de los cielos hacia la tierra con respecto al cumplimiento de la promesa del Rey—la restauración del Gobernador—ese mensaje no sería el de religión. Ni sería de un método de autoayuda por medio del cual los seres humanos puedan usar sus propias habilidades para resolver sus problemas. Sería un mensaje acerca del Reino y del regreso del Espíritu del Rey.

PREGUNTAS DE ESTUDIO DEL CAPÍTULO TRES

PREGUNTAS PARA REFLEXIÓN

1. ¿Alguna vez ha creído una mentira? ¿Cuál fue? ¿Qué impacto tuvo en su vida?

2. ¿En qué formas es la independencia un concepto positivo? ¿En qué formas puede ser negativo?

EXPLORAR PRINCIPIOS Y PROPÓSITOS

3. ¿Qué ocurrió para interrumpir el plan del reino celestial de expandir su reino a la tierra?

4. ¿Quién instigó esta interrupción en el plan, y cuál fue su motivación para hacerlo?

5. ¿Cuál fue la naturaleza del plan de Lucifer para interrumpir la colonia, y cuál fue su estrategia para lograrlo?

6. ¿En qué formas no fueron naturales la incredulidad y la rebelión de los hijos del Rey hacia el Rey?
   (1)
   (2)

7. ¿En qué terminó la rebelión de los hijos y por qué?

8. De acuerdo con la naturaleza del reino, ¿cuál es la definición de pecado?

9. ¿Cuál fue el peor resultado del rechazo de los hijos hacia el Rey y su naturaleza?

10. ¿Cómo la pérdida afectó a los espíritus, las almas y los cuerpos de los seres humanos?

11. Los gobernadores en los reinos humanos tradicionales son obligados a irse o retirarse si una colonia se independiza de la madre patria. Igualmente, cuando la humanidad declaró su independencia, el Gobernador fue _____ al reino celestial.

12. ¿Cómo el ambiente de la tierra cambió con la pérdida del Gobernador?

13. ¡De qué se volvieron dependientes los seres humanos después que perdieron el Espíritu?

14. ¿Por qué es peligroso interpretar el mundo físico solamente desde el mundo físico mismo?

15. Enumere varias razones de por qué el Gobernador es la clave para que seamos plenamente humanos.

16. Para la humanidad, ¿cuáles fueron las duras realidades del autogobierno?

17. Describa la cultura que los seres humanos crearon como sustituto para la cultura del cielo.

18. Inmediatamente después de la rebelión de la humanidad y la pérdida del Gobernador, el Rey... [escoja una]
    (a) creyó que la humanidad no se merecía salvarla
    (b) le dijo a la humanidad que resolviera sus propios problemas
    (c) dijo que lucifer y la humanidad se merecían el uno al otro
    (d) prometió el regreso del Gobernador y la restauración de la tierra

19. ¿Cuál es el resultado final en la búsqueda de poder y significado de cada persona en la vida?

20. ¿Cuál era el plan del Rey para restaurar al Gobernador a la tierra?

APLICAR LOS PRINCIPIOS DE LA VIDA DEL REINO

PENSÁNDOLO BIEN

+ ¿Tiene una sensación de que algo falta en su vida, aunque no sabe lo que es? ¿Qué ha usado para tratar de llenar ese vacío (por ejemplo, dinero, relaciones, trabajo, fiestas, deportes)? ¿Cómo la presencia del Gobernador en su vida llena el vacío que ha experimentado?

+ ¿En qué formas está interpretando l vida solamente a través de sus sentidos físicos, en lugar de mediante la naturaleza y el Espíritu del Creador-Rey?

+ ¿Hay algunas áreas en tu vida donde has creído la mentira de Satanás de que es bueno ser independiente del Creador-Rey? ¿Cómo una reconexión plena el Creador-Rey cambiaría tu vida para mejor?

ACTUAR AL RESPECTO

+ El Dr. Munroe escribió que "pecado es la rebelión contra la naturaleza esencial y la autoridad del gobierno celestial". Piense acerca de un pecado contra el cual usted esté luchando y describa cómo es en oposición a la naturaleza y la autoridad del Rey.

+ Enumere varias cosas que usted sabe que Dios espera de usted, basado en la Escritura, pero que usted ha sentido que son restrictivas. Luego escriba cómo las aparentes restricciones son para su protección.

ORAR SOBRE ESO

+ Admita honestamente al Creador-Rey si usted ha vivido una vida (o partes de ella) independiente de él. Reconozca que eso no solo le duele a usted, sino aflige el corazón de él, pues él solo quiere lo mejor para usted. Entonces pídale que comience a restaurar su conexión con él, y desarrolle su naturaleza en usted.

+ La amenaza más grande contra los privilegios y beneficios del Reino es un espíritu independiente.

CUATRO

LA PROMESA DEL REGRESO DEL GOBERNADOR

CUANDO EL FIN SE CONVIERTE EN EL MEDIO Y LO MENOR SE VUELVE MAYOR, ENTONCES LA INJUSTICIA ES INEVITABLE.

Antes de ver más de cerca el plan del Rey para restaurar al Gobernador, revisemos algunos puntos importantes con referencia al reino de los cielos y su plan para la colonización de la tierra:

+ El Rey del eterno e invisible reino deseó extender su propia naturaleza e influencia al reino físico de la tierra, la cual él había creado. El reino de los cielos es su influencia gobernante sobre el mundo, impactándolo e influenciándolo con su voluntad, propósito e intención. El cielo es el reino de Dios o su país originario y la tierra es su colonia.

+ Los seres humanos fueron creados a la imagen del Rey y les fue dado el Espíritu del Rey para que viva dentro de ellos. El Espíritu del Rey les dio vida a sus espíritus, almas y cuerpos.

+ Los seres humanos fueron diseñados para funcionar como su Rey Creador. La presencia del Espíritu del Rey dentro de los seres humanos garantizaba que estos tuvieran su carácter y naturaleza. Eso también aseguraba que ellos serían capaces de regir en la tierra como él gobernaba en el reino celestial, teniendo Su propia naturaleza de amor, misericordia, bondad y perdón.

+ El Rey no deseaba gobernar la tierra directamente, sino cultivar su colonia por medio de sus hijos, quienes debían desempeñarse como sus gobernadores locales. Ellos debían ejercer domino sobre la tierra bajo la dirección del jefe Gobernador, el Espíritu del Rey.

+ La declaración de independencia de Adán y Eva separó del Rey a la humanidad, y ocasionó que el Gobernador fuera retirado por el reino de los cielos.

+ La salida del Gobernador significó la partida del gobierno celestial y su influencia directa sobre la colonia de la tierra.

+ Después de que la humanidad se rebeló contra la autoridad del gobierno celestial, el Rey inmediatamente prometió a sus hijos la restauración del Gobernador.

+ La promesa más importante que jamás haya hecho el Rey Creador a los seres humanos fue la promesa que el Gobernador regresaría para morar dentro de ellos, porque él es la clave para la vida.

+ La restauración del Espíritu del Rey en la humanidad es primordial para la restauración de su reino sobre la tierra.

Todo lo anterior nos lleva a la siguiente conclusión: **El propósito principal del programa de redención del Rey Creador, en Sus tratos con la humanidad a través de la historia humana, era el de la restauración del Gobernador en la colonia de la tierra.**

A la luz de esto, consideremos el tema de la sagrada literatura del Antiguo y Primer Testamento, también conocido como el canon judío de las Escrituras. Algunos dicen que su tema es la creación de una religión monoteísta. Otros dicen que es la historia del ascenso y caída de la antigua nación hebrea. Incluso otros lo consideran como el registro de varias tradiciones y rituales. Sin embargo, si la consideramos bajo cualquiera de estos términos, perderíamos su esencia crucial.

EL TEMA Y LA IMPORTANCIA DE LAS ESCRITURAS

¿Cuál es la importancia de las Escrituras? ¿Por qué tenemos el relato de Noé, los patriarcas Abraham, Isaac y Jacob, y, la historia de la nación de Israel? ¿Cuál fue el propósito de todos los sacrificios de sangre? ¿Por qué existe un registro de sacerdotes, profetas y linajes de reyes?

Mientras estos eventos giran alrededor del pueblo y nación de Israel, el tema del Antiguo Testamento es universal: es la restauración de la clave para la existencia de la *humanidad*, el restablecimiento de la vida verdadera para *todo ser humano* sobre el planeta. El registro de personas y eventos describe el desarrollo del plan del Rey para restaurar su Espíritu en los seres humanos, para que ellos puedan hacer lo que originalmente debían hacer; para que ellos, una vez más, puedan cumplir con su extraordinario propósito y potencial.

Los primeros dos capítulos de Génesis explican el plan del gobierno celestial para expandir el reino a la tierra. El tercer capítulo describe la interrupción de este plan y la inmediata promesa de restauración. Desde el tercer capítulo hasta el último libro del Antiguo Testamento, es revelado el plan del Rey para que vuelva el Gobernador a la tierra. Todas las situaciones, personas y programas sobre los que leemos cumplen con estos fines:

1. Son un recordatorio continuo de la promesa de la restauración del Gobernador.
2. Plasman la intervención del Rey en las vidas de familias específicas sobre la tierra para preservar el linaje del Vástago que restauraría al Gobernador.
3. Describen un prototipo de la restauración del reino de los cielos sobre la tierra.
4. Exponen el hecho de que solo el mismo Gobernador puede reconectar la colonia terrenal a su gobierno celestial.
5. Predicen la venida del Vástago que personalmente reconciliará a los hijos ciudadanos del Rey y autoriza el retorno del Gobernador.

Es decir, después de la rebelión de la humanidad, la intención del Rey Creador fue esencialmente esta: "Mi propósito para crear el mundo fue interrumpido y voy a corregirlo. Mi Espíritu ya no puede vivir en la residencia terrenal que establecí. Por lo tanto, restauraré mi Espíritu a la humanidad para que mi reino pueda funcionar sobre la tierra otra vez".

Todo lo plasmado en el Antiguo Testamento acerca de la intervención de Dios en las vidas de los seres humanos fue en última instancia un medio para alcanzar este fin. De hecho, Dios estaba revelándole a la humanidad, "Aquí está el programa: Tu rebelión te ha puesto en una situación sin esperanza. Por lo que voy a ir a la tierra personalmente, y voy a proveer una vía para restaurarte la pureza del corazón y la llenura, para que el Gobernador pueda volver a venir a morar en ti. Segundo, volveré a designar al Gobernador en la colonia de la tierra para que viva dentro de ti una vez más y realice mi deseo de transformar la tierra en un reflejo de mi reino".

LA HUMANIDAD NECESITA SANTIDAD

El Antiguo Testamento enfatiza el hecho de que cuando Adán y Eva perdieron el Espíritu Santo, la humanidad se volvió *impura*. Pienso que esta palabra tiene tantas imágenes religiosas conectadas con ella que realmente ya no sabemos lo que significa. Encontramos su esencia al ver lo que el Rey Creador le dijo al pueblo de Israel: "Y vosotros me seréis un reino de sacerdotes, y gente santa" (Éxodo 19:6). En este caso, Él está usando la palabra *santa* en relación a una *nación*. Obviamente, él no está hablando acerca de llevar una cruz, una túnica litúrgica, o de entrar en una orden religiosa.

Entonces, ¿qué significa el concepto? Hay dos connotaciones relacionadas a la palabra que quiero enfatizar aquí: una es "puro" y la otra es "devoto" o "dedicado".[1]

Primero que todo, estas palabras significan algo que es *apartado* especialmente y puramente para cierto uso. En este sentido, la santidad puede ser aplicada a muchas cosas. Por ejemplo, puedo apartar mi taza favorita y decir "esta puede ser usada solamente por mí para beber té caliente y nada más". La he santificado al apartarla y dedicarla para un propósito específico. De esta manera, en este contexto la palabra *puro* significa algo más allá que simplemente "limpio". Tiene que ver con ser *puro en su uso*.

En relación a los seres humanos, el Rey Creador dijo que su pueblo necesitaba estar "Sean ustedes santos" (Levítico 20:26 NVI). ¿Cómo puede usted ser santo ante una persona? La santidad, en esta conexión, significa: "Estoy consagrado para ti. No solo estoy dedicado a ti, sino que mi lealtad para ti no está contaminada con ninguna otra lealtad. No tengo motivos encubiertos".

Seguidamente, observemos lo que significa para el Rey Creador describirse a Sí mismo como un Dios "santo". ¿Significa que es devoto solo a sí mismo? No, eso significa que él es *verdad* y que es honorable consigo mismo. Él es fiel y consistente con él mismo, a lo que desea, lo que dice y lo que hace. Asocio la palabra *santo* con *integridad*. Dios está totalmente "integrado" o unificado. Su naturaleza es tan pura que nunca puede tener un motivo encubierto o engañador. Esta es la razón por la cual el Rey no puede mentir. Por esto mismo el Rey Padre nunca puede estar en desacuerdo con el Rey Hijo, quien es el Vástago que vino a restaurar al Gobernador, y, también es por eso que ninguno de ellos puede estar en desacuerdo con el Gobernador. Las Tres personas del Rey Creador son una sola o *integradas*.

Por lo tanto, tener santidad personal significa "ser uno consigo mismo". Cuando Jesús de Nazaret le dijo a sus discípulos: "Sean perfectos [santos], así como su [Rey] Padre celestial es perfecto" (Mateo 5:48 NVI), estaba diciendo: "Sed uno solo contigo mismo, como tu Rey Padre es Uno consigo mismo". Aquí está la aplicación práctica: Si usted dice que hará algo, hágalo. Si usted promete algo, cúmplalo. Si usted es verdaderamente santo, nunca puede decir algo para luego hacer algo contrario a eso. Su conducta en público debe ser la misma que en privado. Nada de lo que el Rey hace entra en conflicto con su naturaleza como para que lo tenga que esconder. Usted no tiene que esconder nada a menos que esté diciendo o haciendo algo que vaya contrario a lo que usted dice ser. Adán y Eva habían sido integrados totalmente antes de que desobedecieran al Rey, y luego mintieron, destruyendo la confianza que él había puesto en ellos.

El tema central del Antiguo Testamento es que, cuando Adán y Eva se rebelaron, el Espíritu Santo tuvo que dejar a la humanidad porque los seres humanos ya no eran puros en sus motivos ni estaban integrados en sí mismos, y, por consiguiente, ya no estaban apartados para Dios o en acuerdo con él. El Gobernador es un Espíritu puro y no puede vivir en íntima relación con la humanidad en ese entorno.

ETAPAS DEL PLAN DEL REY

Cuando los seres humanos se separaron del Gobernador, el Rey se enfrentaba a un desafío supremo. Los seres humanos necesitaban vivir en su presencia y tener su presencia dentro de ellos. No obstante, su estado actual no permitía que esto ocurriera. Si él quería restaurar al Gobernador en sus hijos y continuar su propósito de tener el reflejo de su reino en la tierra, algo debía suceder para cambiar este estado de ser.

El plan del Rey para restaurar totalmente al Gobernador se desarrolló en etapas:

1. Él implementó un programa que le permitía al Gobernador venir *sobre* las personas, aunque no *dentro* de ellas, para así no tener que violar su integridad. *Su Espíritu podía venir sobre cualquier persona que eligiera someterse a la influencia del gobierno celestial.* Debido a que el Gobernador había sido retirado, y, por ende, estaba "ilegal" en la tierra, él podía entrar y gobernar en la vida de alguien cuando esa persona se entregara a su toque y dirección. Esta no era la misma influencia que estaba sobre todo el mundo antes de la rebelión; esta era lo que podríamos llamar "gobernación selectiva" o "gobernación por sumisión".

2. El sistema de sacrificios que el pueblo hebreo practicó y del cual hablaremos más adelante, le permitió al Gobernador obrar en la tierra a través de una nación de personas especiales que fueron creadas para ser prototipo del regreso del Reino en todo el mundo.

3. El Rey mismo vendría a la tierra para restaurar la integridad de la humanidad, y así proveer una vía para que el Gobernador volviera a vivir *dentro* de los seres humanos de manera permanente.

Al comprender el programa del Rey Creador para restaurar a la humanidad se coloca todo el Antiguo Testamento en la claridad apropiada. No es un grupo de historias enlazadas o un manual de rituales. Trata acerca del Rey iniciando su programa de restauración.

En Génesis, cuando el Rey Creador dijo que el Vástago vendría a "herir la cabeza" (Génesis 3:15) de la serpiente, esta realmente era la primer promesa de que él mismo iba a venir a la tierra—encarnado como un ser humano—y derrotaría al engañador de la humanidad, reconciliaría a Su pueblo consigo mismo, y restauraría al Gobernador. El profeta Isaías escribió: "Porque un niño *nos* es nacido, hijo *nos* es dado, y el principado sobre su hombro; y se llamará su nombre Admirable, Consejero, Dios Fuerte, Padre Eterno, Príncipe de Paz" (Isaías 9:6).

En este sentido, la Navidad realmente se inició en el tercer capítulo de Génesis. Desde entonces, el Rey Padre estaba preparando a la tierra para que esta recibiera al Rey Hijo. El antiguo sistema de sacrificios sería reemplazado por el sacrificio permanente que haría el Rey Hijo. El escritor del libro de Hebreos (10:5), en el Nuevo Testamento, citando Salmos 40, escribió: "Sacrificio y ofrenda no quisiste; mas me preparaste cuerpo". Por ende, desde Génesis 4 en adelante, el Rey estaba obrando para apartar y preservar un linaje dedicado para el futuro regreso de su Hijo a la tierra. Desde esta perspectiva, echemos un vistazo fresco al Antiguo Testamento.

INFLUENCIA SOBRE EL ENTORNO DE LA TIERRA

La presencia del Gobernador en la tierra, por medio de la sumisión de los individuos al gobierno celestial, siempre estuvo acompañada por la manifestación de la influencia del Reino sobre el entorno de la tierra. Es decir, cuando el Rey mismo se diera a conocer ante el pueblo, y ellos respondieron permitiéndole a él y a sus propósitos redentores, cosas milagrosas pasarían sobre la tierra. Aunque lo que llamamos "milagros" no fueron extraordinariamente desde el punto de vista del reino de los cielos. Estos fueron resultados *naturales* de la influencia del gobierno celestial en las vidas de aquellos que se entregaron al Rey.

NOÉ Y EL DILUVIO

Después de la rebelión de Adán y Eva, la cultura del mundo se volvió tan perversa que debía ser prácticamente destruida para poder preservar el linaje del Vástago venidero. Esta es la razón por la que el Rey Creador vino a un hombre llamado Noé y le instruyó construir un arca para salvarse a sí mismo y a su familia del diluvio que destruiría al resto de los habitantes de la tierra. Su mensaje fue esencialmente este: "Noé, los pueblos del mundo se han vuelto totalmente perversos y Yo necesito preservar un linaje puro. Por lo que voy a empezarlo todo de nuevo contigo y tu familia porque tienes un corazón que Me es obediente" (ver Génesis 6:5-9:1).

Nótese que las palabras del Rey hacia Noé después del diluvio, fueron casi exactamente las mismas que había dicho primeramente a Adán: "Bendijo Dios a Noé y a sus hijos, y les dijo: Fructificad y multiplicaos, y llenad la tierra" (Génesis 9:1). Con la familia de Noé, el Creador estaba continuando el mismo programa que había comenzado con Adán y Eva; él no cambió su propósito original para la humanidad en la tierra debido a la rebelión. Más bien, él estaba elaborando su plan para restaurarla. Noé, en sí, no fue el medio de la restauración, sino que fue parte del linaje puro (apartado) que debía ser preservado para la venida del Vástago. El diluvio mundial y la supervivencia de Noé y su familia en el arca fueron el resultado del Reino manifestando su influencia por medio de la fe que Noé tenía en el Rey y su propósito máximo para la humanidad.

ABRAHAM

Diez generaciones más tarde, Noé tuvo un descendiente llamado Abraham, y el plan del Rey de preparar un linaje y un cuerpo para sí mismo, empezó a tomar forma más específica. Le dijo a Abraham que aunque él y su esposa eran viejos, tendrían un hijo. Este hijo sería el principio de una gran nación, la que a su vez sería un prototipo de cómo se suponía que fuera el reino de los cielos en la tierra. Además, uno de sus descendientes sería el Vástago prometido (ver Génesis 15:1-6; 17:15-21; 18:2-19; 21:1-7).

La habilidad de Sara para concebir y dar un hijo en su vejez fue el resultado de la disposición de Abraham y Sara para cooperar con los propósitos del gobierno celestial. Aunque ellos no entendían totalmente el plan, su relación con el Rey Creador suscitó la siguiente etapa de sus propósitos redentores para la tierra.

Tanto Noé como Abraham creyeron y obedecieron las instrucciones del Rey. El creer y el obedecer fueron los medios de su santidad o justicia ante él. La *justicia* se refiere a "postura [distinción] correcta" o "alineación correcta" con evidente autoridad, y Noé y Abraham se alinearon con el gobierno del cielo (ver Génesis 6:8; 15:6; Romanos 4:3; Gálatas 3:6; Hebreos 11:7-12; Santiago 2:23).

LAS TRIBUS DE ISRAEL

Por medio de un milagro, a Abraham le nació un hijo, Isaac. Isaac tuvo gemelos: Esaú y Jacob; Jacob fue escogido como el portador del linaje. Más tarde, el nombre de Jacob fue cambiado por Israel, que significa [entre otros nombres] "príncipe delante de Dios". Él era el heredero de la promesa del Vástago venidero. Jacob tuvo doce hijos y la familia de cada hijo creció y se volvió en una gran tribu; este fue el origen de las doce tribus de Israel. El Rey Creador escogió a Judá, hijo de Jacob, para que por medio de él fuera portado el linaje especial, aunque todas las tribus estaban destinadas a jugar un papel en la historia a desarrollarse (ver Génesis 25:21-26; 28:10-15; 35:10-12, 22-26; 49:1-28).

LOS ISRAELITAS: UN REINO DE SACERDOTES Y UNA NACIÓN SANTA

Con el tiempo, las doce tribus se trasladaron a Egipto porque había hambruna en su país natal. Fueron preservados por medio de la intervención gubernamental celestial en la vida de otro hijo de Jacob, llamado José, quien se convirtió en el segundo al mando del faraón egipcio (ver Génesis 37; 39:1-47:12, 27). Pero, al pasar el tiempo, las tribus se volvieron esclavas en Egipto bajo el mando de otro faraón (ver Éxodo 1:6-14). Después de varios cientos de años, el Rey Creador llamó a un hombre de nombre Moisés, de la tribu de Leví, para liberar a los israelitas como parte de su plan para preservar el linaje para el nacimiento del Vástago (ver Éxodo 1:15; 4:31).

Todos los eventos que leemos sobre la vida de Moisés muestran la manifestación de la influencia del Reino sobre la tierra por medio de la sumisión de Moisés para los propósitos del gobierno del Reino. Por ejemplo, la habilidad de Moisés para ocasionar las plagas de langostas y moscas fue un ejemplo de un ser humano ejerciendo dominio sobre "todas las criaturas que se mueven sobre la tierra" por medio del poder el Espíritu del Rey (ver

Éxodo 6:28; 12:36). Lo mismo es cierto del milagro de la división del Mar Rojo que le permitió a los israelitas cruzarlo a pie y escapar de la persecución egipcia (ver Éxodo 13:17; 14:31). Moisés era el instrumento gubernamental celestial para suscitar muchas manifestaciones de la influencia del Reino sobre la tierra mientras él vivía.

Quiero enfatizar nuevamente que Abraham, Isaac, Jacob, Moisés y el pueblo israelita no fueron preservados para crear una religión. El pueblo de Israel fue un instrumento en la mano del Rey para los propósitos a desarrollarse, para reconciliar al mundo entero consigo mismo y para restaurar al Gobernador—ellos no eran el objetivo en sí. Los israelitas fueron llamados y apartados como una nación especial para que pudieran redescubrir al Rey y sus caminos con el propósito de que se convirtieran en una nación con un (dedicado) propósito santo. Como veremos dentro de poco, ellos debían ser "un reino de sacerdotes y una nación santa" (Éxodo 19:6 NVI) que ayudara al cumplimiento del plan de restauración del Rey para el mundo.

La palabra hebrea para "reino" en este contexto es *mamlaká*, que significa "dominio" o "gobierno".[2] Aquí volvemos al tema del domino terrenal. *Reino* indica responsabilidad de gobernación, mientras que la función del sacerdote era la de ayudar al pueblo a realinearse con el gobierno celestial. Esencialmente, el trabajo sacerdotal involucra revestirse con la verdadera autoridad, y, el trabajo del Reino tiene que ver con ejecutar la gobernación bajo esa autoridad. El Rey Creador quería un *reino* o nación de sacerdotes sobre la tierra. Él quería que todo el pueblo de Israel estuviera propiamente alineado con él, en todo momento, de la manera en que Adán y Eva habían estado cuando todavía tenían el Espíritu del Creador viviendo en ellos. Todo ser humano debía ser un sacerdote—personalmente alineado con el Rey Creador—y un gobernador—teniendo dominio sobre la tierra. Dios les había dicho a los israelitas, cuando se salieron de Egipto, que si continuaban creyendo y obedeciéndole, él les haría la nación más grande en el mundo (ver Éxodo 19:3-6; 34:9-11). Les dio instrucciones para vivir, llamadas la Ley (ver Éxodo 20:1–23:3; 24:12–31:18; 34:12–27; 35:1–19; 40:1–15; Levítico 1–7; 11:1–24:9; 25–27).

Esta era una ilustración detallada de cómo se suponía debían pensar y actuar como un reino de sacerdotes y gobernadores viviendo en integridad. Si ellos lo hacían así, él les proveería y les protegería; podían tener todo lo que necesitaran y nunca ser derrotados por sus enemigos. La nación entera debía ser un prototipo de lo que Rey haría con todos los que estuvieran sometidos a su Gobernador y estuvieran gobernando sus casas, comunidades y naciones bajo su guía.

Lamentablemente, el pueblo de Israel no vivió a la altura de este gran propósito. El pueblo rechazó las leyes del Rey, al igual que Adán y Eva lo hicieron. Ya no estaban alineados con él. Por consiguiente, fallaron en ser el ejemplo para las otras naciones del reino de los cielos sobre la tierra. Aunque había momentos cuando el pueblo volvía a Dios, a lo largo de toda su historia como una nación, le rechazaban una y otra vez. Siempre que esto ocurría, el Rey permitía a otras naciones, que no le reconocían a él, que los invadieran para que pudieran ver sus necesidades y regresaran a él. Por todo el Antiguo Testamento leemos cómo la nación fue con frecuencia tomada por otros pueblos, como los cananitas, moabitas y los hititas.

EL SIGNIFICADO DE LA LEY

Cuando el pueblo de Israel por primera vez salió del cautiverio egipcio, se había olvidado mucho del Rey y sus caminos. Ellos habían perdido el concepto claro de su naturaleza y voluntad. No sabían de la relación personal de Abraham con el Rey, mas tenían una vaga idea de que Abraham fue su padre ancestral. Es en este momento cuando Dios le instruyó a Moisés que les hablara sobre quienes eran ellos y cuál era el propósito real como una nación de reyes y sacerdotes:

> Así dirás a la casa de Jacob, y anunciarás a los hijos de Israel: Vosotros visteis lo que hice a los egipcios, y cómo os tomé sobre alas de águilas, y os he traído a mí. Ahora, pues, si diereis oído a mi voz, y guardareis mi pacto, vosotros seréis mi especial tesoro sobre todos los pueblos; porque mía es toda la tierra. Y vosotros me seréis un reino de sacerdotes, y gente santa. Estas son las palabras que dirás a los hijos de Israel (Éxodo 19:3-6).

Con estas palabras, el Rey estableció su relación para con los israelitas y la relación de ellos para con él. Luego le instruyó a Moisés que le dijera a todo el pueblo que se reunieran en la montaña donde estaban acampando. Él quería darles sus leyes directamente. No quería dárselas solo a una persona para que se las diera al resto del pueblo; él quería que toda la nación las escuchara porque todos debían ser gobernadores y sacerdotes. Cuando llegaron a la montaña y el Rey descendió para hablarles, ellos estaban asustados de la demostración de su poder y grandeza. Moisés les dijo que no tuvieran miedo, sino reverencia al Rey. Pero, en vez de eso, el pueblo quería que Moisés sirviera como su mediador (ver Éxodo 19:9-20:21).

De nuevo, el Rey dio la Ley para que el pueblo supiera lo que significaba vivir de acuerdo a su naturaleza. Aunque su deseo primario no fue el de tener sus leyes registradas meramente en piedra o en papel, él quería que existieran en el espíritu y en sus mentes. Él reveló su plan máximo con estas palabras, las cuales dio a Su profeta Jeremías: "Este es el pacto que haré con la casa de Israel después de aquellos días... Daré mi ley en su mente, y la escribiré en su corazón; y yo seré a ellos por Dios, y ellos me serán por pueblo" (Jeremías 31:33). Esta es una referencia directa al retorno futuro del Gobernador para vivir en la humanidad.

Sin embargo, por ahora, Moisés recibió por escrito el código, las leyes y principios del Reino, o las "normas del reino", para dárselas al pueblo. Su Rey quería que ellos entendieran cómo su Espíritu pensaba y cómo su Reino obraba para que ellos pudieran estar en alineación con él. Si la nación obedecía las leyes del Rey, ella podía atraer su Espíritu porque vivían en santidad y en armonía con su naturaleza.

Cuando Moisés bajó de la montaña después de haberse reunido con el Rey, el pueblo acordó obedecer la ley (ver Éxodo 24:7-8). Sin embargo, como ya vimos, esto no duró por mucho tiempo. Josué, el segundo al mando de Moisés, más tarde llevó al pueblo a la tierra que el Rey les había prometido. Lo que consideramos como milagros maravillosos en ese tiempo, tales como la separación de las aguas del Río Jordán, la caída de los muros de la ciudad de Jericó y el sol detenerse y no ocultarse por un día entero durante una batalla, fueron meras evidencias de la influencia del Reino sobre el universo físico (ver Josué 3, Josué 6:1-20, Josué 10:12-14). Aun con todas estas demostraciones de la presencia del reino de los cielos entre ellos, el pueblo dio la espalda a la voluntad del Rey. Empezaron a casarse con ciudadanos fuera del prototipo del Reino y adquirieron los rasgos de las naciones que no reconocían al Rey. Ellos gradualmente se distanciaron de él y se desalinearon de los propósitos de su Reino.

EL SACERDOCIO Y LOS SACRIFICIOS

Aquí es cuando el sacerdocio entra en juego. No creo que el verdadero deseo de Dios fuera el tener a un grupo específico de personas llamadas sacerdotes. Recuerde que él quería un *reino* o nación de sacerdotes. Pero para que los israelitas pudieran permanecer como su nación prototipo, él les proveyó la manera para que fueran restaurados después de haberse rebelado contra él y violado las normas de su Reino.

Debido a que habían abandonado su llamado a ser una nación de sacerdotes, el Rey nombró a Aarón, el hermano de Moisés, y, a los hijos de Aarón, que eran de la tribu de Leví, para ser los sacerdotes de la nación. Sus descendientes también serían sacerdotes sucesores. También le dijo a Moisés que separara ciertos hombres de la tribu de Leví para ayudar a los sacerdotes en sus deberes. Los sacerdotes debían mantenerse alineados con el Rey (ver Éxodo 28-29; Éxodo 32:25-29; Números 1:47-53; 3:5-13; 8:5-26).

Ellos llevaban a cabo rituales de sacrificio ordenados por el Rey, los que servían para expiar (cubrir) sus rebeliones y posicionar nuevamente a la nación de Israel en alineación con el gobierno celestial. De esta manera, el Gobernador podía revelarle al pueblo la voluntad del Rey, y la cultura de Su Reino podía venir sobre la tierra por medio de ellos. El resultado era que por medio de su ejemplo, ellos traerían de regreso hacia el Rey a todas las otras naciones. Por consiguiente, todos los sacrificios, los rituales que involucraban sangre, el incienso que fue quemado, los varios componentes del tabernáculo, y más adelante el templo—todas estas cosas se dieron con el propósito de realinear al pueblo con Dios para que pudieran ser lo que originalmente fueron destinados.

Los rituales que los sacerdotes ejecutaron, involucraron el sacrificio de animales debido a la cultura de rebelión, asesinato y muerte que los seres humanos habían creado y necesitaban ser pagados. Así también las infracciones de cada individuo a la Ley del Rey. El escritor del primer siglo del libro de Hebreos, escribió: "Y casi todo es purificado, según la ley, con sangre; y sin derramamiento de sangre no se hace remisión" (Hebreos 9:22). Por ende, en el sistema de sacrificios, la sangre expiaba las violaciones que el pueblo cometía en contra de la Ley del Reino.

Cuando leemos sobre las complejidades de la vestimenta y práctica sacerdotal, los sistemas de alabanzas y los detalles específicos de los sacrificios de animales, tenemos la tendencia a detenernos en las particularidades y perdemos su significado general. El objetivo máximo del programa del Rey, no eran los sacerdotes, las túnicas, el incienso, el pan sin levadura, las copas y los aposentos internos y externos. Algunas personas casi siempre parecieran considerar estas cosas como iconos místicos religiosos. Por el contrario, estos eran un medio para un fin determinado. Estas fueron provisiones de Dios (su programa temporal) para realinear al pueblo con él para que su Espíritu, el Gobernador ausente, pudiera volver a ellos e intervenir en la tierra.

El objetivo máximo de todo el programa de rituales del Antiguo Testamento fue diseñado, motivado y desarrollado para este propósito: Cuando el sumo sacerdote al aposento interno del tabernáculo (luego, del templo), los sacrificios podían ser aceptados en nombre del pueblo, y el Espíritu de Dios podía venir y morar entre el querubín y el propiciatorio (o cobertura de expiación), ya que los requerimientos de santidad habían sido cumplidos (ver Éxodo 25:22; Levítico 16:2-34).

Todo lo que venía a la presencia del Espíritu debía ser santo porque él es un Espíritu *santo*. El sacrificio por sangre podía limpiar tanto al pueblo como al sumo sacerdote que venía delante de la presencia inmediata del Gobernador, en el aposento interno del tabernáculo, llamado "el Lugar Santísimo". Como resultado de estos sacrificios, sucedió la cosa más maravillosa. El Espíritu retornó. ¡El Gobernador estaba sobre la tierra! Todos los sacrificios temporales trajeron al Gobernador a la *presencia* del pueblo, pero no dentro de *ellos*. Él no podía entrar en los seres humanos en ese momento porque el sacrificio permanente todavía no se había hecho.

Los sacrificios de animales debían ser ofrecidos una y otra vez porque el pueblo constantemente se rebelaba contra la autoridad del cielo, y, los sacrificios eran un método temporal de expiación que permitía que el gobierno celestial interviniera en sus vidas, aunque no pudieran cambiar su *naturaleza* rebelde.

Siempre que el pueblo de Israel estaba alineado con el Rey y su Espíritu estaba con ellos, podían ganar toda batalla, no sufrían enfermedades entre ellos y experimentaron paz. ¿Por qué? Ellos estaban viviendo como verdaderos seres humanos otra vez. Ellos estaban viviendo como inicialmente debían—por encima de su ambiente y circunstancias.

Grandes pasos tuvieron que ser tomados por los sacerdotes solo para asegurar la presencia del Gobernador en el aposento interno del tabernáculo o templo para que el pueblo pudiera estar en paz, prosperar y cumplir con su función como la nación prototipo. Cuando el pueblo desobedeció a Dios, el Espíritu Santo se apartó de ellos y nuevamente sus vidas se volvieron caóticas. Cuando recibieron el perdón por medio de los sacrificios, y, una vez más, obedecieron a Dios, el Espíritu Santo podía regresar y ellos podían tener éxito.

El sistema de sacrificios sirvió su propósito, aunque era inadecuado para resolver totalmente el dilema de la separación de la humanidad del reino de los cielos. Realmente esto enfatizó lo incompleto de la limpieza temporal para mantener al pueblo alineado con Dios. Ellos eran "rociados" con la sangre porque la sangre de los animales no puede limpiar permanentemente a una persona desde adentro hacia afuera. La intención de los corazones de los hombres y mujeres, básica y constantemente es perversa. El estado pecaminoso (no integrado, no apartado) del corazón humano y su potencial para el mal siempre está debajo de la superficie y siempre emerge de una manera u otra.

Aún así, este programa era la provisión temporal del Rey Creador para obrar en los humanos, en los cuales él todavía no podía morar—debido a la impiedad de ellos—pero la cual él todavía necesitaba influenciar. Él creó su propio entorno de santidad por medio del sistema de sacrificios para poder obrar entre su pueblo sin violar su pureza e integridad. Los profetas, sacerdotes y reyes de la nación de Israel podían recibir el Espíritu del Rey *sobre* ellos para momentos específicos donde podían hablar o actuar sobre la tierra en nombre del Rey.

A muchas personas les gusta estudiar y enseñar todas las complejidades de los rituales del Antiguo Testamento; algunos incluso hacen buen dinero con libros y productos que hablan extensamente de tales cosas como "las diez claves para entrar en el tabernáculo". He encontrado que a muchas personas (a lo mejor) se les escapa el propósito principal de estas cosas, y, otras (a lo peor) explotan a las personas recalcándolos en exceso. No alcanzaron el fin en sí mismos. Debemos siempre recordar que su único propósito fue el de ser un medio para traer la influencia gubernamental del cielo nuevamente a la tierra para el beneficio de la humanidad.

LOS REYES

Debido a que los israelitas querían ser igual que las otras naciones a su alrededor, teniendo las mismas normas y estilos de vida, ellos habían pedido su propio rey terrenal (ver 1 Samuel 8:4-22). De hecho, el Rey les había dicho: "No, ciertamente ustedes no quieren un rey terrenal. Un rey terrenal solamente les oprimirá con impuestos y trabajos forzados. Yo soy su Rey, quien les provee todo y les da lo bueno". Él estaba tratando de decirles: "Ustedes *no* son como otras naciones. Ustedes están supuestos a ser ejemplo para ellos. Ustedes están supuestos a ser el prototipo para mi Reino".

Los reyes humanos no formaban parte del plan máximo del Rey para su pueblo. Él quería toda una *nación* de gobernantes del Reino que fueran dirigidos por él. Esta idea refleja su objetivo máximo de volver gobernadores locales a cada ciudadano de la tierra, ejerciendo autoridad bajo el jefe Gobernador. Con todo, los israelitas insistieron en tener un rey, así es que él les dio lo que querían.

El deseo del pueblo de tener un rey indicaba una falta de alineación con el Rey y un total malentendido de su llamado. Después de que le dijeron al profeta Samuel que querían un rey: "Dijo Jehová a Samuel: Oye la voz del pueblo en todo lo que te digan; porque no te han desechado a ti, sino a mí me han desechado, para que no reine sobre ellos" (1 Samuel 8:7). Una vez más, ellos estaban rechazando a su Rey celestial.

Aún así el Rey usó la institución de reyes para continuar sus propósitos redentores. El segundo rey, David, fue un hombre que deseó lo que el gobierno celestial desea (ver 1 Samuel 13:13-14). La influencia del Reino fue manifestada en su vida de muchas maneras. Su sorprendente exterminio del gigante Goliat cuando todavía era un niño, fue un ejemplo de un ser humano ejerciendo el dominio del Reino sobre un títere del reino de la oscuridad (1 Samuel 17:4-61). Cuando David le dijo a Goliat: "Tú vienes a mí con espada y lanza y jabalina; más yo vengo a ti en el nombre de Jehová de los ejércitos" (1 Samuel 17:45), él estaba diciendo: "Yo vengo a ti bajo la autoridad del gobierno del cielo".

En última instancia, el Rey usó la línea de los reyes israelitas para preservar el linaje para el regreso de su Hijo a la tierra. El Vástago sería descendiente de David (ver 2 Samuel 7:2-16; Isaías 11:1-10; Mateo 1:1-17).

LOS PROFETAS

Sin embargo, la mayoría de los reyes de la nación, quienes se suponía que representaran la justicia del Rey sobre la tierra, se volvieron corruptos. Los sacerdotes también se volvieron corruptos. Los mismos que estaban supuestos a alinear la nación para el Rey se habían vuelto desalineados. Por lo que en varias ocasiones, el Rey levantó a personas de entre la nación israelita, para que pudieran hablar tanto a los sacerdotes como a los reyes, en nombre del reino celestial.

Un modelo diferente estaba surgiendo: La nación de Israel fue escogida como un prototipo para tratar con la necesidad de un pueblo rebelde llamado *humanidad*. El sacerdocio surgió cuando aquellos que debían ser un "reino de sacerdotes y nación santa" fallaron en cumplir su llamado colectivo. La institución de reyes fue establecida cuando el pueblo rechazó al Rey Creador como su gobernador. Por lo tanto, el Rey levantó voces individuales—los profetas—que pidieron a reyes, sacerdotes y pueblo cambiar sus caminos y volvieran a alinearse con él.

Los profetas empezarían sus asignaciones diciendo algo como: "La palabra del Señor vino a mí". ¿De dónde viene la palabra del Señor? Viene de su Espíritu. El Espíritu podía llegar al profeta, y, el profeta podía hablarle al rey y a los sacerdotes para se corrigieran ellos, y de esa manera corregir a la nación.

Es decir que, la labor del profeta era llevar al rey terrenal de regreso al Rey Creador para que el rey pudiera ejercer la justicia del gobierno celestial y ayudara a traer a la nación de regreso a la ley y los caminos del Rey Creador. También debía traer a alineamiento a los sacerdotes para que de esta manera pudieran ayudar a traer al pueblo y a la nación de regreso a alineamiento (ver Deuteronomio 18:15-22). De esta manera, la nación podría volver a ser el prototipo del reino de los cielos. La nación podría, entonces, corregir a las *naciones* del mundo, para el máximo propósito de redimir a toda la tierra.

Los profetas manifestaron la influencia del Reino sobre la tierra en varias formas. Por ejemplo, debido a que el profeta Elías se sometía al Rey, el gobierno celestial lo usó para devolverle la vida al hijo de una mujer que también era sumisa al Reino (ver 1 Reyes 17:17-24). En realidad no deberíamos sorprendernos por esta particular administración del Reino, porque el Espíritu del Rey originalmente dio vida a la humanidad y puede también restaurar esa vida. El gobierno celestial fue manifestado en la vida del profeta Daniel cuando recibió comunicación especial por medio del Gobernador con referencia al futuro del pueblo de Israel y cuando escapó del daño luego de haber sido lanzado al foso de leones hambrientos (ver Daniel 6:3-23; 10:1-12:13). Su "milagro" de preservación fue, de nuevo, un ejemplo del dominio del reino de los cielos sobre la tierra.

No obstante, usualmente, ¿cómo reaccionaron los líderes y el pueblo hacia los profetas? ¡Los ignoraban, criticaban, amenazaban o mataban! (ver Mateo 5:11-12; Mateo 23:29-37). Finalmente, el pueblo estaba tan desobediente como nación que perpetuamente estaba desalineado; el resultado de esto fue que el Espíritu salió del templo antes del cautiverio del pueblo en Babilonia ver Ezequiel 8:1-11:23). Los israelitas solo tenían los vestigios de su antiguo estilo de vida. La nación prototipo esencialmente se había esfumado, estableciendo la siguiente fase del plan para la completa restauración del Reino sobre la tierra.

El Rey habló por medio de sus profetas, diciendo: "¡No voy a seguir enviándoles palabra por medio de otras personas. Yo mismo voy a ir y los haré volver a mí!"

MENSAJES GUBERNAMENTALES SOBRE EL REY VENIDERO QUE RESTAURARÍA AL GOBERNADOR

Todo el Antiguo Testamento es, por lo tanto, acerca de la repetición de la promesa del regreso del Gobernador y la evidencia de la influencia del reino celestial selectivamente manifestado por medio de la nación prototipo y de individuos que se sometieron al Reino. A través de los siglos, profetas específicos, como también otros líderes tales como Moisés y David, dieron mensajes del Rey anunciando que él mismo vendría para reestablecer su Reino en la colonia de la tierra y para preparar el terreno para la restauración del Gobernador. Por ejemplo, el profeta Isaías dijo:

Porque un niño nos es nacido, hijo nos es dado, y el principado sobre su hombre; y se llamará su nombre Admirable, Consejero, Dios Fuerte, Padre Eterno, Príncipe de Paz. Lo dilatado de su imperio y la paz no tendrán límite, sobre el trono de David y sobre su reino, disponiéndolo y confirmándolo en juicio y en justicia desde ahora y para siempre (Isaías 9:6-7).

El Rey del reino eterno e invisible iba a venir a la tierra para reclamar su propiedad. Cuando la colonia fuera recuperada, podría establecer su gobierno sobre la tierra y volver a comisionar su Espíritu como Gobernador una vez más. Jesús dijo una parábola sobre sí mismo que describe el deseo del Rey para implementar su plan de extender su influencia sobre la tierra, y de la resistencia de la mayoría de los habitantes de la tierra hacia él, hasta que él mismo vino a rectificar la situación:

> Hubo un hombre, padre de familia, el cual plantó una viña, la cercó de vallado, cavó en ella un lagar, edificó una torre, y la arrendó a unos labradores, y se fue lejos. Y cuando se acercó el tiempo de los frutos, envió sus siervos a los labradores, para que recibiesen sus frutos. Mas los labradores, tomando a los siervos, a uno golpearon, a otro mataron, y a otro apedrearon. Envío de nuevo otros siervos, más que los primeros; e hicieron con ellos de la misma manera. Finalmente les envío su hijo, diciendo: Tendrán respeto a mi hijo. Mas los labradores, cuando vieron al hijo, dijeron entre sí; Este es el heredero; venid, matémosle, y apoderémonos de su heredad. Y tomándole, le echaron fuera de la viña, y le mataron. Cuando venga, pues, el señor de la viña, ¿qué hará a aquellos labradores?... El reino de Dios será…dado a gente que produzca los frutos de él (Mateo 21:33-40, 43).

EL MANDATO DEL REY VENIDERO

El último libro del Antiguo Testamento finaliza con el profeta Malaquías dando este mensaje del gobierno celestial acerca de la venida del Rey del cielo: "Él hará volver el corazón de los padres hacia los hijos, y el corazón de los hijos hacia los padres" (Malaquías 4:6). Este era el mandato del Vástago, de quienes los profetas se refirieron como al "Mesías", reconciliar a los hijos de Adán y Eva con su Rey Creador. Cuando esto fuera realizado, el Gobernador podría ser restaurado en Su residencia terrenal dentro de ellos.

EL REGRESO DEL GOBERNADOR ES PARA TODA LA HUMANIDAD

El profeta Joel dio uno de los mensajes más importantes del reino celestial con referencia al regreso del Gobernador:

> Y después derramaré mi Espíritu sobre toda carne, y profetizarán vuestros hijos y vuestras hijas; vuestros ancianos soñarán sueños, y

vuestros jóvenes verán visiones. Y también sobre los siervos y sobre las siervas derramaré mi Espíritu en aquellos días (Joel 2:28-29).

De hecho, Joel estaba diciendo: "Veo que el día viene cuando no vamos a tener que leer o estudiar la Ley para saber cómo obedecer al Rey porque su Espíritu vendrá sobre los jóvenes y los ancianos y obedecerán al Rey tan naturalmente como anteriormente le desobedecieron". Ya no habrá necesidad de "gobernación selectiva" con solo ciertos individuos siendo influenciados por el Gobernador. Toda la humanidad ha perdido el Espíritu y Joel estaba diciendo que el Espíritu sería derramado sobre "toda carne"— hombres, mujeres, israelitas y no israelitas, libres y esclavos. Los prejuicios terrenales relacionados al género, raza o estatus social desaparecerán con el regreso del Gobernador.

El Espíritu Santo no es solo para personas de cierta "religión" o nacionalidad. Todo el mundo perdió la presencia del Gobernador dentro de sí mismos, y el Rey quiere que cada uno en el mundo le reciba otra vez en su vida por medio de la provisión del Vástago. El Gobernador es la clave para que *toda* la humanidad tenga vida.

La idea de la venida del Espíritu sobre el *pueblo* probablemente pareció increíble para los israelitas cuando escucharon el mensaje de Joel. En la experiencia de ellos, el Espíritu Santo podía venir solamente sobre los sacerdotes, los profetas y algunos de los reyes o morar solo entre el querubín en el propiciatorio, en el lugar Santísimo del templo. Joel se refirió a ese tiempo como al "día de Jehová" (Joel 2:11). La palabra *"día"* en este contexto, significa "era" o "época". El día del Señor podía ser la era, la temporada o el tiempo, cuando el Rey viniera a la tierra.

La palabra *"Jehová"* aquí, es la palabra hebrea para "auto-existente o eterno".[3] El mensaje de estos profetas fue "los sacrificios de animales y otros rituales no pueden restaurar a la humanidad en su relación con el Rey, por lo que el mismo Rey vendrá". Cuando él vino a la tierra, su Espíritu también pudo regresar. El Gobernador vendría sobre hombres y mujeres, jóvenes y ancianos. Más que eso, una vez más é podría morar *dentro* de la humanidad.

El profeta Malaquías fue el último profeta en prometer el regreso del Rey antes de que el mismo Rey viniera. El gobierno celestial le dio este mensaje:

He aquí, yo envío mi mensajero, el cual preparará el camino delante de mí; y vendrá súbitamente a su templo el Señor a quien vosotros buscáis, y el ángel del pacto, a quien deseáis vosotros. He aquí viene, ha dicho Jehová de los ejércitos (Malaquías 3:1) .

El primer mensajero mencionado *prepararía* el camino. El segundo mensajero, "el mensajero del pacto", fue uno que haría "volver el corazón de los padres hacia los hijos, y el corazón de los hijos hacia los padres" (Malaquías 4:6). Este mensajero se estaba refiriendo al "Señor que estás buscando". ¿Cuál fue su mensaje de pacto? Fue el de restauración del Espíritu en la humanidad, algo que había sido prometido desde de la rebelión inicial.

ANUNCIANDO LA LLEGADA DEL REY

Cuando cambiamos las páginas de las Escrituras desde Malaquías, en el Antiguo Testamento, hasta Mateo, en el Nuevo Testamento, encontramos al mensajero que preparó el camino para la venida del Rey:

En aquellos días vino Juan el Bautista predicando en el desierto de Judea, y diciendo: Arrepentíos, porque el reino de los cielos se ha acercado. Pues éste es aquel de quien habló el profeta Isaías, cuando dijo: Voz del que clama en el desierto: Preparad el camino del Señor, enderezad sus sendas (Mateo 3:13).

"El reino de los cielos se ha acercado." En otras palabras, el gobierno del Rey era inminente porque el Rey había venido a la tierra. ¿Cuál era el tema de este mensaje? *El Gobernador.* Juan dijo: "Yo a la verdad os bautizo en agua para arrepentimiento; pero el que viene tras mí, cuyo calzado yo no soy digno de llevar, es más poderoso que yo; él os bautizará en Espíritu Santo y fuego" (Mateo 3:11).

El Rey podía *bautizarles* con su Espíritu, por consiguiente los *alinearía para siempre con el Reino.* La venida del Espíritu ya no sería una aparición temporal, sino permanente. El Gobernador sería como un fuego consumidor, quemando cada pensamiento y filosofía falsa que alienó a los ciudadanos del reino celestial. Él corregiría toda su confusión y satisfaría toda su hambre de conocer y cumplir con su propósito en la vida. Por último, ellos estarían reconectados permanentemente con el Rey y su Reino. La tierra sería otra vez una colonia de santidad y poder porque sus habitantes finalmente tendrían el Espíritu de santidad y poder viviendo dentro de ellos nuevamente.

PREGUNTAS DE ESTUDIO DEL CAPÍTULO CUATRO

PREGUNTAS PARA REFLEXIÓN

1. ¿Están conectados el Antiguo Testamento y el Nuevo Testamento? ¿En qué maneras?

2. ¿Usted generalmente coopera con la manera que Dios trabaja en su vida, o lo resiste? ¿Por qué?

EXPLORAR PRINCIPIOS Y PROPÓSITOS

3. ¿Cuál es el propósito principal del programa de redención del Rey en sus tratos con la humanidad a través de la historia humana?

4. ¿Qué implicaciones tendría la restauración del Espíritu en cuanto al propósito para el cual fueron creados los seres humanos? (p. x)

5. Todas las situaciones, las personas y todos los programas en el Antiguo Testamento sirvieron ¿cuáles cinco fines?
   (1)
   (2)
   (3)
   (4)
   (5)

6. ¿Por qué fue el Espíritu del Rey incapaz de volver a los hijos del Rey?

7. Describa brevemente las tres etapas del plan del Rey para restaurar plenamente al Gobernador en la tierra.
   (1)
   (2)
   (3)

8. ¿Cuál es la identidad del Vástago que vendría a la tierra, desafiaría a Lucifer, reconciliaría a los hijos del Rey con su Padre, y restauraría al Gobernador?

9. Aún antes de la venida del Vástago, ¿qué siempre acompañó la presencia del Gobernador en la tierra, a través de la sumisión de los individuos al gobierno celestial?

10. ¿Cuál es la definición de un milagro, desde el punto de vista del reino celestial?

11. ¿Qué propósitos principales del plan del Rey ocurrirían a través del nacimiento del hijo de Abraham y Sara, Isaac?
    (1)
    (2)

12. ¿A qué se refiere la palabra *justicia*?

13. ¿Cuál era el llamado especial de los israelitas en el plan del Rey?

14. Describa las funciones respectivas de "reino" y "sacerdotes".

15. El pueblo israelita llegó a estar desalineado perpetuamente con el Rey y Babilonia lo tomó cautivo, esencialmente terminando la nación prototipo. ¿Cuál fue el paso siguiente en el plan del Rey para redimir a la humanidad y restaurar totalmente al Gobernador en la tierra?

16. ¿Cómo comunicó el Rey el plan extraordinario a los habitantes de la tierra?

17. El mensaje del profeta Joel de parte del reino celestial indicaba... (escoja una)
    (a) el Rey quiere que todo el pueblo de la tierra reciba al Gobernador

(b) el Gobernador regresará para morar en jóvenes y ancianos, hombres y mujeres

(c) el Gobernador capacitará al pueblo para obedecer al Rey naturalmente

(d) todas las anteriores

18. ¿Por qué Joel se refirió al tiempo de la venida del Espíritu como "el día del Señor" (Joel 2:11)?

19. En el Nuevo Testamento, ¿qué quiso decir Juan el Bautista cuando dijo: "El reino del cielo está cerca" (Mateo 3:2)?

20. Juan el Bautista dijo que cuando el Rey viniera a la tierra, él "bautizará (al pueblo) con el Espíritu Santo y con fuego" (Mateo 3:11). ¿Qué lograría el Rey con esto?

APLICAR LOS PRINCIPIOS DE LA VIDA DEL REINO

PENSÁNDOLO BIEN

+   ¿Ha cambiado su perspectiva sobre el Antiguo Testamento al leer el capítulo cuatro y hacer este estudio? Si es así, ¿en qué maneras?

+   El Rey dijo a través del profeta Jeremías: "Pero este es el pacto que haré con la casa de Israel después de aquellos días, dice Jehová: Daré mi ley en su mente, y la escribiré en su corazón; y yo seré a ellos por Dios, y ellos me serán por pueblo" (Jeremías 31:33). ¿Todavía está intentando servir a Dios en sus propias fuerzas mediante las reglas y regulaciones que no son realmente parte de su naturaleza? ¿O está viviendo por la naturaleza del Rey plantado dentro de su corazón, a través del poder de su Espíritu?

ACTUAR AL RESPECTO

+   El Dr. Munroe definió santidad personal como ser "uno consigo mismo". Si usted es verdaderamente santo, usted no dice algo y entonces hace lo contrario. Su conducta pública es la misma que su conducta privada. Piense con respecto a su propia vida, y enumere áreas en las que necesita ser consistente en lo que piensa, dice y hace.

+ En la sección de "Preguntas para reflexión" al inicio de este estudio, se le preguntó si usted siente que está cooperando con la manera en que Dios está obrando en su vida, o resistiéndose. Escriba cualesquiera formas en que está resistiendo su obra en su vida, y tome una decisión consciente a someterse a sus propósitos.

ORAR SOBRE ESO

+ Repase la lista que escribió concerniente a las áreas de santidad personal en las que necesita trabajar. Pídale a Dios que le ayude a ser más consistente en estas áreas mediante la guía y el poder de su Espíritu.

+ Aprendimos en este estudio que los propósitos de Dios para la humanidad no han cambiado. Él aún desea que cada ser humano funcione como un sacerdote—continuamente alineado con él—y como un gobernante—ejerciendo dominio en la tierra en su nombre a través de su Espíritu. Pídale a Dios que le capacite para cumplir estos propósitos en su vida.

"Y…derramaré mi Espíritu sobre toda carne."
—Joel 2:28

PARTE 2

EL REGRESO DEL GOBERNADOR

CINCO

EL RENACIMIENTO DE UN REINO

LA MAYOR MOTIVACIÓN DEL ESPÍRITU HUMANO ES CONTROLAR SU ENTORNO.

El objetivo del Rey era hacer que sus hijos sean integrados, apartados y devotos a él—para que su Espíritu pueda vivir dentro de ellos una vez más. Esta sería la obra del Vástago, al que los profetas llamaron Mesías. El Vástago fue primeramente mencionado en Génesis 3 y fue revelado por los profetas Isaías, Malaquías, y otros, como el mismo el Rey del cielo. Mientras el Primero o Antiguo Testamento enfatiza la promesa de la venida del Rey, el Nuevo Testamento revela el renacimiento del Reino sobre la tierra por medio de su llegada.

El renacimiento del Reino significó la recolonización de la tierra. La recolonización es desconocida en la historia humana, o por lo menos es muy rara. Una vez que el pueblo declara la independencia, este no regresa al país originario. El plan que el Rey estaba desarrollando era, por lo tanto, sin precedente.

EL NACIMIENTO DEL REY EN LA TIERRA

El Rey, por supuesto, necesitaba permanecer en el reino celestial como Regente y Sustentador. A la misma vez, tuvo que venir a la tierra para proveer el retorno del Gobernador. El Espíritu del Rey estaba directamente involucrado en su venida a la tierra. Lucas, el médico, el escritor del evangelio que lleva su nombre, escribió:

El ángel Gabriel fue enviado por Dios a una ciudad de Galilea, llamada Nazaret, a una virgen desposada con un varón que se llamaba José, de la casa de David; y el nombre de la virgen era María. Y entrando el ángel en donde ella estaba, dijo: ¡Salve, muy favorecida! El Señor es contigo. Mas ella se turbó por sus palabras, y pensaba qué salutación sería esta. Entonces el ángel le dijo: María, no temas, porque has hallado gracia delante de Dios (Lucas 26:30).

La declaración del ángel: "Has hallado gracia delante de Dios" nos muestra que María era sumisa al gobierno celestial y a los propósitos del Rey, y es por esta razón que fue escogida para su tarea crucial en la intervención del reino celestial sobre la tierra. El ángel continuó:

Concebirás en tu vientre, y darás a luz un hijo, y llamarás su nombre Jesús. Este será grande, y será llamado Hijo del Altísimo; y el Señor Dios le dará el trono de David su padre; y reinará sobre la casa de Jacob para siempre, y su reino no tendrá fin. Entonces María dijo al ángel: ¿Cómo será esto? Pues no conozco varón. Respondiendo el ángel, le dijo: *El Espíritu Santo vendrá sobre ti, y el poder del Altísimo te cubrirá con su sombra, por lo cual también el Santo Ser que nacerá, será llamado Hijo de Dios...* porque nada hay imposible para Dios. Entonces María dijo: He aquí la sierva del señor; hágase conmigo conforme a tu palabra (Lucas 1:35-35; 37-38)

De nuevo, vemos evidencias de la sumisión de María al gobierno celestial: "He aquí la sierva del señor...Hágase conmigo conforme a tu palabra".

En este pasaje es un hecho de vital importancia: el Espíritu concibió de Dios, en el vientre de María, el Hijo o el Rey Hijo, cuyo nombre terrenal fue Jesús. María fue lo que pudiéramos llamar una madre sustituta para la entrada del eterno e invisible Rey al mundo físico como ser humano. También, el Rey Hijo fue lleno del Espíritu cuando fue concebido. Esto significa que el Gobernador retornó a la tierra, en ese momento, en la persona de Jesús. El Gobernador residió en el cuerpo de Jesús hasta que el resto de la humanidad estuviera preparada para recibirle a él por medio de la provisión que Jesús hizo. Para entonces, el Rey Hijo asignaría nuevamente al Gobernador sobre la tierra para así poder restaurar la influencia del Reino en el mundo entero y una vez más la ciudadanía del Reino a toda la humanidad.

El Rey Hijo era totalmente divino (como Dios, el Hijo) y totalmente humano (como Jesús, el hombre). Pero no fue infectado por la naturaleza rebelde de la humanidad. El vientre de la mujer está diseñado de tal manera que la sangre de la madre nunca se mezcla con el feto. La sangre de Jesús fue pura; su vida fue pura. Como leemos en el tercer libro de Moisés: "La vida de toda carne es en su sangre" (Levítico 17:14). Como Adán antes de la rebelión, Jesús y todo sobre él fue apartado y entregado al Rey Padre.

EL GOBERNADOR DIO AL REY PARA QUE EL REY PUDIERA DAR AL GOBERNADOR

El Rey Hijo tenía que haber nacido del Espíritu para que pudiera enviar al Gobernador a las personas de la tierra en cumplimiento de la promesa. Juan el Bautista anunció al mundo la llegada del Rey Hijo, quien restauraría al Espíritu, y él dijo de Jesús, "Aquel que *viene del cielo* es sobre todos...Porque el que Dios envió, las palabras de Dios habla; pues Dios no [le] *da* [a Él] el Espíritu por medida" (Juan 3:31, 34) y "él os bautizará con Espíritu Santo y fuego" (Lucas 3:16). Jesús dijo a Sus discípulos:

Si me amáis, guardad mis mandamientos. Y yo rogaré al Padre, y os dará otro Consolador, para que esté con vosotros para siempre: el Espíritu de verdad, al cual el mundo no puede recibir, porque no le ve, ni le conoce; pero vosotros le conocéis, porque mora con vosotros, y estará en vosotros. No os dejaré huérfanos; vendré a vosotros. Todavía un poco, y el mundo no me verá más; pero vosotros me veréis; porque yo vivo, vosotros también viviréis. En aquel día vosotros conoceréis que yo estoy en mi Padre, y vosotros en mí, y yo en vosotros (Juan 14:15-20).

Por tanto, *el Gobernador le dio a la tierra el Rey Hijo para que el Rey Hijo pudiera enviar al Gobernador a la tierra después que él regresara al reino celestial.* Ellos obraron en armonía para lograr su máximo propósito.

EL REY HIJO ESTABA COMPLETAMENTE LLENO DEL GOBERNADOR

El Rey Hijo no solo fue lleno del Espíritu en el momento de su concepción, sino que también continuó lleno del Espíritu por toda su vida. Como Juan el Bautista dijo, el "primer mensajero" mencionado en el libro de Malaquías, de quien leímos en el capítulo anterior. Él anunció al mundo el arribo del Rey que restauraría el Espíritu y dijo esto sobre Jesús: "Porque el que Dios envió, las palabras de Dios habla; pues Dios no [le] *da* [a Él] el Espíritu por medida". Esta era la primera vez que un ser humano era lleno del Espíritu Santo desde antes de la rebelión de Adán y Eva. El Espíritu Santo dentro de Jesús fue sin límite en presencia y poder.

En preparación a la aparición del Rey sobre la tierra, Juan había bautizado a las personas que deseaban realinearse con el Reino. Luego, justo antes que Jesús iniciara su ministerio público, Él también fue a Juan para que lo bautizara.

El siguiente día vio Juan a Jesús que venía a él, y dijo: "He aquí el Cordero de Dios, que quita el pecado del mundo. Este es aquel de quien yo dije: Después de mí viene un varón, el cual es antes de mí; porque era primero que yo. Y yo no le conocía; mas para que fuese manifestado a Israel, por esto vine yo a bautizando con agua. También dio Juan testimonio, diciendo: *"Vi al Espíritu que descendía del cielo como paloma, y permaneció sobre él.* Y yo no le conocía; pero el que me envió a bautizar con agua, aquél me dijo: Sobre quien veas descender el Espíritu y que permanece sobre él, ése es el que bautiza con el Espíritu Santo. Y yo le vi, y he dado testimonio de que éste es el Hijo de Dios (Juan 1:29-34)".

Juan hizo estas declaraciones acerca de Jesús: (1) Él era el que limpiaría el pecado del mundo (haciendo posible que los ciudadanos estuvieran totalmente alineados con el reino celestial); (2) el Espíritu descendió del cielo y *permaneció* en Él (Jesús tenía toda la autoridad del Rey Padre); y (3) Él era el Hijo de Dios (vino directamente del Rey Padre y era uno con Él). Pablo escribió: "Porque en él habita corporalmente toda la plenitud de la deidad" (Colosenses 2:9). Dios el Padre, Dios el Hijo y Dios el Espíritu son uno solo. El Rey se expresa a sí mismo en tres dimensiones únicas, las cuales reveló en el plan para restaurar a la humanidad.

Jesús posee una naturaleza doble—él es totalmente Dios y totalmente humano. Dios el Padre es el Rey y Jesucristo es el Rey que vino en forma humana. El escritor del libro de Juan, en el Nuevo Testamento, dice: "En el principio era el Verbo, y el Verbo era *con* Dios, y el Verbo *era* Dios" (Juan 1:1). Con todo, la venida del Rey como hombre no fue solo una forma conveniente para coordinar su gobierno en el cielo y en la tierra. Su misión era la de restaurar la santidad de hombres y mujeres para que pudieran nuevamente estar en un ambiente apropiado para que el Espíritu Santo morara en ellos. Como veremos, la única manera que él pudo hacer esto fue convirtiéndose él mismo en ser humano.

LA ERA DEL REY EN LA TIERRA

En un capítulo previo, estipulé que Jesús inició Su ministerio público diciendo: "El tiempo se ha cumplido... el reino de Dios se ha acercado" (Marcos 1:15) y presenté estas preguntas:

+ ¿De qué "tiempo" estaba hablando? ¿Y por qué fue entonces?

◆ ¿Cuál era la naturaleza del reino al que se estaba refiriendo?

El "tiempo" era el "día de Jehová" (Joel 2:11), o la era cuando el Rey Hijo viniera a la tierra para restaurar al Gobernador en la humanidad. El propósito y la naturaleza del Reino fue (1) la reconciliación de los habitantes de la tierra con el Rey Padre, para que una vez más fuera posible que los seres humanos fueran sus hijos, y, (2) la restauración del reino de los cielos en la tierra por medio de la presencia y el poder del Gobernador obrando en las vidas de los hijos del Rey.

Los habitantes de la colonia de la tierra habían estado revolviendo el territorio del Rey—robando, mintiendo, abusando, matándose unos a otros, viviendo sus vidas fuera de la naturaleza del Reino. Por lo que, como Hijo y Heredero del Rey de los cielos, Jesús venía a reclamar el territorio de su Padre. Su llegada a la tierra marcó "el día de Jehová" profetizado por Joel.

Hace dos mil años atrás y como un bebé nacido en Belén, el Rey Hijo vino a reclamar la propiedad de su Padre. La Navidad no es acerca de la venida de un mendigo; es acerca de la llegada de un dueño. Él vino a reclamar la tierra porque, como escribió el salmista David, rey de Israel: "De Jehová es la tierra y su plenitud" (Salmos 24:1). Él vino a recobrar toda la creación como su propietario legal.

El Rey Hijo no vino a la tierra para rogarle a Lucifer que le devolviera su propiedad. Él lo trató como ladrón, diciendo: "El ladrón no viene sino para hurtar y matar y destruir; yo he venido para que tengan vida, y para que la tengan en abundancia" (Juan 10:10). También dijo: "¿Cómo puede alguno entrar en la casa del hombre fuerte, y saquear sus bienes, si primero no le ata? Y entonces podrá saquear su casa" Mateo 12:29 NVI). El Rey Hijo vino a *atar* al hombre fuerte, Lucifer, para así él poder retomar la casa y dársela de nuevo a los hijos del dueño. Por ende, Jesús, el hombre, era el cumplimiento del extraordinario plan del Rey para enviar a la tierra a su Hijo y restaurar el gobierno celestial aquí.

Pablo llamó a Jesús el "último" o Segundo Adán (ver 1 Corintios 15:45). El Rey Hijo vino para cumplir con lo que el primer hombre había fallado en hacer. Vivió una vida en total armonía con el Rey Padre, su Reino y los propósitos del Reino sobre la tierra. Jesús le enseñó a sus discípulos a orar: "Padre nuestro que estás en los cielos, santificado sea tu nombre. *Venga tu reino. Hágase tu voluntad, como en el cielo, así también en la tierra*" (Mateo 6:9-10).

Como el Segundo Adán, Jesús vino a rescatarnos de la dominación del reino de la oscuridad liderado por Lucifer, y, restaurarnos para el reino originario. Él pasó por su vida y muerte en la tierra para que pudiéramos ser reconciliados con el Rey Padre como sus hijos.

A través de Jesús, los seres humanos pueden ser restaurados como co-gobernadores en el mundo, reyes terrenales que gobiernen bajo la dirección del Espíritu del Rey—el Gobernador Real. El reino de los cielos es, por ende, *una familia de reyes*. Es por esto que el pueblo de Israel debía mostrarse como prototipo: "Un reino de sacerdotes y nación santa" (Éxodo 19:6). Aunque el Gobernador es igual al Rey Padre y al Rey Hijo, las Escrituras nunca se refieren a Él como un Rey en relación a la humanidad, sino como nuestro Consejero o Consolador. Esto es debido a que su función es sustentar y perpetuar la voluntad y obra del reino celestial en las vidas de los habitantes de la tierra.

EL REY HIJO REINTRODUJO EL REINO DE LOS CIELOS A LA HUMANIDAD

La primera declaración de Jesús en su ministerio público fue esencialmente la revelación de su misión: "Arrepentíos, porque el reino de los cielos se ha acercado" (Mateo 4:17). Continuamente repitió el mismo mensaje por tres años y medios durante todo su ministerio en la tierra. En todos los registros escritos de su vida, en el Nuevo Testamento, en los escritos de Mateo, Marcos, Lucas y Juan, lo encontramos reinstaurando su tema central *del reino de los cielos*. Algunas veces, él usaba la frase *el reino de Dios*. Si bien es cierto que esas frases son esencialmente las mismas, se podría decir que el reino de los cielos es el *lugar*, mientras que el reino de Dios es la *influencia*. El reino de los cielos es la oficina central, el país invisible donde reside el Rey. El reino de Dios es la influencia de ese país en sus territorios. Aquí hay un ejemplo de otras declaraciones del Rey Hijo referentes al Reino:

+ "Y recorrió Jesús toda Galilea, enseñando en las sinagogas de ellos, y predicando el evangelio del reino, y sanando toda enfermedad y toda dolencia en el pueblo" (Mateo 4:23).
+ "Pero si yo por el Espíritu de Dios echo fuera los demonios, ciertamente ha llegado a vosotros el reino de Dios" (Mateo 12:28).
+ "Por lo cual el reino de los cielos es semejante a un rey que quiso hacer cuentas con sus siervos..." (Mateo 18:23)

+   "El reino de los cielos es semejante a un hombre, que salió por la
    mañana a contratar obreros para su viña..." (Mateo 20:1)
+   "El reino de Dios será... dado a gente que produzca los frutos de
    él" (Mateo 21:43).

Lucifer (también llamado el diablo o Satanás) sabía que el Rey Hijo
había venido para derrocarlo y restaurar el reino celestial sobre la tierra,
por lo que trató de tentar a Jesús para que se alejara de su misión apelando
a su deseo natural humano de ejercer dominio sobre la tierra. Nótese que
Lucifer trató de que Jesús sustituyera los reinos del mundo por el del cielo,
que básicamente es la misma cosa con lo que había tentado a Adán y Eva.
Esto le permitiría a Lucifer mantener en la tierra su dominación opresiva
y su destrucción. Sin embargo, el Rey Hijo era totalmente leal al Reino y
enfrentó la tentación de Lucifer reprendiéndolo con las palabras del Rey
Padre. El libro de Mateo, en El Nuevo Testamento, anota:

> Le llevó el diablo a un monte muy alto, y le mostró todos los rei-
> nos del mundo y la gloria de ellos, y le dijo: "Todo esto te daré, si
> postrado me adorares. Entonces Jesús le dijo: "Vete, Satanás, por-
> que escrito está: Al Señor tu Dios adorarás, y a él sólo servirás". El
> diablo entonces le dejó (Mateo 4:8-11).

BAUTISMO EN LA FILOSOFÍA DEL REINO

La tentación de Jesús por el diablo ocurrió justo después de ser bautizado por Juan. Muchas personas están confundidas por la verdadera naturaleza del bautismo y el por qué Jesús mismo fue bautizado. Mientras el
bautismo es tratado como un ritual religioso por muchas personas, esto
realmente es un acto muy práctico que está relacionado con la voluntad del
Rey y su deseo para la colonia de la tierra.

CAMBIAR NUESTRO PENSAMIENTO Y ESTILO DE VIDA

En el tiempo en que vivió Jesús en la tierra, varios rabinos, maestros
y grupos (como los saduceos) bautizaban a sus seguidores. El bautismo
en este contexto significaba que usted públicamente estaba declarando
que creía en una enseñanza particular y en su filosofía. De hecho, en alto
grado, este era el significado del bautismo de Juan, al que se refirió como
un "bautismo de arrepentimiento" (ver Marcos 1:4). Nuestra connotación contemporánea de la palabra *arrepentimiento* realmente no conlleva

el significado de Juan. En su esencia, el arrepentimiento no significa llorar o gemir por alguna transgresión. Simplemente significa cambiar el pensamiento, revertir la manera de pensar y actuar.[1] Cuando una persona era bautizada, esta estaba indicando que estaba cambiando su pensamiento y acciones, y alineándolas con las opiniones y vida del maestro a quien se había comprometido a seguir.

Este tipo de relación maestro-estudiante no era poco común. El Antiguo Testamento hace referencias a "la compañía de profetas", también llamada "escuelas de los profetas" (ver 2 Reyes 2:3; 4:1). Estos profetas particulares estaban muy asociados con los bien conocidos Elías y Eliseo, apoyándoles y aprendiendo de ellos. En los tiempos del Nuevo Testamento, los fariseos, saduceos y herodianos tenían discípulos. Fuera del mundo bíblico, notamos arreglos similares de maestro-aprendiz entre los filósofos griegos como Sócrates, Platón y Aristóteles y sus seguidores. Por supuesto que un filósofo es alguien que establece sus propias ideas originales sobre la vida. Los filósofos atraen personas que quieren aprender de sus ideas e imitan sus estilos de vida, y se convierten en sus estudiantes o discípulos. La palabra griega que traducimos como *discípulo* significa "aprendiz" o "pupilo".[2] Los discípulos eran personalmente entrenados por sus maestros en las filosofías y sistemas de creencias de esos maestros, tal vez viajando con ellos aprendiendo a pensar y a actuar como sus maestros.

UNIRSE A UNA ESCUELA DE PENSAMIENTO

Cuando se vuelve estudiante de un filósofo o de otro maestro, usted ingresó a lo que es llamada su escuela de pensamiento. Originalmente, las escuelas no estaban asociadas con los edificios. Estas fueron esencialmente las ideas particulares de un maestro. Esos eran los conceptos filosóficos y la manera de pensar del maestro, los cuales eran transferidos a sus seguidores.

Desde esta perspectiva, la importancia del bautismo no es el agua o el acto de ser bautizado—tiene que ver con la *transformación* de su manera de pensar y vivir. Cuando usted era bautizado en el nombre de su maestro, estaba diciendo: "Lo escojo por sobre todos los otros maestros, filósofos, rabinos y líderes existentes, y, estoy declarando públicamente que me someto a su escuela del pensamiento. Voy a estar asociado *únicamente* con usted, para que cuando la gente me vea, sepan que 'Le pertenece a ese maestro.'

Como ya mencioné, en el tiempo de Jesús había cualquier cantidad de maestros y filósofos, y, todos tenían sus propias escuelas de pensamiento y sus propios discípulos. En esa cultura, un hombre no podía abrir tal escuela hasta que tuviera treinta años de edad porque esta era la edad que un hombre joven podía ser oficialmente designado como un maestro superior.

Por consiguiente, cuando el Creador del cielo y de la tierra vino como hombre, él se introdujo a la cultura del momento y se presentó a sí mismo de manera que las personas pudieran entender la naturaleza de su mensaje que cambiaba vidas, y el requisito de total compromiso con él. Fue a la edad de treinta años que Jesús empezó su ministerio público, se convirtió en el máximo Maestro Superior, y acogió a aquellos que desearon seguirle. *El Reino* fue la personificación de su enseñanza.

EL MENSAJE DE JESÚS ESTABA EN ARMONÍA CON EL MENSAJE DE JUAN

Nótese que Juan el Bautista había estado presentando el mismo mensaje acerca del Reino. Jesús era muy consciente del mensaje de Juan cuando fue a buscarlo para que lo bautizara. Muchas personas, al principio, se sorprenden al leer sobre el Rey Hijo sometiéndose a un maestro superior para ser bautizado. Pero él hizo esto para demostrarles a las personas del mundo que su enseñanza no era independiente de la de Juan, sino que estaba en total armonía con esta. De hecho, Jesús mismo fue el *cumplimiento* de la enseñanza de Juan, quien como profeta fiel del Rey Padre, estaba proclamando el mensaje del Reino y preparando el camino para la aparición del Rey en el mundo.

Juan había estado ganando cantidad de discípulos y cuando las personas venían a él con un deseo sincero de arrepentimiento (para cambiar sus pensamientos y estilo de vida del reino de la oscuridad a la del reino de los cielos), él les bautizaba. Pero cuando Jesús llegó a él para que le bautizara, Juan se quedó desconcertado y dijo: "¡Tu deberías ser el maestro, no yo!" (ver Mateo 3:13-14). Juan reconoció a Jesús como el Rey que enviaría el Gobernador a la tierra. De hecho, le había dicho a la gente anteriormente "Viene tras mí el que es más poderoso que yo, a quien no soy digno de desatar la correa de su calzado. Yo a la verdad os he bautizado con agua; pero él os bautizará con el *Espíritu Santo*" (Marcos 1:7-8).

No obstante, Jesús le respondió a Juan: "Deja ahora, porque así conviene que cumplamos toda justicia" (Mateo 3:15). Él estaba diciendo:

"Entiendo tu resistencia de actuar como maestro superior para conmigo. Sin embargo, para demostrarle al mundo que estoy alineado con el reino de los cielos, necesito estar identificado con este por medio del bautismo. Necesito declarar públicamente que pertenezco a la escuela del reino de los cielos, que estoy totalmente integrado con la mente y los caminos del reino".

LA ESCUELA DEL REINO TRANSFERIDA A JESÚS

Cuando un maestro superior ya no podía enseñar, él podía decidir cuál de sus discípulos le sucedería. Cualquiera que fuera escogido para tomar su lugar, automáticamente ganaría a sus estudiantes. Jesús tenía que ser parte de la escuela de Juan para tomar el liderazgo de esta. Y Juan entregó toda la escuela a Jesús; le entregó sus discípulos a él, indicando que Jesús era al que debían seguir porque era el Rey que les restauraría en el reino. El libro de Juan en el Nuevo Testamento, registra:

> El siguiente día otra vez estaba Juan, y dos de sus discípulos. Y mirando a Jesús que andaba por allí, dijo: ¡He aquí el Cordero de Dios! Le oyeron hablar los dos discípulos, y siguieron a Jesús. Y volviéndose Jesús, y viendo que le seguían, les dijo: ¿Qué buscáis? Ellos le respondieron: Rabí [que traducido es, Maestro] ¿dónde moras? Les dijo: Venid y ved. Fueron, y vieron donde moraba, y se quedaron con él aquel día; porque era como la hora décima. Andrés, hermano de Simón Pedro, era uno de los dos que habían oído a Juan, y habían seguido a Jesús (Juan 1:35-40) .

Lo más importante es que deberíamos notar que el Rey Padre había designado a Jesús como el máximo Maestro Superior de la escuela del Reino. Después que Jesús se sometió al bautismo de Juan para demostrar que estaba inmerso en la filosofía del Reino y en alineación con ella, ¿qué le pasó a él? El *Espíritu Santo*—*el Gobernador*—descendió sobre él. El libro de Mateo en el Nuevo Testamento dice:

> Y Jesús, después que fue bautizado, subió luego del agua; y he aquí los cielos le fueron abiertos, y vio al Espíritu de Dios que descendía como paloma, y venía sobre él. Y hubo una voz de los cielos, que decía: Este es mi Hijo amado, en quien tengo complacencia (Mateo 3:16-17).

El Rey Padre estaba confirmando que: "Este tiene el Espíritu Santo; él es mi Hijo, y está totalmente integrado con mis pensamientos y caminos. Él es quien restaurará mi Espíritu en la tierra". Más adelante, el Rey Padre afirmó que Jesús era al que sus discípulos debían escuchar por sobre todos los demás, cuando dijo, como está documentado en el libro de Marcos y en algunos otros libros del Nuevo Testamento, "¡Este es mi Hijo amado; a él oíd!"(Marcos 9:7).

Jesús tenía muchos discípulos o estudiantes, pero escogió a doce para viajar con él a tiempo completo, para trabajar con él y aprender de él en una relación de entrenamiento intensivo. Entre estos estaban los notables apóstoles Pedro, Santiago y Juan. Cuando Jesús llamó a varios de sus discípulos, diciendo: "Venid" (ver Mateo 4:19), él estaba invitándoles a entrar a la escuela del reino de los cielos.

Somos seguidores de Jesús cuando hemos decidido identificarnos con la vida y mensaje del Rey Hijo y someternos a él como nuestro Maestro Superior. Jesús dijo: "Ninguno puede servir a dos señores; porque o aborrecerá al uno y amará al otro, o estimará al uno y menospreciará al otro. No podéis servir a Dios y a las riquezas" (Mateo 6:24). Aunque esta declaración era sobre dinero, también tiene una amplia aplicación. En el contexto del bautismo, nos dice: "Usted no puede estar en dos escuelas. No puede tener dos filósofos que están en contradicción el uno con el otro".

BAUTISMO CON FUEGO

El bautismo en agua alineó e identificó a los seguidores de Jesús con Su enseñanza del Reino. Pero ¿qué quiso decir Juan cuando expresó que Jesús podía "bautizar… con el *Espíritu Santo* y con *fuego*"? (Mateo 3:11) El bautismo con el Espíritu Santo, del cual estaremos hablando más en los próximos capítulos, es la consumación de la identificación con el Rey y su Reino, como también recibir el *poder* del reino celestial. El Espíritu Santo es la personificación del gobierno celestial, por lo cual ser bautizado de esta manera significa que usted está inmerso en la filosofía y el estilo de vida del Reino, y, que este tiene influencia total sobre sus pensamientos y acciones.

La palabra *filosofía* se deriva de la palabra griega *filosofos*, que es una combinación de dos pequeñas palabras griegas. *Philos*, que significa "apreciar" o "querer" y *sophos* que significa "sabio". De manera que *filósofos* significa una apreciación o amor para o por cosas sabias.[3] Los discípulos de la filosofía del Reino deben enamorarse de la mente y la voluntad del Rey, para que su mente y voluntad sea la de ellos, y que sus acciones sean el espejo de las de Él. Como el sabio rey Salomón escribió: "Porque cuál es su pensamiento en su corazón, tal es él" (Proverbios 23:7 nvi).

Este proceso de transformación en el pensamiento y estilo de vida del Reino es absolutamente necesario porque el Rey Creador ha declarado esto acerca de los habitantes rebeldes de la tierra: "Porque mis pensamientos no son vuestros pensamientos, ni vuestros caminos mis caminos... Como más altos los cielos que la tierra, así son mis caminos más altos que vuestros caminos, y mis pensamientos más que vuestros pensamientos" (Isaías 55:8-9). Nuestros pensamientos y caminos necesitan estar alineados con los del Rey Creador, y, nosotros hacemos esto al identificarnos totalmente con el pensamiento del Reino, sometiéndonos al Maestro del Reino y siendo bautizado en su poder.

Por ende, la única manera de vivir la vida del Reino es ser bautizados con el Espíritu. Debemos estar totalmente sumergidos en la estructura de referencia y determinación del Rey Creador para que siempre pensemos los pensamientos del Rey, vivir los pensamientos del Rey y manifestar su vida.

El libro de Lucas, en el Nuevo Testamento, nos dice que, seguido de su bautismo por Juan, Jesús estaba "lleno del Espíritu Santo...y fue llevado por el Espíritu al desierto por cuarenta días, y era tentado por el diablo" (Lucas 4:1). Cuando salió de esa experiencia, habiendo vencido cada tentación, Lucas anota: "Jesús volvió en el poder del Espíritu a Galilea" (Lucas 4:14); y el libro de Mateo agrega: "Desde entonces comenzó Jesús a predicar: Arrepentíos, porque el reino de los cielos se ha acercado" (Mateo 4:17). El mensaje del Reino y la llenura y el poder del Espíritu están íntimamente conectados.

EL REY HIJO DEMOSTRÓ LA INFLUENCIA DEL REINO EN LA TIERRA

El Rey Hijo no solo habló del mensaje del Reino, sino que también lo vivió. Toda su vida sobre la tierra fue evidencia de la gobernación del Reino. Todo lo que Jesús dijo o hizo fue la administración de la voluntad del Rey Padre por medio del poder del Gobernador dentro de Él. Habló acerca de esta realidad con declaraciones como estas:

+   "Mi doctrina no es mía, sino de aquel que me envió" (Juan 7:16).

+ "La palabra que habéis oído no es mía, sino del Padre que me envió" (Juan 14:24).

+ "Mi Padre hasta ahora trabaja, y yo trabajo" (Juan 5:17).

+ "Yo y el Padre uno somos" (Juan 10:30).

+ "De cierto os digo: No puede el Hijo hacer nada por sí mismo, sino lo que ve hacer al Padre; porque todo lo que el Padre hace, también lo hace el Hijo igualmente" (Juan 5:19).

+ "Si no hago las obras de mi Padre, no me creáis. Más si las hago, aunque no me creáis a mí, creed a las obras, para que conozcáis y creáis que el Padre está en mí, y yo en el Padre" (Juan 10:37-38).

+ "Si vuestro padre fuese Dios, ciertamente me amaríais; porque yo de Dios he salido, y he venido; pues no he venido de mí mismo, sino que él me envió" (Juan 8:42).

+ "Salí del Padre, y he venido al mundo; otra vez dejo el mundo, y voy al Padre" (Juan 16:28).

En los relatos del Antiguo Testamento que revisamos en el capítulo anterior, vimos que lo que llamamos milagros realmente fueron evidencias de la influencia del Reino sobre la tierra. Lo mismo es aplicable a los milagros que realizó Jesús. La administración del Reino pudo ser vista siempre que Jesús sanó a alguien que estaba enfermo (poder sobre los efectos de la rebelión de la humanidad; ver Lucas 7:2-10), liberó a alguien que estaba poseído por un agente de Lucifer (poder sobre el reino de la oscuridad; ver Marcos 5:2-15), alimentó a miles al multiplicar pequeñas porciones de comida (poder sobre el mundo natural; ver Lucas 9:11-17), o resucitó a personas de entre los muertos (poder para dar vida; ver Lucas 7:11-15). Estos actos fueron confirmación del dominio celestial sobre el entorno de la tierra; fueron demostraciones del poder del Reino sobre las circunstancias. Esencialmente, Jesús estaba diciendo: "Lo que miras es lo que el gobierno celestial está haciendo. Solo estoy manifestándolo".

EL REY HIJO MURIÓ PARA REDIMIR Y RESTAURAR A LOS SERES HUMANOS ANTE EL REY PADRE Y SU REINO

La misión del Rey Hijo sobre la tierra, no solo fue entregar el mensaje y demostrar la influencia del Reino, sino también proveer un camino para que los seres humanos volvieran a entrar al Reino y reconciliarse con el Rey Padre. La separación de los hijos del Padre, debido a su rebelión, tenía que ser tratada. Y la única manera en que su santidad (integridad o llenura interna, y devoción al Rey) pudiera ser restaurada era a través de un sacrificio.

Como ya vimos en el Antiguo Testamento, los sacrificios de animales en el tabernáculo y templo fueron solo temporales. Los sacrificios de animales no fueron equitativos pagos de sangre por la rebelión y la cultura de odio y muerte que los seres humanos habían traído a la tierra. Los sacrificios de animales no tenían el poder de cambiar la constancia de los corazones perversos de los habitantes del mundo. Solamente la sangre humana podía hacer restitución por la rebelión y el derramamiento de sangre de la humanidad. Sin embargo, en vez de hacer que las personas pagaran por su rebelión con su propia sangre, el Padre decidió enviar al Hijo a la tierra como ser humano para pagar por ella con su sangre. El Hijo tomó el castigo de todos los habitantes de la tierra, algo que permitió que ellos pudieran reconciliarse con el Reino. Esta fue la razón máxima para su reencarnación.

El Rey Hijo podía reconciliar a los habitantes con el Rey Padre porque él era santo. Una vez más, en su humanidad, Jesús era como cualquier ser humano en todos los aspectos, excepto uno—no había rebelión o doble pensamiento en él para con el Reino. Él estaba totalmente integrado, devoto y apartado para el Rey Padre. Vivió en un cuerpo humano porque quiso pasar por todos los aspectos de la experiencia humana—él deseó sentir lo que nosotros sentimos y experimentar todo lo del ser humano, sin la rebelión. **Jesús demostró por medio de su vida, lo que significó ser un humano con el Gobernador viviendo dentro de sí. Él fue verdadera humanidad correctamente relacionada con el Rey y su Reino.**

La muerte de Jesús en la cruz, en el lugar llamado Calvario (el cual significa "Calavera"), fue el plan del Padre para proveer el retorno del Gobernador. No fue un error, sino parte del programa. El templo terrenal con sus sacrificios ya no sería necesario porque el templo celestial había llegado en el mismo cuerpo de Jesús; el Espíritu Santo estaba presente dentro de él. Jesús era capaz de ser el máximo sacrificio porque estaba totalmente alineado con el Rey y vivía una vida perfecta. Jesús explicó la naturaleza de su muerte antes de morir:

> Por eso me ama el Padre, porque yo pongo mi vida—para volverla a tomar. Nadie me la quita, sino que yo de mí mismo la pongo.

Tengo poder para ponerla, y tengo poder para volverla a tomar. Este mandamiento recibí de mi Padre (Juan 10:17-18).

El Rey Hijo entregó su vida en pago por la rebelión de toda la humanidad, pasada y presente. Cuando esto fue pagado, el Padre le dio autoridad para volver a vivir y fue resucitado de entre los muertos. El Autor de la vida escogió morir por amor a los seres humanos que había creado y deseado; él deseaba rescatarlos del reino de la oscuridad para que pudieran vivir en el reino de los cielos otra vez. Pablo describió nuestra entrada al Reino por medio del sacrificio del Rey Hijo como caminando en "vida nueva".

¿O no sabéis que todos los que hemos sido bautizados en Cristo Jesús hemos sido bautizados en Cristo Jesús, hemos sido bautizados en su muerte? Porque somos sepultados juntamente con él para muerte por el bautismo, a fin de que como Cristo resucitó de los muertos por la gloria del Padre, así también nosotros andemos en vida nueva Romanos 6:3-4 NVI).

Algunas personas desean regresar al día que murió Jesús y evitar su muerte. Todos hubiéramos querido evitarle a cualquiera ese tipo de muerte. No obstante, su muerte fue necesaria para cumplir con el plan de restauración del Rey. La muerte de Jesús no fue forzada; él la escogió con el propósito directo de enviar al Gobernador a la tierra otra vez. De nuevo, antes de ser sacrificado, Jesús hizo muy clara su elección diciendo:

Yo soy el buen pastor; y conozco mis ovejas, y las mías me conocen, así como el Padre me conoce, y yo conozco al Padre; y pongo mi vida por las ovejas. También tengo otras ovejas que no son de este redil; aquéllas también debo traer, y oirán mi voz; y habrá un rebaño, y un pastor (Juan 10:14-16).

Con anticipación, Jesús les dijo a sus seguidores que iba a morir para pagar por la rebelión de la humanidad, aunque no lo comprendieran en ese momento. Él dijo: "Así está escrito [fue predicho por los profetas del Rey]: Que Cristo padeciese, y recitase de los muertos al tercer día" (Lucas 24:46).

Por lo tanto, Jesús no fue muerto como un error trágico. Él dio su vida en sacrificio para que pudiéramos ser vasijas limpias para que en ellas viva el Gobernador. Él continúa hacia delante con el plan de restauración hasta que todo haya sido colocado en su lugar para nuestra reconciliación con el Rey. Justo antes de morir, él dijo: "consumado es" (Juan 19:30). Los enemigos de Jesús no terminaron con él, sino que él dio su vida cuando había terminado con su misión. Poco antes de su arresto, oró:

> Padre, la hora ha llegado; glorifica a tu Hijo, para que también tu Hijo te glorifique a ti; como le has dado potestad sobre toda carne, para que dé vida eterna a todos los que le diste. Y esta es la vida eterna: que te conozcan a ti, el único Dios verdadero, y a Jesucristo, a quien has enviado. Yo te he glorificado en la tierra; he acabado la obra que me diste que hicieses. Ahora pues, Padre, glorifícame tú al lado tuyo, con aquella gloria que tuve contigo antes que el mundo fuese (Juan 17:1-5).

Una vez más, Jesús no fue una indefensa víctima de los enemigos celosos. Él es el Rey de gloria que venció al pecado y a la muerte. Nótese que oró al Padre: "Te he glorificado en la tierra; he acabado la obra que me diste que hiciera". Habacuc, profeta del Antiguo Testamento, había dicho: "La tierra será llena del conocimiento de la gloria de Jehová, como las aguas cubren el mar" (vs. 2-14). Debido a que Jesús completó la obra de restauración, la gloria (naturaleza) del reino de los cielos fue liberada y empezó a derramarse por toda la tierra.

EL REY HIJO DESTRUYÓ EL ESPÍRITU DE INDEPENDENCIA Y REBELIÓN EN LA COLONIA

La muerte del Rey Hijo en el Calvario, la sangré que derramó en la cruz y su resurrección de entre los muertos, fueron requisitos para romper el espíritu de rebelión en la humanidad. Uso la palabra *espíritu* porque la rebelión es realmente una actitud o naturaleza dentro de cada ser humano. Es algo con lo que nacemos; está engranado dentro de nosotros. Este espíritu es antagónico al reino de los cielos. No pudo desaparecerse o ser ignorado. Debía ser *roto*. Y el Jesús rompió este poder, permitiéndoles a los habitantes de la tierra que a cambio se entregaran al Espíritu Santo. Pablo escribió: "Porque el deseo de la carne es contra el Espíritu, y el del Espíritu es contra la carne; y éstos se oponen entre sí, para que no hagáis lo que quisiereis. Pero si sois guiados por el Espíritu, no estáis bajo la ley" (Gálatas 5:17-18).

Romper un espíritu de independencia es muy difícil, pero eso es lo que Jesús logró. Él nos dio la habilidad para decirle al Padre, como él mismo lo dijo en el punto más difícil en su vida terrenal: "No se haga mi voluntad, sino la tuya" (Lucas 22:42). Él proporcionó que el espíritu de rebelión fuera reemplazado con un espíritu de sumisión al Reino. Nos dio la habilidad de obedecer la voluntad del Padre. De hecho, Jesús dijo que el someterse a él era lo mismo que someterse al Padre, ya que Él y el Padre son uno solo: "Si me amáis", dijo a sus seguidores, "guardad mis mandamientos. Y yo rogaré al Padre, y os dará otro Consolador [el Gobernador], para que esté con vosotros para siempre" (Juan 14:15-16).

¿Puede imaginarse que cada uno de los políticos en los Estados Unidos le digan a sus votantes: "Hagan todo lo que les digo"? Los votantes podrían pensar que está loco porque fuimos enseñados a no confiar plenamente en nadie. Pero Jesús vino para restablecer el gobierno *perfecto*. En el reino de los cielos, confiar en el Rey Hijo es la única manera para experimentar vida. En el reino de los cielos, independizarse del Rey Hijo conlleva muerte, como Jesús lo explicó a sus discípulos:

Permaneced en mí, y yo en vosotros. Como el pámpano no puede llevar frutos por sí mismo, si no permanece en la vid, así tampoco vosotros, si no permanecéis en mí. Yo soy la vid, vosotros los pámpanos; el que permanece en mí, y yo en él, éste lleva mucho fruto; porque separados de mí nada podéis hacer. El que en mí no permanece, será echado fuera como pámpano, y se secará; y los recogen, y los echan en el fuego, y arden (Juan 15: 4-6).

Jesús estaba destruyendo la idea de independencia y rebelión, mostrando que esto lleva a consecuencias mortales. En contraste, la dependencia en Él nos lleva a vivir porque "separados [de él] no puedes hacer nada". Debemos depender del Rey para que él pueda ayudarnos a ser lo que fuimos creados para ser. Pablo descubrió esta verdad de primera mano. Jesús le dijo: "Bástate mi gracia; porque mi poder se perfecciona en la debilidad" (2 Corintios 12:9). La respuesta de Pablo fue: "cuando soy débil, entonces soy fuerte [en el poder del Reino]" (2 Corintios 12:10).

Entonces, la clave para ser libertado del grillete de la rebelión, restaurado para totalidad y devoción al Rey Padre y liberado en el poder y vida del Espíritu, es conocer y recibir la limpieza que el Rey Hijo logró para nosotros cuando pagó por nuestra rebelión por medio de su muerte. Ese fue su máximo sacrificio por la naturaleza rebelde de la humanidad. Fue un sacrificio por *toda* la humanidad. Está disponible a *todas* las personas, aunque cada ser humano debe tomar una decisión personal para comprometerse con la escuela del reino de Jesús y entrar en el Reino aceptando su sacrificio para romper el espíritu de rebelión y deseando la realineación con el Rey. Al hacer esto, la persona recibirá la naturaleza del Reino dentro de sí.

"MORA CON VOSOTROS Y ESTARÁ EN VOSOTROS"

Esto nos regresa a lo que Jesús le dijo a Sus seguidores acerca del Gobernador, el Espíritu del Rey: "Mora con vosotros, y estará en vosotros" (Juan 14:17). Los seguidores de Jesús habían visto la demostración del poder del Gobernador en la vida de Jesús. Las obras del Gobernador fueron manifestadas en la tierra, pero ningún otro ser humano, aparte de Jesús, tenía el Espíritu viviendo dentro de sí. Jesús estaba prometiendo a los discípulos que, por medio de su sacrificio, el Gobernador podía volver a vivir en ellos, al igual como se había prometido desde Génesis 3 cuando ocurrió la rebelión. Esto no solo les *alinearía* con la naturaleza y pensamiento del Reino, sino que también les *capacitaría* para vivir como Jesús había vivido sobre la tierra. Pronto, el Gobernador podría nuevamente tomar posesión de su residencia oficial en los ciudadanos del Reino en la tierra, tal como el profeta Joel lo había profetizado.

LA RAZÓN SUPREMA PARA QUE EL REY HIJO VINIERA A LA TIERRA

Después de su resurrección, Jesús les dijo a sus discípulos: "Yo enviaré la promesa de mi Padre" (Lucas 24:49). El Rey Hijo estaba reafirmando la razón esencial de todo su ministerio. La siguiente declaración puede disgustarles a algunas personas, pero creo que es vital para nosotros, entender: la promesa del Padre no fue el sufrimiento de Jesús, su muerte en el Calvario o su resurrección. A lo largo de los siglos, la iglesia cristiana ha enfatizado estos aspectos del ministerio de Jesús al punto que creo que la razón principal por la que él los soportó ha sido oscurecida.

A través de los años, las personas—especialmente las personas religiosas—han cambiado el significado de la promesa del Padre para la humanidad. El cristianismo se ha convertido en la celebración de lo que Jesús hizo, en vez de recibir la razón por la cual él lo hizo. Hemos declarado un mensaje que Jesús nunca dio. Hemos cambiado la promesa a una de dejar esta tierra e ir al cielo, cuando a lo que somos llamados es a restaurar el *dominio* sobre la tierra por medio del Espíritu morando en nosotros.

El resultado es que hemos alabado el Calvario, en vez de beneficiarnos de él. El sufrimiento, la muerte y la resurrección de Jesús fueron un medio para conseguir un fin— la reconciliación de la humanidad con el Rey, y, finalmente, la restauración del Espíritu en la humanidad. Esas cosas no fueron el propósito en sí. Hemos hecho del proceso un propósito. La promesa del Padre fue la restauración del Espíritu *como resultado* de estas cosas. Toda la razón para la venida del Rey al mundo era romper la fortaleza de Lucifer, destruir la atadura de la rebelión de los seres humanos y reconectar a los hijos con su Rey Padre para que el Gobernador pueda ser restaurado en ellos.

El Espíritu es lo que todos los seres humanos necesitan para estar realineados con el Rey y cumplir su propósito en la tierra. Debemos notar que Juan el Bautista, el mensajero del Rey, nunca enfatizó en la sangre, muerte o resurrección de Jesús. Él enfatizó al Espíritu Santo, porque Juan estaba expresando la razón específica para su venida: "Él os bautizará en Espíritu Santo y fuego" (Mateo 3:11). La humanidad no necesita de una "religión". No necesitamos rituales y tradiciones. Necesitamos que esta promesa del Padre sea una realidad en nuestras vidas.

Debemos llegar a entender verdaderamente que el Espíritu Santo es el gobernante celestial personificado. Él es la fuente del poder del Reino en nuestras vidas. La experiencia de los sacerdotes y profetas del Antiguo Testamento fue solo una sombra de lo que estaba por venir. En esa época, el Espíritu Santo no podía vivir en los seres humanos; solo podía estar entre ellos. Pero ahora, Jesús estaba diciendo: "El Espíritu de verdad...mora *con* vosotros, y estará *en* vosotros" (Juan 14:17).

Como ya lo mencioné anteriormente, cada milagro de Jesús (Lucas 5:3-11), cada sanidad, cada acto de dominio—ya sea caminando sobre el agua (ver Mateo 14:23-33), echando fuera demonios o limpiando a un leproso (ver Lucas 5:3-11) —no fue por entretenimiento o para impresionar; tampoco fue con el propósito de crear una religión o proveer material interesante para predicar. Estas cosas se dieron para el propósito de producir *evidencia* al mundo de que el Espíritu del Reino había retornado a la tierra y que pronto viviría dentro de la humanidad otra vez.

Poco antes de que Jesús muriera, él dio muchas instrucciones a sus discípulos, y estas instrucciones tenían información importante acerca del Gobernador. Él estaba tratando de decirles, de hecho, "todo lo que estoy a punto de sufrir es por mi propósito concerniente al Espíritu Santo en sus vidas y en las vidas de aquellos que creerán en el futuro" (ver Juan 14). Esencialmente, él les dijo "Los voy a dejar, pero no entren en pánico ni preocupación. El Gobernador va a regresar; él es mi Espíritu, estará con ustedes por siempre, y nunca les abandonará".

Una ilustración sorprendente del regreso del Gobernador ocurrió en el momento de la muerte de Jesús. El velo del templo separando a las personas del Lugar Santísimo, se rasgó en dos de arriba abajo, indicando que Jesús había hecho provisión para que los seres humanos fueran santos y recibieran el Espíritu una vez más (Marcos 15:37-38). El Espíritu ya no tenía que estar separado de ellos, morando únicamente entre el querubín en el propiciatorio que había sido rociado con sangre de animales. Debido al máximo sacrificio de la sangre de Jesús, el Espíritu podía una vez más morar *dentro de los seres humanos*, dándole acceso directo al Rey.

EL OBJETIVO DEL REY

Por consiguiente, el deseo del Rey para restaurar el Espíritu Santo en la humanidad, es lo que hizo necesario todo el programa redentor de Jesucristo. El principal objetivo y propósito primario de la venida de Jesús al mundo fue el de enviar al Gobernador del cielo a la colonia de la tierra. *Todo* lo demás fue el medio para conseguir ese fin. Él no vino para llevarnos al cielo. Vino para traer el cielo a la tierra. Es por esta razón que nuestro Maestro Superior nos enseñó a orar, con lo que llamamos el Padre Nuestro, para que la influencia, voluntad, intención y leyes del Rey Padre fueran hechas sobre la tierra—la colonia—como lo son en el cielo—el país originario.

EL IMPERIO ROMANO COMO UN PROTOTIPO DEL REINO CELESTIAL

El mejor momento en la historia para que el concepto del reino celestial fuera totalmente comunicado a los habitantes de la tierra fue durante el período del Imperio Romano, y esta es la mayor razón por la que el Rey Hijo, el Mesías, nació en ese tiempo. No fue una elección al azar hecha por el Rey; fue el tiempo perfecto. Pablo escribió:

Pero cuando vino el cumplimiento del *tiempo*, Dios envió a su Hijo, nacido de mujer y nacido bajo la ley, para que redimiese a los que estaban bajo la ley, a fin de que recibiésemos la adopción de hijos. Y por cuanto sois hijos, Dios envió a vuestros corazones el Espíritu de su Hijo, el cual clama: ¡Abba Padre! Así que ya no eres esclavo, sino hijo; y si hijo, también heredero de Dios (Génesis 4:4-7).

La estructura y funcionamiento del Imperio Romano (aunque no su naturaleza moral) en el tiempo de Jesús sirvió como prototipo del reino de los cielos. Para aquellos viviendo bajo su gobierno en Palestina, la analogía podía haber sido obvia. César fue el emperador o rey de Roma, y simbolizaba al Rey celestial.

César envió a Pilato para ser su procurador o gobernador sobre la región de Judea, para supervisarla y crear ahí la cultura del Imperio Romano. Similarmente, Jesús dijo que cuando regresara al Padre, el Gobernador sería enviado a la tierra, capacitando a los habitantes para cumplir la voluntad del Rey sobre la tierra una vez más, haciendo una réplica del reino de los cielos. Jesús les dijo a sus discípulos: "Pero cuando venga el Consolador, a quien yo os enviaré del Padre, el Espíritu de verdad, el cual procede del Padre, él dará testimonio acerca de mí" (Juan 15:26). Y "yo enviaré la promesa de mi Padre sobre vosotros; pero quedaos vosotros en la ciudad de Jerusalén, hasta que seáis investidos de poder desde lo alto" (Lucas 24:49).

Los conceptos políticos con los que estaban familiarizadas las personas de ese tiempo estuvieron presentes para que ellos entendieran que Jesús estaba hablando sobre el retorno del Gobernador a la tierra, para habilitarlos para cumplir la voluntad y obra del reino de los cielos. Interesantemente, los enemigos de Jesús reconocieron que su mensaje era sobre un reino, no una "religión". Este reino demandaba lealtad total para el Rey Padre por medio del Rey Hijo. Debido a que los enemigos de Jesús no querían someterse a la autoridad del gobierno celestial, decidieron matarlo. Le dijeron a Pilato que Jesús era una amenaza para el orden político del momento, diciendo: "No tenemos más rey que César" (Juan 19:12-16). De esta manera, presionaron a Pilato para escoger entre matar a un hombre inocente y parecer que apoyaba a un rey que no era César. Él dio lugar a la presión y permitió que Jesús fuera crucificado. Era responsable de su elección, aunque la muerte de Jesús era parte del plan celestial de restauración. Cada persona, esencialmente, enfrenta la misma elección. La lealtad para el reino de los cielos no permite que ninguna persona o nada tome el lugar del Rey.

LA LIBERACIÓN Y EL RECIBIMIENTO DEL GOBERNADOR

Después de la vida del Rey Hijo en la tierra, se desarrolló un proceso por el cual el Gobernador fue restaurado en sus seguidores. Primero, por supuesto, el Espíritu Santo moró dentro del cuerpo de Jesús—el primer ser humano en tener el Espíritu dentro de sí desde Adán y Eva. Cuando Jesús murió en la cruz, los testigos y discípulos de Juan registraron que él "entregó su espíritu" (Juan 19:30). Aunque este término puede ser una descripción de que alguien tomó su último respiro, creo que también tiene un significado profundo aquí. La palabra griega para "entregar" significa "ceder".[4] Por lo tanto, creo que este término significa que Jesús también *entregó* al Espíritu Santo de regreso al Padre en el cielo a la hora de su muerte.

Cuando Jesús fue resucitado, fue levantado en el poder del Espíritu, y el Espíritu nuevamente moró en él. Pablo escribió: "Y si el Espíritu de aquel que levantó de los muertos a Jesús mora en vosotros, el que levantó de los muertos a Cristo Jesús vivificará también vuestros cuerpos mortales por su Espíritu que mora en vosotros" (Romanos 8:11). Al igual que el Rey Hijo fue levantado de la muerte por medio del Espíritu, y el Espíritu moró en él de nuevo, aquellos que entren al Reino por medio del sacrificio del Rey Hijo, también recibirán el Espíritu.

Entonces, con la resurrección de Jesús, el Espíritu ahora estaba listo para regresar a la humanidad y rescatar las vidas que habían estado en rebelión, confusión y desesperación bajo el reino de la oscuridad. Así como el Espíritu le dio vida al vacío y orden al caos durante la creación de la tierra, él transformará la tierra una vez más en la colonia del cielo por medio del regreso del Reino en las vidas de sus ciudadanos.

PREGUNTAS DE ESTUDIO DEL CAPÍTULO CINCO

PREGUNTAS PARA REFLEXIÓN

1. ¿Ha hecho resoluciones para obedecer a Dios, pero ha fallado continuamente en seguirlas? Si es así, ¿cuál usted piensa que es la razón para eso?

2. ¿Es el reino de Dios un foco central en su vida? ¿Cuánto de su pensamiento y su estilo de vida está influenciado por los propósitos del reino?

EXPLORAR PRINCIPIOS Y PROPÓSITOS

3. ¿Cómo estaba el Espíritu del Rey directamente involucrado en la venida del Rey a la tierra como un ser humano?

4. ¿De qué manera regresó a la tierra el Gobernador cuando el Rey Hijo nació?

5. Como Dios el hijo, el Rey Hijo fue plenamente _____. Como el hombre Jesús, el Rey Hijo fue plenamente

    _____.

6. ¿Cómo era el hombre Jesús diferente de otros seres humanos?

7. ¿Qué dijo Juan el Bautista acerca de la medida en la cual el Espíritu del Rey estaba en Jesús? ¿Qué podemos concluir por esto?

8. ¿Cuál fue el propósito y la naturaleza del reino que el Rey Hijo vino a traer?
    (1)
    (2)

9. ¿Cómo el Rey Hijo se refiere a Lucifer, y qué intentó él hacerle?

10. ¿Cuál fue el tema central de Jesús a través de sus tres años y medio de ministerio?

11. ¿Cómo y por qué Lucifer intentó tentar a Jesús a alejarse de su misión? ¿Cómo Jesús venció la tentación?

12. ¿Cuándo podemos ser considerados seguidores de Jesús?

13. Juan el Bautista dijo que Jesús "bautizará en Espíritu Santo y fuego" (Mateo 3:11). ¿Cuál es la naturaleza del bautismo con el Espíritu Santo?

14. ¿Por qué es un proceso de transformación hacia el pensamiento y el estilo de vida del reino absolutamente necesario para los habitantes de la tierra?

15. ¿De qué fue evidencia toda la vida de Jesús en la tierra?

16. ¿Cuáles son algunas de las maneras específicas en que la administración del reino celestial fue demostrada en la vida de Jesús?

17. ¿Cuál fue la razón suprema para la encarnación del Rey?

18. ¿Cuál fue el resultado de que Jesús completara la obra de restauración para la humanidad?

19. Aunque Jesús pagó la penalidad por la rebelión de toda la humanidad, ¿cuál es la responsabilidad de cada persona en recibir los resultados del sacrificio de Jesús?

20. ¿De qué es fuente el Espíritu Santo en nuestras vidas?

21. Para un ciudadano el reino empoderado por el Espíritu del Rey, ¿cuál es el significado esencial de esta frase en el Padre Nuestro?: "Padre nuestro que estás en los cielos, santificado sea tu nombre. *Venga tu reino. Hágase tu voluntad, como en el cielo, así también en la tierra*" (Mateo 6:9–10, énfasis añadido).

APLICAR LOS PRINCIPIOS DE LA VIDA DE REINO

PENSÁNDOLO BIEN

+ ¿Ha tomado usted una decisión sólida de ser un discípulo en la escuela del reino de Jesús, de manera que sabe que lo has escogido para siempre por encima de todos los posibles maestros y filosofía en la tierra? ¿Por qué o por qué no?

+ Es esencial recordar y ser agradecido por el sacrificio que Jesús hizo en la cruz para permitirnos ser restaurados al Padre. Sin embargo, ¿se movió usted más allá de una contemplación del sacrificio supremo de Cristo, y entró en el razonamiento por lo cual lo hizo? ¿Le ha permitido al Espíritu Santo llenar su vida de manera que esté viviendo de acuerdo con la mente y el corazón de Dios, y en el poder de su Espíritu?

ACTUAR AL RESPECTO

+ El Dr. Munroe nos recordó que la palabra *arrepentimiento* no se refiere específicamente a las emociones y a llorar, sino significa "cambiar la mente, revertir su manera de pensar y actuar". ¿Ha sido esa su actitud concerniente a áreas en su vida que no están alineadas con el reino de Dios? Escriba acerca de cómo usted pensaría y actuaría de manera diferente en su vida, basado en verdadero arrepentimiento.

+ Como un estudiante matriculado en la escuela del reino de Jesús, lea cada día una porción de las palabras y acciones de Jesús en uno de los Evangelios. Entonces aplique a su propia vida su enseñanza, sabiduría y directrices.

ORAR SOBRE ESO

◆ Haga de esta la oración de su corazón al Rey Padre, todos los días: "Padre nuestro que estás en los cielos, santificado sea tu nombre. Venga tu reino. Hágase tu voluntad, como en el cielo, así también en la tierra" (Mateo 6:9–10).

La única manera de vivir la vida del reino es sumergirse en la mentalidad de Rey.

SEIS

AMOR DE UN REY POR SUS CIUDADANOS

EL AMOR ES LA NATURALEZA DEL REY Y SU REINO.

LIMITACIÓN VOLUNTARIA DEL AMOR

Para entender plenamente la naturaleza del Reino, nosotros tenemos la oportunidad de volver a entrar, debemos ver que la motivación del Rey Hijo para venir a la tierra fue amor incondicional por sus habitantes. Él amó tanto a las personas del mundo que voluntariamente se limitó a sí mismo de manera significativa para restaurarlas en el Reino. Juan, uno de los escritores del Nuevo Testamento, escribió una de las más conocidas declaraciones de los escritos del evangelio: "Porque de tal manera amó Dios al mundo, que ha dado a su Hijo unigénito, para que todo aquel que en él cree, no se pierda, mas tenga vida eterna" (Juan 3:16). El amor es la naturaleza del Rey Padre y del Rey Hijo.

Jesús es la representación perfecta de Dios en forma humana. Vino para mostrarnos cómo es Dios y para quitar nuestro miedo en Él, capacitándonos para llamarle de nuevo no solo nuestro Rey, sino también, nuestro Padre, porque tenemos el mismo Espíritu dentro de nosotros.

LA LIMITACIÓN DEL GOBERNADOR

La limitación voluntaria del Rey Hijo fue provocada por la forma limitada en que el Gobernador podía obrar con los habitantes de la tierra. Como notamos anteriormente, el Gobernador solo podía venir *sobre* las personas del tiempo del Antiguo Testamento para llevar a cabo la obra del Reino en situaciones específicas; él todavía no podía trabajar desde *adentro* de ellos. Cuando el Hijo vino a la tierra, como hombre en Jesús, el Espíritu podía ahora vivir en la tierra dentro de su cuerpo. Aún así, el Gobernador no podía morar en toda la humanidad. El plan del Rey Padre era que el Gobernador fuera luego liberado en todos los seres humanos que lo recibieran por medio de la provisión que hizo el Rey Hijo.

EL REY HIJO SE LIMITÓ A SÍ MISMO PARA VOLVERSE ILIMITADO

Las enseñanzas de Jesús fueron llenas con lo que parecieran paradojas que contienen grandes verdades. Por ejemplo, enseñó que para vivir eternamente, uno tiene que morir a sí mismo; para ser fuerte en el poder del Reino, uno tiene que ser débil en sí mismo (ver Juan 11:25-26; Mateo 5:3). Él vivió una paradoja al limitarse voluntariamente a sí mismo para que pudiera volverse ilimitado en las vidas de sus seguidores—aquellos que venían a ser hijos del Rey y recibían al Gobernador dentro de ellos. Jesús se limitó a sí mismo de las siguientes maneras. Él...

+ Se vació a sí mismo para que pudiéramos ser llenos; se volvió pobre para que pudiéramos ser ricos.

+ Se colocó a sí mismo bajo las restricciones de un mundo de espacio y tiempo para que pudiéramos estar conectados al reino eterno.

+ Se sujetó a sí mismo a la ley para poder liberar a aquellos bajo esta.

+ Fue sometido a muerte física para que pudiéramos tener vida eterna.

Pablo escribió a los ciudadanos del Reino en Filipos que Jesús:

Siendo en forma de Dios, no estimó el ser igual a Dios como cosa a que aferrarse, sino que se despojó a sí mismo, tomando forma de siervo, hecho semejante a los hombres; y estando en la condición de hombre, se humilló a sí mismo, haciéndose obediente hasta la muerte, y muerte de cruz (Filipenses 2:6-8).

Todas las anteriores son demostraciones del poderoso amor del Rey Hijo para los habitantes de la tierra. Él hizo estas cosas para poder traer al Gobernador de regreso a nosotros—y *en* nosotros— sin limitaciones. El Espíritu Santo *continúa el ministerio de Jesús* en la tierra. Jesús dijo a Sus discípulos:

Y yo rogaré al Padre, y os dará otro Consolador, para que esté con vosotros para siempre: el Espíritu de verdad, al cual el mundo no puede recibir, porque no le conoce; pero vosotros le conocéis, porque mora con vosotros, y estará en vosotros (Juan 14:16-20).

Veamos más de cerca las formas en que el Rey Hijo se limitó a sí mismo por nosotros.

SE LIMITÓ A SÍ MISMO DE GLORIA

En una carta a los seguidores de Jesús en Corinto, Pablo escribió: "Porque ya conocéis la gracia de nuestro Señor Jesucristo, que por amor a vosotros se hizo pobre, siendo rico, para que vosotros con su pobreza fueseis enriquecidos" (2 Corintios 8:9). El Rey Hijo se vació a sí mismo de su poder celestial, gloria y riquezas para vivir como un ser físico y terrenal, dependiendo del Rey Padre para todo por medio del Espíritu. Jesús dijo: "De cierto os digo: No puede el Hijo hacer nada por sí mismo, sino lo que ve hacer al Padre; porque todo lo que el Padre hace, también lo hace el Hijo igualmente" (Juan 5: 19).

Al Hijo tomar forma de hombre, la gloria del Rey—él temporalmente dejó a un lado su gloria anterior. Antes de su muerte, Jesús oró: "Padre, glorifícame tú al lado tuyo, *con aquella gloria que tuve contigo antes que el mundo fuese*" (ver Juan 17:5). Solo a tres de los discípulos de Jesús les fue dado un vistazo de su gloria cuando él vivía en la tierra, cuando fue "transfigurado" por el Padre por un corto tiempo:

Jesús tomó a Pedro, a Jacobo y a Juan su hermano, y los llevó aparte a un monte alto; y se transfiguró delante de ellos, y resplandeció su rostro como el sol, y sus vestidos se hicieron blancos como la luz. Y he aquí les aparecieron Moisés y Elías, hablando con él. Entonces Pedro dijo a Jesús: Señor, bueno es para nosotros que estemos aquí; si quieres, hagamos aquí tres enramadas: Una para ti, otra para Moisés, y otra para Elías. Mientras él aún hablaba, una nube de luz los cubrió; y he aquí una voz desde la nube, que decía: Este es mi Hijo amado, en quien tengo complacencia; a él oíd (Mateo 17:1-5).

El efecto de esta experiencia en Pedro, Jacob y Juan fue sobrecogedor. El Hijo había hecho a un lado esta magnífica gloria para cumplir con su misión sobre la tierra.

SE LIMITÓ A SÍ MISMO AL TIEMPO Y AL ESPACIO

El eterno Rey Hijo también permitió ser restringido por el tiempo. Él, que es dueño del universo, se limitó a sí mismo a una región pequeña en un planeta pequeño durante una vida terrenal de treinta y tres años, donde podía estar solo en un lugar a la vez. Vivió ahí, murió ahí, resucitó nuevamente ahí y aun ascendió al cielo desde ahí. La eternidad se permitió a sí misma estar atrapada en el tiempo para que aquellos en el tiempo pudieran ser reconectados al reino eterno.

SE LIMITÓ A SÍ MISMO BAJO LA LEY

Pablo escribió: "Cuando vino el cumplimiento del tiempo, Dios envió a su Hijo, nacido de mujer y nacido *bajo la ley, para que redimiese a los que estaban bajo la ley*, a fin de que recibiésemos la adopción de hijos" (Gálatas 4:4-5). La ley de Moisés y el sistema de sacrificios fueron instituidos para aquellos que fueron desconectados del Rey. Jesús tenía acceso total para con el Padre celestial, y perfecta comunicación con él; pero se sometió a sí mismo a todos los requerimientos de la ley para poderlos cumplir. Entonces, cuando recibimos su perfecto sacrificio por nosotros, somos capaces de obedecer a Dios, ya que el Espíritu Santo mora en nosotros. El libro del profeta Ezequiel dice:

> Yo les daré un corazón íntegro, y pondré en ellos un espíritu renovado. Les arrancaré el corazón de piedra que ahora tienen, y pondré en ellos un corazón de carne, para que cumplan mis decretos y pongan en práctica mis leyes. Entonces ellos serán mi pueblo, y yo seré su Dios (Ezequiel 11:19-20 NVI).

Jesús también se sometió a sí mismo a las leyes de la naturaleza en este mundo físico. ¿Puede imaginar a Dios teniendo un cuerpo cansado? ¿Estar sediento? ¿Hambriento? El Dios que creó el mundo entero y todos sus océanos, lagos y ríos, tuvo que pedirle a alguien un poco de agua para beber (ver Juan 4:5-7). El Dios que hizo los árboles y su habilidad para dar frutos tuvo que parar y recoger fruta para comer (ver Mateo 21:19). El Dios que "no se adormecerá, ni dormirá" tuvo que descansar (Salmo 121:4). De hecho, una vez estaba tan cansado que ¡se durmió en medio de una tormenta violenta! (Lucas 8:22-25) Temporalmente se sometió a sí mismo a las limitaciones físicas para poder dar de nuevo a la humanidad el poder del dominio.

SE LIMITÓ A SÍ MISMO POR LA MUERTE

El Autor de la vida tuvo que ver los ojos de la muerte. La enfrentó cara a cara y se sometió. Luego la conquistó, quitando el aguijón de la humanidad (1 Corintios 15:55-57). El profeta Isaías dijo que le complacía al

Rey Padre que el Rey Hijo sufriera y muriera (ver Isaías 53:10-11). ¿Por qué le complacía que el Hijo experimentara este agonizante sufrimiento y muerte? De nuevo, porque no quería que los habitantes de la tierra experimentaran la muerte espiritual como resultado de su rebelión, y el Rey Hijo voluntariamente murió en nuestro lugar. Él se permitió a sí mismo estar limitado en un cuerpo humano físico, y estar limitado por la experiencia de la muerte, porque solo otro ser humano podía ser un sustituto viable para la humanidad. Pablo escribió: "Porque la paga del pecado es muerte, mas la dádiva de Dios es vida eterna en Cristo Jesús Señor nuestro" (Romanos 6:23). Jesús no pecó, pero tomó todos nuestros pecados y es por esta razón que él—el hombre perfecto, el Segundo Adán—murió.

Pero Jesús fue resucitado para nunca ser limitado por la muerte otra vez. De la misma manera, cuando entramos en el Reino, la muerte no nos puede mantener en la tumba por siempre. Una vez más, Pablo escribió: "Y Dios, que levantó al Señor, también a nosotros nos levantará con su poder" (1 Corintios 6:14). La limitación del Hijo por la muerte ¡nos trajo vida ilimitada! La muerte no tiene un reclamo final sobre nosotros, pues Jesús pagó el castigo de la muerte por nosotros. Como dijo Pablo: "Al que no conoció pecado, por nosotros lo hizo pecado, para que nosotros fuésemos hechos justicia de Dios" (2 Corintios 5:21), para que pudiéramos recibir vida eterna y otra vez estar en la correcta posición con el Reino.

Está es otra clara diferencia entre el Rey celestial y los líderes humanos con los que estamos familiarizados. Usted no oye que los presidentes o primeros ministros mueran en la oficina con el propósito de liberar a sus ciudadanos. Un líder puede ser asesinado por estar a favor de una causa o por el odio o locura de alguien. Pero ¿elegir morir por sus ciudadanos? Esto no se oye en nuestra experiencia. Recuerde las palabras del discípulo Juan: "Porque de tal manera amó Dios al mundo, que ha dado a su Hijo unigénito, para que todo aquel que en él cree, no se pierda, mas tenga vida eterna" (Juan 3:16) Jesús comparó su sacrificio por la humanidad a la de un pastor dando su vida por su oveja: "Yo soy el buen pastor; y conozco mis ovejas, y las mías me conocen, así como el Padre me conoce, y yo conozco al Padre; y pongo mi vida por las ovejas" (Juan 10:14-15). Su muerte fue una demostración de amor puro para su pueblo.

LA PROMESA DE LA INFLUENCIA ILIMITADA DEL REINO

El que Jesús se limitara a sí mismo hizo posible el regreso de la influencia ilimitada del Reino sobre la tierra. He escuchado algunas personas decir anhelosamente que desean que Jesucristo estuviera hoy en la tierra. Creen que si él estuviera aquí y ellos pudieran conocerle personalmente, sus vidas podrían ser diferentes. Quizás usted desea la misma cosa. Yo también lo hacía. Pero me he dado cuenta que este es un mal deseo; no es en nuestro mejor interés. La transformación de nuestras vidas es posible *porque* Jesús ya no está físicamente en la tierra.

¿Por qué es esto así? Primero, consideremos lo lógico de esto. Si Jesús estuviera aquí físicamente, y usted querría visitarlo, tendría que pagar el boleto de avión hacia Palestina. Luego que haya llegado, tiene que hacerse camino por toda la multitud solamente para tratar de estar cerca de él. Y luego, no crea que él pasará todo su tiempo con usted. Piense en los millones o miles de millones de personas que también querrían estar con él todos los días. Aun así, pareciéramos mantenernos con la idea de que la presencia física de Jesús sobre la tierra es lo que necesitamos. Esto es porque no nos hemos dado cuenta que el Gobernador ahora está disponible para todas las personas en todo momento.

Los discípulos de Jesús cometieron el mismo error que nosotros. Cuando el Rey Hijo le dijo a sus seguidores que se iba de la tierra para regresar donde el Rey Padre al país originario celestial, ellos se deprimieron. Se habían encariñado con la presencia física de Jesús en sus vidas y temían perderla. Pero miremos la respuesta de Jesús ante esta perspectiva:

> Pero ahora voy al que me envió; y ninguno de vosotros me pregunta: ¿A dónde vas? Antes, porque os he dicho estas cosas, tristeza ha llenado vuestro corazón. Pero yo os digo la verdad: Os conviene que yo me vaya; porque si no me fuera, el Consolador no vendría a vosotros; mas si me fuere, os lo enviaré…Todavía un poco, y no me veréis; y de nuevo un poco, y me veréis (Juan 16:5-7, 16).

Jesús estaba diciendo que él *debía* regresar al cielo para poder enviar al Gobernador para estar con ellos por siempre. Ellos no podrían verlo cuando se fuera, pero cuando prontamente enviara al Gobernador del cielo, el Espíritu Santo moraría en ellos, él les guiaría en toda verdad y les recordaría todo lo que Jesús les había dicho.

Cuando el Gobernador vino, no podía estar con ellos solo de manera limitada, como Jesús estuvo cuando ministraba a alguien o solo orando al Padre. Él estaría con ellos constantemente, día y noche, en todas las situaciones. Antes, si Jesús estaba en Samaria, no podía estar en Galilea. Si estaba en Jerusalén, no podía estar en Betania.

Deberíamos estar agradecidos de que haya retornado al cielo porque ahora el Reino puede estar en todo el mundo a la misma vez por medio del Espíritu Santo que vive en todos los ciudadanos del Reino. Jesús le aseguró a Sus discípulos: "Conviene que yo me vaya. El Gobernador ahora está *con* ustedes, pero él estará *en* ustedes" (ver Juan 16:7; 14:17). No era el propósito de Jesús permanecer en la tierra porque eso hubiera detenido el plan de restauración del Rey justo antes de su culminación en el retorno del Gobernador.

Cuando Jesús fue arrestado y crucificado, Lucifer pensó que le había ganado la victoria al Rey que él había estado buscando. En realidad, a él se le había colocado una trampa para una total derrota. Si Jesús no hubiera ido a la cruz, si no hubiera resucitado, todavía estaríamos atrapados en la rebelión y en el reino de la oscuridad. Si Jesús no hubiera regresado al celestial país originario y enviado al Gobernador para llenarnos, el reino de Dios no hubiera podido regresar totalmente a la tierra. De hecho, Jesús dijo: "Si voy a la cruz, seré capaz de atraer a toda la gente hacia el reino. Seré capaz de liberar a miles de millones de personas en su propósito original de gobernación y dominio del Reino" (ver Juan 10:32).

Jesús se limitó a sí mismo en las tantas maneras que lo hizo, por amor y devoción de sacrificio por los hijos alejados del Rey. Él hizo posible la reconciliación y restauración para todos los habitantes del mundo.

UN REGALO QUE NO TIENE PRECIO, DADO A LA HUMANIDAD

Hemos visto a todo lo largo que la persona más importante sobre la tierra es el Espíritu Santo, el Gobernador del reino celestial. Él es el regalo que no tiene precio, dado a la humanidad, y le plació al Rey restaurar al Gobernador dentro de nosotros. Lucas, el médico, anotó a Jesús diciéndoles a sus discípulos: "Pues si vosotros, siendo malos, [controlados por el reino de la oscuridad] sabéis dar buenas dádivas a vuestros hijos, ¿cuánto más vuestro Padre que está en los cielos [Gobernador del reino de luz] dará el Espíritu Santo a los que le pidan?" (Mateo 7:11). También dijo: "A vuestro Padre le ha *placido* daros el reino" (Lucas 12:32).

En el siguiente capítulo, veremos cómo el Gobernador regresó a la tierra.

PREGUNTAS DE ESTUDIO DEL CAPÍTULO SEIS

PREGUNTAS PARA REFLEXIÓN:

1. ¿Tiende a sentirse seguro y confiado en su relación con Dios o temeroso de él? ¿Por qué?

2. ¿Cómo describiría usted el carácter de Dios?

EXPLORAR PRINCIPIOS Y PROPÓSITOS

3. ¿Cuál fue la motivación del Rey Hijo para venir a la tierra? ¿Qué escogió hacer el Rey Hijo como resultado de esta motivación?

4. Jesús es el perfecto _____ de Dios en forma humana.

5. ¿Cuál es la naturaleza esencial del Rey Padre y el Rey Hijo?

6. ¿En qué cuatro maneras se limitó a sí mismo el Rey Hijo para poder enviar al Gobernador de regreso a nosotros, y *en* nosotros, sin limitaciones?
   (1)
   (2)
   (3)
   (4)

7. ¿Cómo el Rey Hijo se limitó a sí mismo de gloria?

8. ¿Cómo se limitó el Rey Hijo de tiempo y espacio?

9. ¿Cómo se limitó a sí mismo el Rey Hijo bajo la ley?

10. ¿Cómo se limitó a sí mismo el Rey Hijo por la muerte?

11. ¿Qué hizo el Rey Hijo sobre lo cual virtualmente no se oye en nuestra experiencia de líderes humanos?

12. ¿De qué manera la limitación del Rey Hijo de su muerte y consiguiente resurrección nos trajo vida ilimitada?

13. ¿Cómo la ausencia del Rey Hijo, de la tierra, cuando regresó al Rey Padre después de su resurrección, trajo a la tierra influencia ilimitada del Reino?

14. ¿Dónde estaríamos nosotros si el Rey Hijo no hubiera muerto por nosotros y resucitado?

15. ¿Dónde estaríamos nosotros si el Rey Hijo no hubiera regresado a su patria celestial, ni hubiera enviado al Gobernador?

16. ¿Cómo se sintió el Rey Padre acerca de restaurar el reino de nuevo para los seres humanos, a través del Espíritu Santo?

17. ¿Cuál es el valor del Espíritu Santo como un regalo para la humanidad?

APLICAR LOS PRINCIPIOS DE LA VIDA DEL REINO

PENSÁNDOLO BIEN

+   ¿Qué aprendió de este capítulo acerca de la naturaleza de Dios el Padre y Dios el Hijo?

+   Describa la actitud de Dios hacia usted. ¿Ha cambiado su perspectiva acerca de esto después de leer el capítulo 6 y hacer este estudio? Si es así, ¿de qué maneras?

ACTUAR AL RESPECTO

+ ¿A menudo siente que las cosas serían mejores para usted si Jesús viviera hoy en la tierra? ¿De qué manera es mejor su vida con Jesús en el cielo y el Espíritu Santo viviendo dentro de usted?

+ Jesús proporcionó la influencia ilimitada del reino para el mundo a través del don del Espíritu Santo en las vidas de los ciudadanos del reino. ¿Qué usted cree que debe hacer con este regalo? Escriba algunas de sus ideas, a continuación.

ORAR SOBRE ESO

+ Agradezca a su Padre celestial por el don inestimable del Espíritu Santo en su vida, y pídale al Padre que lo use para difundir la influencia de su reino en el mundo.

+ ¿Lucha usted para aceptar el amor incondicional de Dios por usted? Pídale que le permita comprender y recibir su amor, para que pueda vivir con el conocimiento seguro de ello, a medida que ayuda a difundir el mensaje del reino a través de su Espíritu.

El amor es la naturaleza del Rey y su Reino.

RESTAURAR LA CONEXIÓN

EL FUTURO DE UNA PLANTA YACE EN PERMANECER SUJETA A LA TIERRA.

El Rey Hijo había prometido a sus discípulos, respecto al Gobernador: "mora con vosotros, y estará en vosotros" (Juan 14:17). Él los reconectaría al Padre a través del Espíritu. Después de su resurrección, el trabajo de preparar a la humanidad para recibir al Gobernador estaba cumplido. El espíritu de rebelión e independencia del reino fue roto. Cualquier ser humano que recibió personalmente el sacrificio de Jesús, aplicándolo a su propia vida, ahora ya estaba limpio y calificado para ser una residencia del Gobernador.

EL SOPLO DE JESÚS

Por lo tanto, la vida, ministerio, muerte y resurrección de Jesús condujo a su acto más importante sobre la tierra: el regalo del Gobernador. Poco tiempo después de su resurrección, Jesús llegó a la habitación donde sus discípulos se habían reunido, y dijo: "'Como me envió el Padre, así también yo os envío'. Y habiendo dicho esto, sopló, y les dijo: 'Recibid el Espíritu Santo'" (Juan 20:21-22).

Nótese que Jesús *sopló* en ellos. ¿Le parece familiar ese acto? Es muy similar a lo que el Creador hizo cuando por primera vez convirtió a Adán en ser viviente. "Entonces Jehová Dios formó al hombre del polvo de la tierra, y sopló en su nariz aliento de vida, y fue el hombre un ser viviente" (Génesis 2:7). Pero en este acto de dar vida, el Rey Hijo específicamente explicó lo que significaba. No sólo dijo: "Recibe el soplo de vida". Él dijo: "Recibid el Espíritu Santo".

El soplo de vida *es* el Espíritu Santo; el Gobernador *es* la vida de la humanidad. Sin él, aunque nuestros cuerpos físicamente puedan estar vivos por un tiempo limitado, estamos muertos para el Reino, para la influencia celestial para la cual fuimos creados para vivir, y para el mismo Rey Creador.

En otras palabras, cuando el Creador primeramente sopló en Adán, esencialmente le estaba diciendo: "*Cipere* el Espíritu Santo". Ahora Jesús estaba diciendo a Sus discípulos: "Recibid el Espíritu Santo". En el idioma español, no usamos la palabra *cipere* como verbo, pero la palabra en español *recibir* viene del latín *re* (otra vez) y *cipere* (tomar).[1] Cuando Adán se rebeló, perdió el Espíritu que se le fue dado. Así es que, cuando Jesús juntó a los discípulos después de la resurrección, en efecto él estaba diciendo: "Humanidad, toma *de nuevo* el Espíritu, al igual que Adán". Él estaba devolviendo a los humanos lo que habían perdido.

Al soplarle en sus discípulos, Jesús reconectó a la humanidad con el reino de los cielos. Literalmente estaba llevando a sus discípulos a la identidad con el gobierno del cielo. Él estaba renovando la posición y autoridad de los seres humanos ante el Reino. Fueron restaurados a su asignación original como co-gobernantes de la tierra. De esta manera, los discípulos de Jesús fueron los primeros seres humanos, después de Jesús, en recibir al Gobernador residiendo dentro de ellos otra vez.

El regreso del Espíritu Santo es el acto más importante de redención en el programa de Dios para la humanidad. En ese momento, el reino de Dios regresó a la tierra porque ¡el Espíritu vivía dentro de la humanidad otra vez!

Nótese que, después de su resurrección, el mensaje de Jesús continuó siendo acerca del Reino. Lucas, el médico, escribió:

En el primer tratado… hablé acerca de todas las cosas que Jesús comenzó a hacer y a enseñar, hasta el día en que fue recibido arriba, después de haber dado mandamientos por el Espíritu Santo a los apóstoles que había escogido; a quienes también, después de haber padecido, se presentó vivo con muchas pruebas indubitables, apareciéndoseles durante cuarenta días *y hablándoles acerca del reino de Dios* (Hechos 1:1-3) .

Algunas personas cuestionan si el reino de los cielos está sobre la tierra ahora mismo. La respuesta es absolutamente sí. Para poder entender el por qué, debemos recordar la naturaleza de los reinos. Donde sea que esté el Gobernador, el Reino está presente. Donde sea que esté el Espíritu del Rey, el reino también. El gobernador es la presencia del Rey ausente.

Lucas anotó la respuesta de Jesús cuando se le inquiría sobre esa misma pregunta:

> Preguntado por los fariseos, cuándo había de venir el reino de Dios, les respondió y dijo; "El reino de Dios no vendrá con advertencia, ni dirán: 'Helo aquí, o 'helo allí'; porque he aquí el reino de Dios está entre vosotros" (Lucas 17:20-21).

El reino de Dios está dentro de usted cuando el Gobernador está residiendo dentro de usted. Y cuando el Gobernador mora dentro de usted, el reino de los cielos está presente sobre la tierra. Jesús le dijo a sus seguidores: "De cierto os digo que hay algunos de los que están aquí, que no gustarán la muerte hasta que hayan visto el reino de Dios venido con poder" (Marcos 9:1). De acuerdo al relato de Lucas, Hechos, en su segundo libro cerca de ciento veinte discípulos estaban presentes cuando el Gobernador fue derramado y totalmente reinstalado en la tierra (ver Hechos 1:15-23).

ESPERANDO POR EL FUEGO

El propósito de Jesús fue reintroducir el gobierno que había sido retirado de la tierra por causa de la rebelión de la humanidad. Luego de haber terminado con su misión de proveer un camino para que los habitantes fueran santos otra vez, él regresó al reino celestial. La ascensión de Jesús fue evidencia de su obra concluida en la tierra, indicando que todo estaba listo para el completo retorno del Gobernador. El evangelio de Marcos anota: "Y el Señor, después que les habló [a Sus discípulos], fue recibido arriba en el cielo, y se sentó a la diestra de Dios" (Marcos 16:19). Creo que él se reportó ante el Padre en ese momento que todo estaba preparado para que el Gobernador fuera derramado sobre los habitantes de la tierra. Jesús había instruido a sus discípulos sobre cómo recibirían este poder del Gobernador. En varias ocasiones, hizo estas declaraciones a sus discípulos:

> Y yo rogaré al Padre, y os dará otro Consolador; para que esté con vosotros para siempre—el Espíritu de verdad, al cual el mundo no puede recibir, porque no le ve, ni le conoce; pero vosotros le conocéis, porque mora con vosotros, y estará en vosotros (Juan 14:16-17).

> El Consolador, el Espíritu Santo, a quien el Padre enviará en mi nombre, él os enseñará todas las cosas, y os recordará todo lo que yo os he dicho (Juan 14:26).

Yo enviaré la promesa de mi Padre sobre vosotros; pero quedaos vosotros en la ciudad, hasta que seáis investidos de poder desde lo alto (Lucas 24:49).

En una ocasión mientras estaban comiendo, les dio esta orden: Y estando juntos, les mandó que no se fueran de Jerusalén, sino que esperasen la promesa del Padre, la cual, les dijo, oísteis de mí. Porque Juan ciertamente bautizó con agua, mas vosotros seréis bautizados con el Espíritu Santo dentro de no muchos días...pero recibiréis poder, cuando haya venido sobre vosotros el Espíritu Santo, y me seréis testigos en Jerusalén, en toda Judea, en Samaria, y hasta lo último de la tierra (Hechos 1:4-5, 8).

Jesús ya había soplado el Espíritu en sus discípulos. Ellos habían recibido al Gobernador dentro de sus vidas y fueron reconectados al Reino. Pero todavía necesitaban estar conectados con el *poder* del Reino, el cual el Rey les enviaría pronto. Esto es lo que Juan quiso decir cuando expresó que Jesús los bautizaría con el Espíritu Santo y con fuego. Después que Jesús regresara al reino celestial, el "fuego" vendría; y su misión de reconexión y restauración del poder sería totalmente cumplida.

Es otras palabras, Jesús estaba diciendo: "Durante los últimos tres años y medio, les he estado diciendo que la influencia del gobierno celestial ya viene. Siempre que hablaba acerca del Reino, me estaba refiriendo la influencia del Gobernador en sus vidas y el mundo. Ahora, quédense en Jerusalén porque están a punto de recibir la llenura de la promesa que el Padre les hizo".

Jesús les dijo que serían cubiertos con poder de "lo alto" (Lucas 24:49). Este punto es vital: Debemos recibir nuestro poder desde el país celestial, desde un lugar *fuera* de este mundo, porque este mundo está controlado por el reino de la oscuridad. Nuevamente, el Rey Hijo envió al Gobernador a la tierra *desde el trono del Padre*, al igual que un gobernador real era enviado a la colonia, desde el trono del rey, para realizar ahí el trabajo del soberano.

EL ESPÍRITU SANTO DERRAMADO EN EL DÍA DE PENTECOSTÉS

Después que Jesús ascendió al cielo, sus discípulos junto con más de cien seguidores, se reunieron y esperaron la venida del Gobernador. Su llegada ocurrió en el Día de Pentecostés, que en griego significa "quincuagésimo".[2] El Pentecostés era una fiesta de cosecha celebrada cincuenta días después de la fiesta de la Pascua. Después de su resurrección, Jesús se apareció a sus seguidores por un período de cuarenta días y esperaron diez días para su ascensión para la venida del Espíritu. Estos cincuenta días nos llevan exactamente al Día de Pentecostés. Lucas, el médico registró:

> Cuando llegó el día de Pentecostés, estaban todos unánimes juntos. Y de repente vino del cielo un estruendo como de un viento recio que soplaba, el cual llenó toda la casa donde estaban sentados; y se les aparecieron *lenguas* repartidas, *como de fuego*, asentándose sobre cada uno de ellos. Y fueron todos llenos del Espíritu Santo, y comenzaron a hablar en otras lenguas [idiomas], según el Espíritu les daba que hablasen (Hechos 2:1-4).

Cuando los seguidores de Jesús fueron *llenos* del Espíritu Santo, se les fue dado el poder para hablar en la variedad de las lenguas habladas por el pueblo judío que había llegado a Jerusalén de países distintos, para celebrar fiesta de Pentecostés (ver Hechos 2:5-11). El gobierno celestial les dio la habilidad de comunicar el mensaje de que el reino de Dios había llegado plenamente para que los pueblos de muchas naciones pudieran escuchar esta noticia muy importante. El que ellos hablaran en estas lenguas fue la evidencia de que estaban conectados con el Rey y con su labor de traer el reino de los cielos a la tierra. Como se anota en el libro de Marcos, Jesús les había dicho previamente a Sus discípulos: "Y estas señales seguirán a los que creen: En mi nombre…hablarán nuevas lenguas…" (Marcos 16:17)

Lucas reportó que la gente que les escuchaba decían, en términos simples: ¿Por qué estás hablando así; qué te sucede?" (ver Hechos 2:12-13). El discípulo Pedro respondió:

> Varones judíos, y todos los que habitáis en Jerusalén, esto os sea notorio, y oíd mis palabras. Porque éstos no están ebrios, como vosotros suponéis, puesto que es la hora tercera del día. Mas esto es lo dicho por el profeta Joel: Y en los postreros días, dice Dios, derramaré de mi Espíritu sobre toda carne, y vuestros hijos y vuestras hijas profetizarán; vuestros jóvenes verán visiones, y vuestros ancianos soñarán sueños. Y de cierto sobre mis siervos y sobre mis siervas en aquellos días derramaré de mi Espíritu, y

profetizarán"…A este Jesús [el Rey Hijo] resucitó Dios, de lo cual todos nosotros somos testigos. Así que, exaltado por la diestra de Dios, y habiendo recibido del Padre [Rey Padre] la promesa del Espíritu Santo [el Gobernador], ha derramado esto que vosotros veis y oís (Hechos 2:14-18, 32-33).

Una vez más, vemos la promesa anunciada por el Padre; pero esta vez, la noticia era que la promesa ya estaba cumplida en el regreso del Gobernador. Pedro estaba diciéndoles que estaban atestiguando la influencia del gobierno del cielo por medio de la llegada del Espíritu Santo.

Cuando los discípulos de Jesús recibieron el Espíritu Santo, y luego fueron llenos del Espíritu cuando fue derramado en el Pentecostés, esto indicó un cambio sísmico sobre la tierra. El camino ya estaba abierto para que todo aquel que recibió la limpieza que Jesús proveyó, recibiera la autoridad y el poder del Gobernador. Lo que separa el reino de los cielos de todas las otras filosofías, sistemas de credo y religiones es que sus ciudadanos tienen dentro de sí al Espíritu Santo. Las religiones tienen doctrinas, principios y listas de *qué hacer y qué no hacer*, pero no tienen al Espíritu morando en ellas.

EL PODER DE LA AUSENCIA

Como vimos en el capítulo anterior, mientras que el Espíritu Santo moró solo en Jesús, ahora él puede morar en millones de personas por todo el mundo. Él está de regreso en su casa de la colonia para que todo el planeta pueda ser lleno de la gloria del Rey. Ahora que ha sido derramado, él puede estar por todo el mundo a la misma vez. Mora en personas de todas las razas y colores de piel. Mora en hombre y mujeres. El Jesús físico tenía solamente dos manos para bendecir a los niños, repartir pan al hambriento y sanar al enfermo. Ahora, por medio del Espíritu morando en las vidas de sus seguidores, hay millones de manos haciendo la obra del Reino. El ministerio de Jesús que una vez se había limitado al área de Palestina, ahora puede estar en Australia, China, los Estados Unidos, las Bahamas y por todo el mundo a la misma vez. Su propósito es extender el reino de Dios sobre la tierra por medio de una multitud, en múltiples formas, en todas las esferas de la vida.

Por ejemplo, si el Espíritu vive dentro de usted, entonces, cuando usted está en el trabajo, el gobierno celestial también ahí está presente. Él quiere que usted lleve su influencia a su lugar de trabajo por medio de su sistema de valores, actitudes, perdón, amor y paciencia que provienen el Reino. Si alguien le pregunta: "¿Por qué es usted tan diferente?", su respuesta puede ser la misma que la de Jesús: "Mi reino no es de este mundo" (Juan 18:36). El Rey quiere que usted represente a su Reino en medio del reino de la oscuridad, para que otros también puedan ser reconciliados con el gobierno celestial.

MAYORES OBRAS SOBRE LA TIERRA

Juan registró esta declaración de Jesús, la cual hizo poco antes de Su muerte y resurrección: "De cierto os digo: el que en mí cree, las obras que yo hago, él las hará también; y aún mayores hará, *porque yo voy al Padre*" (Juan 14:12). ¿Cómo podemos hacer mayores obras de las que hizo Jesús en la tierra?

Aquí la palabra *mayores* tiene que ver con la magnitud, no con la calidad.[2] Nunca podremos mejorar la calidad de las obras de Jesús. Pero al estar alineados con la mente y la voluntad del Rey, y sus propósitos son primordiales en nuestras vidas, Jesús prometió: "Y todo lo que pidiereis en mi nombre, yo lo haré, para que el Padre sea glorificado en el Hijo" (Juan 14:13). La naturaleza del gobierno celestial será extendida por toda la colonia y esto rendirá el debido honor al Rey, tanto en el cielo como en la tierra. Todos los que hayan recibido su Espíritu, colectivamente multiplicarán sus obras en el mundo.

El poder del Gobernador es que él hace posible la realidad del cielo en la tierra. Es por eso que *todos* necesitamos al Espíritu Santo. Él es el único que puede conectarnos con el Rey y, a través de nosotros, disipar el reino de la oscuridad con su reino de luz. Él es la persona más importante sobre la tierra.

PREGUNTAS DE ESTUDIO DEL CAPÍTULO SIETE

PREGUNTA PARA REFLEXIÓN

1. ¿A menudo encuentra usted que tiene el deseo, pero no la capacidad de extender el reino de Dios en el mundo? ¿Qué cree que podría estar obstaculizando?

EXPLORAR PRINCIPIOS Y PROPÓSITOS

2. La vida, el ministerio, la muerte y la resurrección de Jesús condujeron a su acto más importante en la tierra. ¿Qué fue ese acto?

3. ¿Cómo fue el Espíritu Santo dado inicialmente a los discípulos de Jesús?

4. ¿Cómo fue esta entrega del Espíritu similar a otro evento trascendental en la historia humana?

5. ¿Qué indicó Jesús con las palabras que usó cuando dio el Espíritu a sus discípulos?

6. ¿Qué significó esta entrega inicial del Espíritu a los discípulos de Jesús?

7. ¿Cómo sabemos que el reino de los cielos está en la tierra en este momento?

8. Aunque Jesús ya había soplado el Espíritu en sus discípulos y habían recibido al Gobernador en sus vidas y habían sido reconectados con el Reino, ¿con qué todavía tenían que estar conectados?

9. ¿Qué tiene de significativo que los discípulos reciban el poder del Gobernador de "lo alto"?

10. Describa cómo el Gobernador fue derramado sobre los seguidores de Jesús después de que ascendió al cielo: "a lo alto".

11. ¿Por qué se les dio a los seguidores de Jesús la capacidad de hablar en otros idiomas después de que fueron llenos del Espíritu Santo?

12. ¿De qué eran estos idiomas una evidencia?

13. ¿Qué separa al reino de los cielos de todas las demás filosofías, sistemas de creencias y religiones?

14. ¿Por qué quiere el Rey que representemos su reino en la tierra?

15. ¿Cuál es el significado de la declaración de Jesús, "Te digo la verdad, cualquiera que tenga fe en mí hará lo que he estado haciendo. Él hará cosas aún mayores que estas, porque voy al Padre" (Juan 14:12, énfasis agregado)?

APLICAR LOS PRINCIPIOS DE LA VIDA DEL REINO

PENSÁNDOLO BIEN

+ ¿Muestra usted una clara evidencia de la influencia del gobierno celestial en su vida? Si es así, ¿de qué manera?

ACTUAR AL RESPECTO

+ Si el Espíritu vive dentro de usted, entonces la influencia del gobierno celestial está presente donde sea que esté.
+ Escriba cómo puede traer la influencia del gobierno celestial a su hogar (familia); lugar de trabajo; colegio; amigos; personas que conoce en tiendas, restaurantes, citas y cosas por el estilo; e iglesia.

ORAR SOBRE ESO

+ Pídale a su Padre celestial que le ayude a exhibir la influencia de su reino donde sea que vaya.
+ Ore por alguien específicamente esta semana que necesite reconciliarse con el Rey-Padre y entrar en el reino de los cielos.

"(…) el reino de Dios está entre vosotros" (Lucas 17:21).

REINSTALAR AL GOBERNADOR

UN ROMPECABEZAS SIGUE SIENDO UN ROMPECABEZAS HASTA QUE TODAS LAS PIEZAS ESTÉN EN SU LUGAR.

Nuestra entrada en el reino de los cielos, también llamada el "nuevo nacimiento", resulta en la restauración de nuestra autoridad legal como gobernadores de la tierra. Luego, nuestro bautismo con el Espíritu Santo resulta en la restauración de nuestro poder o habilidad para ejercer esa autoridad. El entender estos dos conceptos nos permitirá ser efectivos al vivir la cultura del Reino sobre la tierra. Ambas tienen que ver con la reinstalación del Gobernador en su lugar y función en las vidas de los seres humanos.

Ahora, echemos un vistazo más de cerca a estos dos conceptos, comparando el nuevo nacimiento con un pozo de agua, y, al bautismo con el Espíritu con el poder de un río en movimiento.

EL NUEVO NACIMIENTO: REINSTALANDO LA AUTORIDAD DEL REINO

El discípulo Juan anotó estas palabras de Jesús con respecto a la restauración del Gobernador dentro de nosotros: "Mas el que bebiere del agua que yo le daré, no tendrá sed jamás; sino que el agua que yo le daré será en él una *fuente de agua que sale para vida eterna*" (Juan 4:14). El agua en este contexto es un símbolo del Espíritu Santo. La realidad del nuevo nacimiento es que ahora existe un reservorio constante del Espíritu de Dios dentro de nosotros. Imagine un manantial brotando agua fresca, limpia, dadora de vida. Al estar continuamente bebiendo profundamente de esa agua del Espíritu dentro de nosotros, estaremos constantemente conectados a la vida del Reino.

Veamos mucho más de cerca cómo el Gobernador nos restaura la vida del Reino a través del nuevo nacimiento.

RECONECTA A LOS SERES HUMANOS CON EL GOBIERNO

Cuando inicialmente recibimos el soplo del Espíritu Santo—el regreso del Gobernador dentro de nosotros—se nos es dado lo que Pablo de Tarso, el teólogo, se refirió en varias ocasiones en sus escritos como un "depósito", mostrando que ahora pertenecemos al Rey y que él nos dio una herencia en su reino celestial:

> Y el que nos confirma con vosotros en Cristo, y el que nos ungió, es Dios, el cual también nos ha sellado, y nos ha dado las arras del Espíritu en nuestros corazones (2 Corintios 1:21-22).

> Mas el que nos hizo para esto mismo es Dios, quien nos ha dado las arras del Espíritu (2 Corintios 5:5).

> En él también vosotros, habiendo oído la palabra de verdad, el evangelio de vuestra salvación, y habiendo creído en él, fuisteis sellados con el Espíritu Santo de la promesa, que es las arras de nuestra herencia hasta la redención de la posesión adquirida— para alabanza de su gloria (Efesios 1:13-14).

RESTAURA EN EL CIELO LA CIUDADANÍA DE LOS SERES HUMANOS

Al considerar que antes éramos meramente habitantes de la tierra, ahora hemos llegado a ser hijos del Rey y ciudadanos plenos en el Reino. Pablo escribió: "Así que ya no sois extranjeros ni advenedizos, sino conciudadanos de los santos, y miembros de la familia de Dios" (Efesios 2:19). Nuestra ciudadanía en el cielo ha sido conferida a nosotros por medio del Rey mismo, con todos los derechos y privilegios que esto conlleva.

REINSTALA EL REINO SOBRE LA TIERRA POR MEDIO DE LA HUMANIDAD

Debido a que el Gobernador reside en los ciudadanos del Reino que viven en la tierra, el reino de Dios mismo está sobre la tierra. Esta primera reinstalación ocurrió con la venida del Rey Hijo al mundo para vivir como ser humano, y el primer regreso a la humanidad caída cuando Jesús sopló el Espíritu Santo en sus discípulos. Una vez más, el gobierno celestial tiene representantes en la tierra por medio del nuevo nacimiento. Mientras más habitantes de la tierra entran al reino de los cielos, más influencia del Reino deberá sentirse en el mundo.

RESTAURA LA COMUNICACIÓN ENTRE REINOS Y EL ACCESO AL MUNDO INVISIBLE

El nuevo nacimiento restaura la comunicación de doble vía desde del cielo a la tierra y de la tierra al cielo. Es lo que anteriormente llamé comunicación entre reinos. La humanidad tuvo comunicación perfecta con el Rey Padre en el principio, pero la perdimos cuando perdimos el *medio* de la comunicación, el Gobernador. Con el restablecimiento de nuestra relación con el Rey, él ahora puede tener acceso y contacto directo con nosotros, y, nosotros con él. El nuevo nacimiento significa que tenemos admisión en el mundo invisible donde mora el Rey e incluso tenemos *influencia* ahí mientras buscamos los propósitos del Reino. Esto es lo que Jesús quiso decir al hacer la declaración que leímos anteriormente.

De cierto os digo que todo lo que atéis en la tierra, será atado en el cielo; y todo lo que desatéis en la tierra, será desatado en el cielo. Otra vez os digo, que si dos de vosotros se pusieren de acuerdo en la tierra acerca de cualquiera cosa que pidieren, les será hecho por mi Padre que está en los cielos. Porque donde están dos o tres congregados en mi nombre, allí estoy yo en medio de ellos (Mateo 18:18-20).

RESTAURA LA NATURALEZA DEL REY DENTRO DE LA HUMANIDAD

Este concepto es el que Jesús enseñó a Nicodemo, el fariseo, que estaba tratando de entender el significado del nuevo nacimiento. Jesús le dijo: "De cierto te digo, que el que no naciere de agua y del Espíritu, no puede entrar en el reino de Dios. Lo que es nacido de la carne, carne es; y lo que es nacido del Espíritu, espíritu es. No te maravilles de que te dije: Os es necesario nacer de nuevo" (Juan 3:5-7).

Este relato es la única referencia, en las Escrituras, al término "nacer de nuevo", pero la expresión hoy en día se ha vuelto en casi una coletilla, por lo que hemos perdido su significado. El haber nacido de nuevo significa que hemos recibido al Gobernador, y, por lo tanto, hemos recibido una nueva naturaleza que nos permite ser ciudadanos en el territorio del Reino. Nos volvimos "imitadores de Dios", una vez más, así como lo escribió Pablo: "Sed, pues, imitadores de Dios como hijos amados. Y andad en amor, como también Cristo nos amó, y se entregó a sí mismo por nosotros, ofrenda y sacrificio a Dios en olor fragante" (Efesios 5:1-2). Debido a que somos hijos del Rey, tenemos su naturaleza en nuestro "ADN" espiritual, y ahora podemos reflejarlo en el mundo.

EL BAUTISMO EN EL ESPÍRITU SANTO: REINSTALACIÓN DEL PODER DEL REINO

El nuevo nacimiento, o conversión, nos prepara para el cielo—para la reconexión con el gobierno celestial y la relación restaurada con el Rey. Por otra parte, el bautismo con el Espíritu, nos prepara para la tierra—para nuestra restaurada asignación del dominio, para hacer de la tierra una réplica del cielo. Quiero contrastar estos encuentros con el Espíritu porque son experiencias distintivas.

Justo antes que el Rey Hijo regresara al Padre en el gobierno celestial, le dijo a sus discípulos: "Recibiréis poder, cuando haya venido sobre vosotros el Espíritu Santo" (Hechos 1:8). La palabra griega traducida aquí como *poder* es *dúnamis*, que significa "poder milagroso".[1] Recuerde nuestra discusión anterior sobre lo que llamamos "milagros". Son meramente la manifestación de la influencia del reino de los cielos sobre la tierra. Así, este poder viene directamente desde otro mundo, el gobierno celestial, para capacitarnos a ejercer autoridad en nombre del Rey en el mundo.

El libro de Juan registra estas palabras de Jesús: "Si alguno tiene sed, venga a mí y beba. El que cree en mí, como dice la Escritura, *de su interior correrán ríos de agua viva*" (Juan 7:37-38). Juan agregó: "Esto dijo del Espíritu que habían de recibir *los que creyesen* en él; pues aún no había venido el Espíritu Santo, porque Jesús no había sido aún glorificado" (Juan 7:39).

El Espíritu viene a morar en nosotros a la hora de nuestra conversión. El bautismo con el Espíritu Santo es nuestra entrega al Rey, y permiso para liberar en poder, lo que ya está dentro de nosotros. Mientras el nuevo nacimiento es como un pozo constante, el bautismo es como la fuerza de un río; es como poder hidroeléctrico que es usado como energía para que funcione un equipo, como en el caso de un molino, para el mejoramiento de la humanidad y sus necesidades.

Miremos cómo el bautismo con el Espíritu Santo restaura en nuestras vidas el poder que perdimos en la rebelión de la humanidad.

RESTAURA EL PODER DEL DOMINIO

Mientras el nuevo nacimiento nos restaura con el gobierno celestial, el bautismo nos da la habilidad de ejercer la autoridad que el gobierno nos ha devuelto. Recuerde que el poder se refiere a nuestra habilidad de influenciar y controlar las circunstancias. Este es el poder que debemos tener para ejercer dominio sobre la tierra física y las variadas situaciones que enfrentaremos en el mundo.

RESTAURA LA HABILIDAD DE LA HUMANIDAD PARA REPRESENTAR AL GOBIERNO

Una cosa es ser re-comisionado como representante del gobierno celestial, pero otra cosa es demostrar prueba de que hemos sido enviados por ese gobierno. El bautismo le da el poder a usted, para comprobar los reclamos de su Rey. Aquí es donde los dones del Espíritu se vuelven importantes. Como miraremos en el capítulo trece, el contexto de los dones es la administración gubernamental sobre la tierra. El Gobernador nos autoriza para cumplir las asignaciones dadas por el gobierno celestial, por lo que los dones no son algunas manifestaciones extrañas sobrenaturales, sino dotes muy prácticos.

Jesús dijo: "Pero si yo por el Espíritu de Dios echo fuera los demonios, ciertamente ha llegado a vosotros el reino de Dios" (Mateo 12:28). Él estaba diciendo que echar fuera demonios era *evidencia* de que el reino celestial había retornado a la tierra. Lo mismo es cierto con todos los dones del Espíritu, ya sea que hablemos de fe, sanidad o milagros. Los dones son evidencias de la presencia, autoridad y poder del gobierno de Dios sobre la tierra. A esto es los que se refería Jesús cuando le respondió a Juan el Bautista sus preguntas sobre si era él realmente el Rey Hijo que había venido a la tierra para traer de nuevo al Gobernador. El libro de Mateo anota:

Y al oír Juan, en la cárcel, los hechos de Cristo, le envió dos de sus discípulos, para preguntarle: ¿Eres tú aquel que había de venir, o esperaremos a otro? Respondiendo Jesús, les dijo: Id, y haced saber a Juan las cosas que oís y veis. Los ciegos ven, los cojos andan, los leprosos son limpiados, los sordos oyen, los muertos son resucitados, y a los pobres es anunciado el evangelio (Mateo 11:2-5).

Jesús le estaba dando a Juan, prueba de que había venido del gobierno celestial y que estaba ejerciendo el dominio del Reino en la tierra. El se refirió a todo en términos del Reino, y debido a que este era también el mensaje de Juan, Jesús sabía que él podía entender sus referencias.

CAPACITA A LOS SERES HUMANOS A COMPROBAR LOS RECLAMOS DEL REY Y DEMOSTRAR LA PRESENCIA DEL REINO

El libro de Mateo también registra esta declaración de Jesús: "Y será predicado este evangelio del reino en todo el mundo, para *testimonio* a todas las naciones" (Mateo 24:14). La palabra *testimonio* generalmente se refiere a hablar como testigo de la verdad sobre una situación. La palabra original en griego para la declaración anterior significa "algo evidente, ejemplo: evidencia comprobada".[2] Ejercer el poder por medio del bautismo es un medio de presentar la verdad al mundo acerca de la realidad del Reino y sus propósitos.

LES DA HABILIDAD A LOS SERES HUMANOS PARA DEMOSTRAR LA GLORIA DEL REY Y SU REINO

El poder del bautismo nos habilita para demostrar tanto las características como las obras del Todopoderoso Creador del cielo y la tierra. El salmista, el rey David, escribió:

> Los cielos cuentan la gloria de Dios, y el firmamento anuncia la obra de sus manos. Un día emite palabra a otro día, y una noche a otra noche declara sabiduría. No hay lenguaje, ni palabras, ni es oída su voz. Por toda la tierra salió su voz, y hasta el extremo del mundo sus palabras (Salmos 19:1-4)

La gloria de Dios así demostrada en la naturaleza, tras-ciende el lenguaje. La gente de todas las razas y naciones y orígenes lo ven; es un continuo y articulado testimonio para el Creador del mundo. De manera similar, las obras que los ciudadanos del Reino hacen por medio del poder del Gobernador, trascienden el lenguaje y la cultura humana. Si usted fuera a otro país donde no hablan su idioma, y el Gobernador le usara para traer sanidad a un hombre que ha estado paralizado por años, no importaría si él entiende sus palabras; él entendería su acción. La palabra *gloria* se refiere a la naturaleza esencial de algo. El hombre podría llegar a darse cuenta que es la naturaleza del Rey preocuparse por sus necesidades personales, y que él tiene el poder para satisfacerlas. Este hombre estaría abierto a escuchar acerca de este Rey y su Reino. Así como Jesús le dijo a sus discípulos: "Así alumbre vuestra luz delante de los hombres, para que vean vuestras buenas obras, *y glorifiquen a vuestro Padre que está en los cielos*" (Mateo 5:16).

LES DA A LOS SERES HUMANOS LA HABILIDAD PARA DEMOSTRAR SU CIUDADANÍA CELESTIAL

De acuerdo con esto, el poder demostrado por medio del bautismo prueba que somos ciudadanos de un reino celestial. Es como un pasaporte; nos identifica como pertenecientes al Rey y a la vez nos da credibilidad para llevar a cabo la obra del Reino. Solamente *tratar* de hacer las obras del reino no es suficiente; usted debe tener la autoridad para respaldar su obra. Es por esto que los siete hijos de Esceva, de los que se escribe en el libro de Hechos, encontraron el camino más difícil. Ellos notaron que Pablo echaba fuera demonios en el nombre de Jesús, por lo que pensaron que podían tratar de hacerlo también. Pero ellos no tenían autoridad reconocida por el reino celestial:

> Había siete hijos de un tal Esceva, judío, jefe de los sacerdotes, que hacían esto [tratando de expulsar demonios en nombre de Jesús]. Pero respondiendo el espíritu malo dijo: A Jesús conozco, y sé quién es Pablo; pero vosotros, ¿quiénes sois? Y el hombre en quien estaba el espíritu malo, saltando sobre ellos y dominándolos, pudo más que ellos, de tal manera que huyeron de aquella casa desnudos y heridos. Y esto fue notorio a todos los que habitaban en Éfeso, así judíos como griegos; y tuvieron temor todos ellos, y era magnificado el nombre del Señor Jesús (Hechos 19:14-17).

> Pablo era un autorizado ciudadano del cielo, y su autoridad en el reino celestial era respetada y obedecida por los agentes del reino de la oscuridad. El poder del reino celestial nunca debe usarse ligeramente, sino únicamente por aquellos autorizados por el Rey por medio de su Espíritu morando en ellos.

RECIBIR AL GOBERNADOR EN SU VIDA

En los próximos capítulos, estaré discutiendo más acerca del poder que viene por medio del bautismo con el Espíritu y cómo recibirlo. Por ahora, me gustaría que considerara cómo recibir al Gobernador en su propia vida, porque este primer paso le reconciliará con el Rey Padre y le capacitará para recibir la autoridad de su reino.

¡La restauración por medio del nuevo nacimiento es la mejor noticia que haya escuchado! Significa que puede volver al Rey sin temor. Jesús ha pagado la penalidad por su espíritu de rebelión e independencia. Cuando Pedro, el discípulo de Jesús, habló a la multitud que se había congregado en el Día de Pentecostés y les explicó lo que estaba sucediendo, la gente le preguntó cuál debería ser la respuesta. Él les respondió: "Arrepentíos, y bautícese cada uno de vosotros en el nombre de Jesucristo para perdón de los pecados; y recibiréis el don del Espíritu Santo" (Hechos 2:38). Por lo tanto, para recibir el nuevo nacimiento, usted tiene que...

Primero, *arrepentirse*. Cambiar su pensamiento de cómo ha estado viviendo y desear vivir bajo las normas del reino celestial.

Segundo, *recibir el perdón dado por medio del sacrificio de Jesús*. Uno de los mayores problemas de la humanidad, hoy, es la carga pesada de culpabilidad por las cosas equivocadas que hemos hecho, por las acciones que hemos cometido que son contrarias a la naturaleza del Rey y su Reino. El perdonar significa liberar de responsabilidad y culpa. De esta manera, para vivir en la libertad del Reino, usted debe aceptar el perdón provisto para usted a través de Jesús, y luego caminar, como Pablo escribió, en "vida nueva".

Una vez que haya tomado los pasos anteriores, usted *recibirá el don del Espíritu Santo* dentro de usted. Este es el "depósito" y prueba de su entrada en el Reino. Dé gracias a su Rey Padre por darle este incalculable don.

Nótese que también se nos instruye a *ser bautizados en agua*. El ser bautizado en el nombre de Jesús muestra que usted se somete a la escuela del reino de Jesús, usted reconoce que su lealtad e identificación de ahora en adelante es hacia él como su Maestro Superior, y, demuestra que ha recibido total perdón por su rebelión.

El nuevo nacimiento significa que usted ya no tiene que tratar de arreglar la vida por sí solo. El Rey ha removido esa carga y estrés de usted. Así como una colonia depende del reino para construir sus carreteras, suplirles agua, etc.; un ciudadano del Reino tiene suplidas todas sus necesidades al poner primero las prioridades del Rey en su vida. Es por esto que Jesús dijo:

No os afanéis, pues, diciendo: ¿Qué comeremos, o qué beberemos, o qué vestiremos? Porque los gentiles [paganos o personas fuera del reino celestial] buscan todas estas cosas; pero vuestro Padre celestial sabe que tenéis necesidad de todas estas cosas. Mas buscad primeramente el reino de Dios y su justicia, y a todas estas cosas os serán añadidas. Así que, no os afanéis por el día de mañana, porque el día de mañana traerá su afán. Basta a cada día su propio mal (Mateo 6:31-34).

Esta es la vida del Reino: buscar primero el bien del Reino y permitirle al Rey que provea para todas sus necesidades, a medida que usted le sirve en la autoridad y poder que él le da por medio del Gobernador celestial.

PREGUNTAS PARA ESTUDIO DEL CAPÍTULO OCHO

PREGUNTAS PARA REFLEXIÓN

1. ¿En general se siente conectado o desconectado de Dios? Explique por qué se siente de esta manera.

2. ¿Cómo presentaría los reclamos del reino de Dios a alguien de otra cultura?

EXPLORAR PRINCIPIOS Y PROPÓSITOS

3. Después de entrar en el reino de los cielos, o el nuevo nacimiento, ¿cómo podemos estar constantemente conectados con la vida del reino?

4. ¿Qué quiso decir Pablo cuando se refirió al Espíritu Santo como un "depósito" en nuestras vidas?

5. El nuevo nacimiento nos prepara para una relación restaurada con el Rey Padre. ¿Para qué nos prepara el bautismo en el Espíritu Santo?

6. Mientras que el nuevo nacimiento se describe como un pozo de agua que brota, ¿cómo se describe el bautismo en el Espíritu Santo? ¿Cuál es el significado de esta palabra para la influencia celestial en la tierra?

7. El bautismo en el Espíritu Santo restaura el poder de _____.

8. ¿Cuál es la definición de poder?

9. ¿Qué permite a los ciudadanos del reino dar testimonio de la presencia, autoridad y poder del gobierno de Dios en la tierra?

10. El bautismo en el Espíritu Santo permite a los seres humanos
_____ las demandas del Rey.

11. Las obras que los ciudadanos del reino hacen a través del poder del
Gobernador... [elija una]
(a) nunca serán entendidas por otras personas
(b) podrían ser entendidas solo en el primer siglo
(c) están limitadas a ciertos idiomas y culturas
(d) trascender el lenguaje y la cultura humanos

12. ¿Cómo se puede comparar el bautismo con un pasaporte?

13. ¿Quién es el único que puede ejercer el poder del reino celestial?

14. ¿Quién respetó y obedeció la autoridad de Pablo como ciudadano
autorizado del cielo?

15. ¿Qué pasos presentó el Dr. Munroe, basado en las instrucciones
de Pedro a las multitudes en Pentecostés, para reconciliarse con el
Rey-Padre y recibir al Gobernador?
(1)
(2)

16. ¿Cuál es la vida del reino?

APLICAR LOS PRINCIPIOS DE LA VIDA DEL REINO

PENSÁNDOLO BIEN

◆ ¿Está confiando en Dios para suplir todas sus necesidades en la
vida mientras persigue los propósitos del reino? Si no, ¿qué le impide hacer esto?

ACTUAR AL RESPECTO

◆ ¿Ha dado el primer paso para volver a conectarse con su Padre
celestial? Si no lo ha hecho, decida hoy arrepentirse (deseo de vivir
de acuerdo con el reino) y reciba el perdón brindado a través del

sacrificio de Jesús. Entonces, acepte el don del Espíritu Santo y agradezca a Dios por haberlo enviado a vivir dentro de usted.

* ¿Está buscando el reino primero? ¿Qué áreas de su vida puede ofrecer a Dios para usar en los propósitos de su reino?

ORAR SOBRE ESO

* El Dr. Munroe escribió que con el nuevo nacimiento, hay un depósito continuo del Espíritu de Dios dentro de nosotros, muy parecido a un manantial que burbujea con agua fresca y vivificante. Mientras continuamente bebemos profundamente de esta agua del Espíritu dentro de nosotros, estaremos conectados constantemente con la vida del reino. Si se siente espiritualmente seco, pídale a Dios que le permita beber profundamente de esta agua recurriendo al amor y al poder del Espíritu que mora en usted.

* Pablo escribió en Efesios 5:1-2: "Sed imitadores de Dios, por lo tanto, como hijos amados y vivid una vida de amor, así como Cristo nos amó y se entregó a sí mismo por nosotros como una ofrenda fragante y sacrilegio a Dios". Pídale a su Padre celestial que le permita ser un imitador de él al reflejar su naturaleza en el mundo.

El nuevo nacimiento nos prepara para el cielo. El bautismo en el Espíritu nos prepara para la tierra.

RESULTADOS DE LA RECONEXIÓN

EL ÉXITO DEL PEZ YACE EN PERMANECER EN EL AGUA.

Sin el Gobernador, una persona no puede ser ciudadano del reino celestial. En su evangelio, Juan documentó esta declaración de Jesús: "De cierto te digo, que el que no naciere de agua y del Espíritu, no puede entrar en el reino de Dios. Lo que es nacido de la carne, carne es; y lo que es nacido del Espíritu, espíritu es" (Juan 3:5-6).

Una persona puede hacer muchas cosas benéficas y estar involucrada en un sinnúmero de causas buenas e incluso tener un trasfondo religioso, pero si no tiene el Espíritu del Reino, no está en el Reino. El Rey del cielo no está interesado en prácticas y rituales religiosos. Al igual que el ADN determina la identidad de una persona, el Espíritu de Dios dentro de una persona le identifica como ciudadano del Reino. No hay margen de error.

Incluso cuando usted está conectado con el Rey, a través de su Gobernador, una vida totalmente nueva y extraordinaria se abre. Antes de que discutamos maneras específicas en las que estamos entrenados por el Gobernador, en el estilo de vida del Reino, y asociarnos con él en el ejercicio del dominio sobre la tierra, revisemos la transformación inicial y los beneficios que ocurren cuando recibimos al Gobernador en nuestras vidas.

RELACIÓN RESTAURADA CON EL REY PADRE

El primer resultado de la reconexión es la relación con el Rey Padre. Cuando los seres humanos declararon su independencia del gobierno celestial, nos separamos de nuestra fuente de vida; nos volvimos quebrantados y confundidos, y es por esto que la vida sobre la tierra hoy está llena de tal destrucción, violencia, aflicción y potencial perdido. La tierra es como alguien que tiene grandes planes—pero sin dinero para pagarlos.

Cuando el Gobernador regresa a la vida de una persona, él conecta a esa persona a su fuente de vida y le reconcilia con el Creador, no solo como su Rey, sino también como su Padre celestial. Ahora pertenece al hogar más cercano del Rey, con todos los derechos y privilegios de un miembro de la familia real celestial.

Cuando volvemos a realinearnos con nuestro Rey Padre, estamos reconociendo que "vine de ti, y debo ser sustentado por ti; dependo de ti". Dejamos la obligación de nuestro sustento en Dios. Como el profeta Isaías dijo, el gobierno está en los hombros del Rey. Él es responsable de guiar a su pueblo. Los nombres con los que él es llamado, indican no solo su responsabilidad, sino también su habilidad hacia nosotros, nombres como Admirable, Consejero, Dios Fuerte, Padre Eterno, Príncipe de Paz (ver Isaías 9:6).

ENTRADA A UN REINO NO DISCRIMINATORIO, NI PARTIDISTA

El segundo resultado de la reconexión es la entrada a un Reino no discriminatorio, ni partidista. Anteriormente, vimos las palabras del profeta Joel, describiendo la venida de la promesa del Padre:

> Y después de esto derramaré mi Espíritu sobre toda carne, y profetizarán vuestros hijos y vuestras hijas; vuestros ancianos soñarán sueños, y vuestros jóvenes verán visiones. Y también sobre los siervos y sobre las siervas derramaré mi Espíritu en aquellos días (Joel 2:28-29).

Esta fue la profecía que Pedro citó en el Día de Pentecostés. Para la gente que estaba escuchando los comentarios de Pedro, este pudo haber sido un cambio radical para la vida que ellos conocían. La venida del Gobernador afirmaba la importancia y el valor del Reino en cada ciudadano sobre la tierra, ya sea hombre o mujer, joven o anciano. En el pasado solo el sumo sacerdote era el que podía estar en la presencia del Espíritu de Dios en el Lugar Santísimo, y solo después que él había sido limpiado por medio de la sangre del sacrificio. Además, solo hombres podían ser sacerdotes. Pero aquí estaba Pedro, citando a Joel, diciendo que el Espíritu sería derramado sobre *toda* persona.

Las personas ya no tenían que pasar por los sacerdotes para recibir el perdón de Dios. Ya no dependían solamente de los profetas para que les entregaran la palabra del Señor. El Espíritu sería derramado sobre ellos y tendrían acceso directo al Rey mismo.

Hoy en día, muchas personas se mantienen comprometidas con las costumbres que yo llamo "prácticas previas al Día del Señor". Estas son prácticas que la venida del Gobernador hizo obsoletas. Por ejemplo, algunas personas creen que pueden hacer que sus pecados sean perdonados solo si los confiesan ante un sacerdote. Así básicamente era la manera en que lo hacían en los días de Joel. Solo una persona podía entrar en la presencia de Dios en el Lugar Santísimo, y habilitarle para andar rectamente con Dios otra vez, y esa persona era el sacerdote. Sin embargo, Joel estaba diciendo que vendría el día cuando el Rey Hijo iba a dejar obsoleto este programa porque su sacrificio haría total expiación por nuestra rebelión y pecado. Todo el que recibiera perdón por medio de su muerte en sustitución por nosotros podría entrar en la presencia del Rey Padre. Nadie tendría que entrar más en el Lugar Santísimo porque el Lugar Santísimo estaba ¡*dentro* de ellos en la persona del Gobernador! Nada más—ni nuestra penitencia, ni nuestra memorización de versículos de la Biblia, ni nuestro canto, ni nuestra asistencia a reuniones de la iglesia nos hacen aceptables ante Dios. Solamente el sacrificio del Rey Hijo nos limpia de *todos* nuestros pecados, y nos capacita para que el Gobernador more dentro de nosotros.

Además, bajo del sistema previo, ninguna mujer se hubiera imaginado nunca llegar a ser una sacerdotisa. Pero Joel nos dijo que cuando llegara el día del Señor, el Rey iba a dar al Gobernador a todos, sin importar el género. Él dijo: "profetizarán vuestros hijos y vuestras hijas" ¿Por qué fueron mencionadas las "hijas"? Era para demostrar la naturaleza y extensión del Reino. En efecto, Joel profetizó: "Veo que el día se acerca cuando el Rey venga a la tierra, y destruirá nuestra categoría de pueblo de acuerdo al género". Ambos, hijos e hijas, profetizarían, lo que quiere decir que ellos empezarían a hablar la mente y el corazón del país originario en la colonia de la tierra. La palabra griega traducida como *profecía* significa "predecir eventos", "anunciar", o "hablar bajo inspiración".[1] Esto significa, hablar en nombre de Dios. Ambos, hombres y mujeres fueron creados para comunicar los pensamientos del cielo. Pablo escribió:

> Pues todos sois hijos de Dios por la fe en Cristo Jesús; porque todos los que habéis sido bautizados en Cristo, de Cristo estáis revestidos. Ya no hay judío ni griego; no hay esclavo ni libre; no hay varón ni mujer; porque todos vosotros sois uno en Cristo. Y si vosotros sois de Cristo, ciertamente linaje de Abraham sois, y herederos según la promesa (Gálatas 3:26-29).

La siguiente declaración de Joel es: "Vuestros jóvenes verán visiones, vuestros ancianos soñarán sueños". No dijo: "Jóvenes *sacerdotes* verán visiones" o "Ancianos *sacerdotes* soñarán sueños". Todas las personas que tengan al Gobernador son elegibles. No importa si usted es un niño, un adolescente, una persona de mediana edad o un anciano; usted puede recibir al Gobernador en su vida, y él lo involucrará en los propósitos del Reino. No hay discriminación por edad en el reino de los cielos.

Luego, solo en el caso que no entendamos del punto, Joel dijo: "Y también sobre los siervos y sobre las siervas derramaré mi Espíritu en aquellos días y profetizarán". El Rey se repitió a Sí mismo, como si dijera: "Todas las prohibiciones culturales humanas referentes al género, edad, y estatus social han desaparecido. Cuando derrame mi Espíritu sobre el territorio de la tierra, voy a llenar a todos".

Nuevamente, el Rey desea derramar su Espíritu sobre *toda persona*. Todos en la tierra necesitan del Gobernador. Aquellos que no tienen el Espíritu Santo sienten esa falta; ya sea que se den cuenta o no ellos, inadvertidamente le buscan para tratar de llenar el vacío de sus vidas. El ateo está buscando el Espíritu Santo. También lo están los gnósticos, los budistas, los hindúes y los musulmanes.

Cuando el Espíritu fue derramado en el Día de Pentecostés, Pedro le dijo a la gente:

Arrepentíos, y bautícese cada uno de vosotros en el nombre de Jesucristo para perdón de los pecados; y recibiréis el don del Espíritu Santo. Porque para vosotros es la promesa, y para vuestros hijos, y para todos los que *están lejos—para cuantos el Señor nuestro Dios llamare* (Hechos 2:38-39) .

Más adelante, en su segunda carta para los seguidores del reino de Jesús, Pedro escribió: "El Señor no retarda su promesa, según algunos la tienen por tardanza, sino que es paciente para con nosotros, no queriendo que ninguno perezca, sino que todos procedan al arrepentimiento" (2 Pedro 3:9). Todos los seres humanos perdimos el Espíritu Santo cuando la humanidad se rebeló, pero Dios desea que cada uno se reconcilie con él y sea lleno del Gobernador. Algunas personas parecen querer abarrotar el conocimiento del Gobernador para ellos mismos. Mas el Espíritu Santo es para cada humano. Recibirlo en su vida no le hace mejor que nadie más. Esto le hace un *mayordomo* de la autoridad y poder del Reino. Pablo escribió: "Porque por gracia sois salvos por medio de la fe—y esto no de vosotros, pues es don de Dios—no por obras, para que nadie se gloríe" (Efesios 2:8-9).

Debemos desear que también otros reciban el Espíritu, especialmente porque el Reino debe cubrir toda la tierra. El poder de vivir una vida en alineación con el Reino es un privilegio para todos, porque el Rey Hijo murió para darles ese derecho a todas las personas. Juan, el discípulo, en su primera carta a los nuevos ciudadanos del Reino, escribió: "Y él es la propiciación por nuestros pecados; y no solamente por los nuestros, sino también por los de todo el mundo" (1 Juan 2:2). Hablarles a otros sobre la realineación con el Padre por medio de Jesús y la promesa del Padre, les da, entonces, a otras personas la oportunidad de recibir el precioso don del Espíritu.

HABILIDAD RESTAURADA PARA INFLUENCIAR

Tercero, la reconexión nos da una restaurada habilidad para influenciar el mundo alrededor nuestro. ¿Recuerda nuestra definición de poder al principio de este libro? Es la habilidad de influenciar y controlar las circunstancias. De esto es lo que tratan principalmente los gobiernos, y, esto es lo que significa la venida del Gobernador a la tierra.

La labor de un gobernador en una colonia era influenciar su manera de vida y regular las actividades en ella. El mundo ha sido influenciado y dominado por el reino de la oscuridad desde la primera rebelión humana, y fue solamente por medio del poder del Gobernador que la vida sobre la tierra podía volver a corregirse. Como Pablo escribió a los seguidores del Reino del primer siglo: "Porque el reino de Dios es… [un asunto de] justicia, paz y gozo en el Espíritu Santo. Porque el que en esto sirve a Cristo, agrada a Dios, y es aprobado por los hombres" (Romanos 14:17-18). El Gobernador nos da, del Reino, la autoridad que necesitamos para influenciar la colonia de la tierra para que así refleje la naturaleza del Rey.

AUTORIDAD DELEGADA Y AUTORIDAD CAPACITADA

Así como empezamos a discutir en el capítulo anterior, hay dos tipos de autoridad del Reino: (1) autoridad legal o delegada, y (2) autoridad capacitada. Una le da el derecho de hacer algo. La otra le da el poder y los medios para respaldar la autoridad al cumplir con el mandato.

El gobernador real en una colonia tenía autoridad delegada, la cual le fue conferida por el rey. Cuando estuve en la recepción con el gobernador real de las islas Turcos y Caicos, el gobernador realmente era la única evidencia física, en la colonia, de que la reina estaba presente ahí. Por lo que todos le trataron con gran respeto, inclinándose, dándole la mano y llamándole "Su Excelencia". ¿Por qué? Porque en las islas Turcos y Caicos, él *era* el gobierno de Gran Bretaña. Él era la monarquía. Él era respaldado por la autoridad del reino de Gran Bretaña.

En los tiempos coloniales, el gobernador real también tenía la autoridad capacitada, lo cual significaba que estaba autorizado por el rey para *actuar*. Un rey daba autoridad capacitada proveyendo las personas y el material de apoyo que el Gobernador necesitaba para cumplir con su asignación. Por tanto, el gobernador estaba respaldado con los recursos del Reino. Este es un punto vital porque si usted tiene la autoridad delegada, pero no la autoridad capacitada, probablemente no vea mucha realización. El poder de actuar significa que todo lo que el gobernador necesitaba, el rey lo disponía para él. Por ejemplo, en los días cuando Jesús vivió en la tierra, Pilato, como procurador de Roma en Palestina, tenía el ejército romano como un medio de respaldo a su autoridad.

Con todo, en el reino de Dios, el Rey celestial entrega autoridad legal y autoridad capacitada que tienen mayor influencia que cualquier institución o poder humano. Cuando Jesús fue llevado ante Pilato, el gobierno romano amenazó a Jesús con la muerte, esencialmente diciendo: "Yo tengo la autoridad de tomar tu vida o dártela" (ver Juan 19:10 LBLA). Pilato era un gobernador, pero no comprendió que Jesús era un Rey con todo el poder del gobierno celestial en sí. Él tenía infinitamente más poder que Pilato. Durante su arresto, Jesús le dijo a Pedro que podía haber llamado a doce legiones de ángeles [guerreros del Rey celestial] para rescatarlo (ver Mateo 26:51-54). Por lo que, de hecho, Jesús le respondió a Pilato: "Ninguna autoridad tendrías contra mí, si no te fuese dada por el gobierno celestial. Tengo a mi disposición todos los medios de mi reino para ejecutar lo que necesite en la tierra. Sin embargo, mi propósito no es librarme a mí mismo sino reconciliar a la humanidad con el Padre a través de mi sacrificio" (ver Juan 19:11 LBLA). El ser entregado por Pilato para ser crucificado no fue por falta de poder de su parte; él estaba cumpliendo su misión del Reino en la tierra.

Después de su resurrección, Jesús le dijo a sus seguidores que, así como el Rey, tenía el poder para darles tanto la autoridad delegada *como* la autoridad capacitada para realizar su obra de realinear a las personas con el Reino. Sus palabras están registradas en el libro de Mateo:

> Toda potestad me es dada en el cielo y en la tierra. Por tanto, id, y haced discípulos a todas las naciones, bautizándolos en el nombre del Padre, y del Hijo, y del Espíritu Santo; enseñándoles que guarden todas las cosas que os he mandado; y he aquí yo estoy con vosotros todos los días, hasta el fin del mundo (Mateo 28:18-20).

La palabra griega para *autoridad*, usada aquí es "en el sentido de habilidad o capacidad" y el "poder de actuar".[2] Vimos anteriormente que, cuando Jesús le dijo a sus discípulos. "Recibiréis poder, cuando haya venido sobre vosotros el Espíritu Santo" (Hechos 1:8), la palabra para *poder* es *dúnamis*, que quiere decir "poder milagroso", "fuerza", "poder" y "fortaleza".[3] Sus seguidores tendrían todos los recursos del cielo para llevar a cabo su tarea. Esta autoridad capacitada vendría con la manifestación del Gobernador en sus vidas, en el Pentecostés.

PODER EN EL NOMBRE

La autoridad de un Gobernador Real estaba en el nombre de la soberanía del país al cual servía. Usaba ese nombre para ejercer autoridad para lograr que las cosas fueran hechas. Su propio nombre no tenía ningún valor; tenía que hablar en nombre del monarca.

El Rey Hijo operó sobre la tierra en término de autoridad, y nos mostró cómo debemos usar su nombre al ejercer dominio. Él dijo: "Yo no he hablado por mi propia cuenta; el Padre que me envía, él me dio mandamiento de lo que he de decir, y de lo que he de hablar" (Juan 12:49). El Gobernador también funciona sobre la tierra de la misma manera. Cuando Jesús estaba a punto de regresar al reino celestial, dijo del Espíritu:

> Mas el Consolador, el Espíritu Santo, a quien el Padre enviará en mi nombre, él os enseñará todas las cosas, y *os recordará todo lo que yo os he dicho* (Juan 14:26).

Pero cuando venga el Espíritu de verdad, él os guiará a toda la verdad; *porque no hablará por su propia cuenta*, sino que hablará todo lo que oyere, y os hará saber las cosas que habrán de venir. El me glorificará; porque tomará de lo mío, y os lo hará saber. Todo lo que tiene el Padre es mío; por eso dije que tomará de lo mío, y os lo hará saber (Juan 16:13-15).

Por consiguiente, debemos actuar en el *nombre* de Jesús, el Rey Hijo a quien toda autoridad ha sido dada por el Padre, cuando trabajamos en nombre del Reino. Cuando Jesús estaba listo para regresar al Padre, dijo al respecto:

Ahora tenéis tristeza; pero os volveré a ver, y se gozará vuestro corazón, y nadie os quitará vuestro gozo. En aquel día no me preguntaréis nada. De cierto os digo, que *todo cuanto pidiereis* al Padre [el gobierno celestial] *en mi nombre, os lo dará*. Hasta ahora nada habéis pedido en mi nombre; pedid, y recibiréis, para que vuestro gozo sea cumplido...En aquel día pediréis en mi nombre; y no os digo que yo rogaré al Padre por vosotros, pues el Padre mismo os ama, porque vosotros me habéis amado, y habéis creído que yo salí de Dios. Salí del Padre, y he venido al mundo; otra vez dejo el mundo, y voy al Padre (Juan 16:22-24, 26-28).

Bajo el mando colonial, el Gobernador Real de las Bahamas tenía un sello con el nombre de Isabel II. Este era el símbolo para aquellos que lo miraban: que el que lo usaba estaba respaldado por la autoridad y poder de Gran Bretaña. Todo lo que sellaba en las Bahamas, también era sellado en Gran Bretaña. La reina le había otorgado esa autoridad.

Recuerde que Jesús le dio a Sus seguidores una autoridad similar cuando dijo: "A ti te daré las llaves del reino de los cielos; y todo lo que atares en la tierra será atado en los cielos; y todo lo que desatares en la tierra será desatado en los cielos" (Mateo 16:19). Si estamos correctamente alineados con el Rey, el Gobernador confirma que somos agentes legales del Reino al respaldarnos con el poder del gobierno celestial.

DOMINIO RESTAURADO

En cierto modo, el regreso del Gobernador no es realmente el tema principal del propósito del Rey sobre la tierra. Es su determinación para que la *humanidad* tuviera nuevamente el domino en la tierra. Este era su plan en el principio, y el plan de redención fue puesto en efecto para reclamar ese propósito. Creo que seguimos perdiendo de vista este punto y quedando cortos en cuanto a lo que el Rey quiere que seamos. De nuevo, no somos reclamados por el Reino solo para ir al cielo. Hemos sido reclamados para nuestra labor en la tierra.

Algunos cristianos pasan sus vidas enfocados en el sacrificio de Jesús en la cruz y no han entendido que Dios quiere que reciban la llenura del Espíritu en sus vidas. Otros han recibido la promesa del bautismo con el Espíritu Santo, pero no entienden completamente su relación con la vida en el Reino. Todos necesitamos movernos al punto principal: ejercer gobernación sobre la tierra para el reino de Dios. Esta fue la asignación original de Dios para la humanidad, la cual no es temporal, sino eterna. Una vez que Lucifer y el reino de la oscuridad sean totalmente derrotados por el Rey del cielo, tendremos lo que es, en esencia, "Génesis II". El Rey ha prometido que habrá un nuevo cielo y una nueva tierra, en la cual reflejaremos totalmente la gloria del reino celestial. A continuación tenemos declaraciones de Pedro y Juan acerca de este ambiente del nuevo Reino:

> Pero nosotros esperamos, según sus promesas, cielos nuevos y tierra nueva, en los cuales mora la justicia (2 Pedro 3:13).

> Vi un cielo nuevo y una tierra nueva; porque el primer cielo y la primera tierra pasaron, y el mar ya no existía más. Vi la santa ciudad, la nueva Jerusalén, descender del cielo, de Dios, dispuesta como una esposa ataviada para su marido. Y oí una gran voz del cielo que decía: He aquí el tabernáculo de Dios con los hombres, y él morara con ellos; y ellos serán su pueblo, y Dios mismo estará con ellos como su Dios. Enjugará Dios toda lágrima de los ojos de ellos; y ya no habrá muerte, ni habrá más llanto, ni clamor, ni dolor; porque las primeras cosas pasaron. Y el que estaba sentado en el trono dijo: ¡He aquí, yo hago nuevas todas las cosas! (Apocalipsis 21:1-5)

UNA TRANSFORMADA PERSPECTIVA DE LA VIDA

Cuarto, es imposible realmente estar en el reino de Dios y no experimentar cambios. Existe una re-alineación del funcionamiento apropiado del espíritu, alma y cuerpo de una persona porque cualquiera que tiene el Espíritu de Dios se vuelve un verdadero humano otra vez.

Por ejemplo, ocurre una transformación importante en la manera que pensamos. Como ya lo vimos anteriormente, antes de la rebelión, el intelecto de Adán era siervo de su espíritu. Después, cuando el espíritu murió para el reino de Dios, su intelecto y sentidos se apoderaron y se volvieron dominantes. Todos los seres humanos que no están alineados con el Rey y no han recibido el Espíritu, se encuentran en esta misma situación.

Esta es la razón por la que cuando el Gobernador viene a morar dentro de una persona, el Gobernador inmediatamente ataca la falsa mentalidad con la que ha sido influenciada esa persona en el reino del mundo. También, este es el por qué somos instruidos por las Escrituras—lo que podemos llamarle Constitución del reino de los cielos—con amonestaciones como las siguientes:

> Porque el deseo de la carne es contra el Espíritu, y el del Espíritu es contra la carne; y éstos se oponen entre sí, para que no hagáis lo que quisiereis (Gálatas 5:17).

> Andad en el Espíritu, y no satisfagáis los deseos de la carne (Gálatas 5:16).

> Derribando argumentos y toda altivez que se levanta contra el conocimiento de Dios, y llevando cautivo todo pensamiento a la obediencia a Cristo (2 Corintios 10:5).

Todas estas declaraciones se refieren al crítico conflicto entre la mentalidad del reino de los cielos y la mentalidad del reino de la oscuridad.

Nuestra perspectiva debe ser transformada por un profundo entendimiento y recepción de la mente y las normas del Rey, y a través de ser receptivos a las instrucciones y liderazgo del Gobernador en nuestras vidas. Si verdaderamente intentamos tratar con la vida desde la mentalidad que normalmente lo hacemos, caeremos de regreso al pensamiento que no está en línea con el Reino. Necesitamos al Gobernador para enseñarnos los caminos del Rey.

El Gobernador cambia nuestra cultura interna al enseñarnos una nueva manera de vivir. Nos revela los pensamientos y valores del Rey para que podamos entenderlos y seguirlos. Recuerde que el Rey declaró "Mis pensamientos no son vuestros pensamientos, ni vuestros caminos mis caminos…Como son más altos los cielos que la tierra, así son mis caminos más altos que vuestros caminos, y mis pensamientos más que vuestros pensamientos" (Isaías 55:8-9). Aquí la palabra *caminos* significa "un camino (como peldaños); un curso figurativo de la vida o un modo de acción".[4] Es decir, está hablando sobre el estilo de vida, y necesitamos cambiar nuestra mentalidad si vamos a tener el mismo estilo de vida que el del Rey para ayudar a gobernar la tierra. Hasta entonces estaremos capacitados para vivir de acuerdo al gobierno celestial, en vez de la anterior cultura del reino de la oscuridad.

Anteriormente hablamos acerca de cómo los ciudadanos de una colonia debían aprender la historia del reino al cual ahora estaban sometidos. De manera similar, el Rey quiere que usted olvide su vida pasada fuera de su Reino. Él quiere que usted confeccione una nueva historia para usted mismo en el reino de los cielos. Nuestra historia como raza humana y como individuos es la de rebelión, de estar caídos, con un propósito distorsionado y perdido, y, de muerte. Pero cuando somos nacidos nuevamente en el reino de los cielos, tenemos una historia de seres redimidos. Ahora tenemos otra vez propósito y potencial. Nuestra historia es una de *vida*— vida eterna. El Gobernador nos insta a que profundamente aprendamos nuestra historia para que podamos decir, como Pablo dijo: ¡"Si alguno está en Cristo, nueva criatura es; las cosas viejas pasaron; he aquí todas son hechas nuevas!"(2 Corintios 5:17).

Esto significa que estamos supuestos a ser educados completamente fuera de la historia del pecado. El libro de Hebreos anota: "'Este es el pacto que haré con ellos después de aquellos días, dice el Señor: Pondré mis leyes en sus corazones, y en sus mentes las escribiré.' Añade: '*Y nunca más me acordaré* de sus pecados y transgresiones'" (Hebreos 10:16-17). El Rey está diciendo: "Mira, tus pecados están borrados. Solo recuerda que fuiste rescatado del reino de la oscuridad".

La historia del reino de "justicia, paz y gozo en el Espíritu Santo" (Romanos 14:17) ya es suya. Siempre que Lucifer le acuse diciendo: "Eres pecador", usted puede responder: "No sé de qué me estás hablando. Ni siquiera me acuerdo. Fui redimido por la sangre del Rey Hijo. Él limpió y lavó mis maldades y toda memoria de ello".

El libro de Hebreos continúa: "Acerquémonos con corazón sincero, en plena certidumbre de fe, purificados los corazones de mala conciencia, y lavados los cuerpos con agua pura" (Hebreos 10:22). Incluso nuestra *conciencia* es limpiada por la sangre de nuestro Redentor. De nuevo, si otra persona le recuerda el pasado, usted puede decir: "¡Hablas de alguien que está muerto.

He sido resucitado a vida nueva!". Así el Gobernador le enseña su nueva historia del Reino, porque esta es la voluntad del Rey para su vida.

Pablo escribió: "No os conforméis a este siglo, sino transformaos por medio de la renovación de vuestro entendimiento" (Romanos 12:2). Su mente debe ser transformada para que ya no tenga una mentalidad llena de rebelión, culpa, depresión, temor, confusión y frustración, sino de rectitud, paz y gozo en el Espíritu Santo.

Recuerde que el Gobernador dentro de usted es la presencia del Rey ausente sobre la tierra. Esto quiere decir que si usted recibe el Espíritu Santo, debería ser capaz de decir, como lo dijo Jesús: "El que me ha visto a mí, ha visto al Padre" (Juan 14:9). Exploraremos nuestra transición en la cultura del Gobernador con más detalles en el capítulo once.

NUEVO VALOR Y CONFIANZA

Juan, el discípulo de Jesús, enseñó a los ciudadanos del Reino del primer siglo, lo que había aprendido de su Maestro Superior: "Hijitos, vosotros sois de Dios, y los habéis vencido [al reino de la oscuridad], porque mayor es el que está en vosotros [el Gobernador] que el que está en el mundo [Lucifer y sus seguidores]" (1 Juan 4:4). Cuando el Espíritu vive dentro de usted, el cielo es su país natal, y, usted tiene su autoridad y poder. No hay nada, ni nadie en el mundo que tenga más poder y recursos que el Rey. Por lo que usted no necesita sentirse amenazado por nadie sobre la tierra que trate de intimidarle o hacerle daño. Lucas, el médico, registró la enseñanza de Jesús acerca de esto:

> Amigos míos: No temáis a los que matan el cuerpo, y después nada más pueden hacer. Pero os enseñaré a quién debéis temer: Temed a aquel que después de haber quitado la vida, tiene poder de echar en el infierno; sí, os digo, a éste temed. ¿No se venden cinco pajarillos por dos cuartos? Con todo, ni uno de ellos está olvidado delante de Dios. Pues aun los cabellos de vuestra cabeza están todos contados. No temáis, pues; más valéis vosotros que muchos pajarillos. Os digo que todo aquel que me confesare delante de los hombres, también el Hijo del Hombre le confesará delante de los ángeles de Dios (Lucas 12:4-8).

El temor del hombre es una trampa para nosotros como ciudadanos del Reino porque provocará vivir con una mentalidad y estándares diferentes a los del Reino. No estaremos actuando en autoridad y poder, sino en preocupación y timidez. Pablo escribió que el Rey no nos ha dado espíritu de cobardía, sino de poder, amor y pensamiento sano. Podemos estar tranquilos en todas las circunstancias porque sabemos que el Rey vive dentro de nosotros a través de la presencia del Gobernador.

RECONEXIÓN CON EL PROPÓSITO DE LA VIDA

Cuando el Gobernador viene a vivir dentro de una persona, le ayuda a reconectarse con la asignación para la cual fue nacido. El profeta Joel habló sobre ancianos soñando sueños, jóvenes viendo visiones, hijos e hijas profetizando la voluntad del Rey. Defino un sueño como algo que usted puede ver que será cumplido en el futuro, aunque no pueda vivir para ver que sea totalmente realizado. Una visión es algo que puede ver que se hace, que usted puede completar durante su vida.

Pablo escribió: "Porque somos hechura suya, creados en Cristo Jesús para buenas obras, las cuales Dios preparó de antemano para que anduviésemos en ellas" (Efesios 2:10). Somos nuevamente creados cuando el Gobernador viene a morar en nosotros. Por tanto, podemos empezar de nuevo en el Reino para hacer buenas obras, las cuales el Rey planificó para que nosotros las cumplamos aun antes de haber nacido. El Gobernador le devuelve a las personas ancianas los sueños para el futuro que pensaron habían perdido. Él da a las personas jóvenes las visiones para sus vidas para ayudarles a no perder su tiempo y energía en cosas insignificantes. Él nos hace a todos gobernantes en las esferas de nuestros dones en particular.

Algunas personas malentienden el significado de la presencia del Gobernador en sus vidas. Como lo hemos visto, piensan que vino solo para hacerlos "sentir bien", o que vino para darles habilidades que pueden usar para llamar la atención. En cambio, él vino para darnos una visión o un sueño de algo que solamente nosotros podemos ayudar a lograrlo, porque él lo ha dado como nuestra labor especial sobre la tierra. Él vino a darnos *poder* para que esta obra en particular pueda ser realizada.

Además, usted puede ser limpiado y recibir al Gobernador, pero no entender que él quiere darle poder para *vivir* la vida del Reino. Por consiguiente, usted gasta todo su tiempo luchando contra actitudes y deseos que son contrarios a los del Reino, en vez de sobrellevarlos a través de la autoridad y el poder del Espíritu, para que pueda hacer la labor importante para la cual nació. Su poder deberá trabajar por medio de usted para que pueda mostrar evidencia de que su vida está bajo la influencia del Reino. El Gobernador vino para darle poder para *trabajar*. Él está aquí para impactar la tierra para el cielo a través de *su* visión o sueño.

COMUNICACIÓN CON EL GOBIERNO CELESTIAL

Finalmente, pero muy importante, el regreso del Gobernador nos da la habilidad de comunicarnos con el gobierno celestial. Podemos traer el reino de los cielos a la tierra y tener dominio sobre ella, solo si estamos recibiendo instrucciones claras del Rey. Un reino puede funcionar con autoridad delegada solamente si el propósito, voluntad e intención del rey han sido transmitidos a esa autoridad delegada.

Lo que el Rey desea para la tierra debe ser transmitido por medio del Gobernador para sus co-gobernantes, y ser ejecutado sobre la tierra a través de su gobernación. Siempre que el Gobernador no esté presente o la comunicación del Gobernador sea *ignorada*, la gobernación práctica del Rey está ausente sobre la tierra. Tiene que existir alguna presencia del gobierno. Es por esto que el Espíritu Santo es la clave del reino de los cielos sobre la tierra. El Gobernador es el agente de la revelación de la mente de Dios para la tierra a través del dominio de la humanidad.

ACCESO AL REY

Permítame tratar de ilustrarle cuán vital es el Gobernador para nuestra comunicación con el Rey. En el período colonial, en las Bahamas, si alguien y quiero decir *cualquiera*, ya fueran miembros del parlamento, encomendados locales u obispos, querían ir a Gran Bretaña para ver a la reina, no podía acercarse a ella sin pasar primero por el Gobernador Real. Esto era aplicable aun para el primer ministro de la colonia.

Un proceso similar es aplicable en nuestra relación con el Rey Padre. Algunas personas piensan que tienen acceso al Trono celestial debido a su nivel educativo, cuán acaudalado son, o cuánto han hecho por los pobres. No podemos tener una audiencia con el Rey Padre a menos que lo hagamos por medio del Rey Hijo, quien abrió camino para nosotros al sustituirnos con su muerte, y a menos que lo hagamos por medio del poder del Gobernador, quien es nuestro medio para hablar y escuchar al Padre.

Cuando usted llegaba donde el gobernador en las Bahamas para pedir permiso para ver a la reina, el gobernador enviaba un mensaje con referencia suya a Inglaterra, y si el gobernador en Nassau lo admitía, usted entraba. De la misma manera, cuando el Rey Hijo le admite, y cuando usted depende del Gobernador para comunicar sus peticiones y deseos, usted puede entrar directamente al trono del Rey Padre, a los aposentos internos del palacio. Como el escritor del libro de los Hebreos dijo: "Acerquémonos, pues, confiadamente al trono de la gracia, para alcanzar misericordia y hallar gracia para el oportuno socorro" (Hebreos 4:16).

He oído que cuando John F. Kennedy fue presidente de los Estados Unidos, estaba sentado en la Oficina Ovalada en una reunión con su gabinete. Estaban discutiendo las situaciones más peligrosas del mundo en ese momento, el tema de Bahía de Cochinos en Cuba y las armas nucleares en la Unión Soviética. Esta fue la reunión más seria que habían sostenido a ese punto en la administración. La historia es que la puerta de pronto se abrió y un niño corrió por la oficina, alrededor de los miembros del gabinete, y cayó en el regazo del presidente. De pronto, todos los miembros importantes del gabinete guardaron silencio. Este pequeño niñito miró a su padre—el líder más poderoso en el mundo—y dijo "¿Papi, quiénes son estas personas? Y el Presidente Kennedy respondió: "Hijo, este es mi gabinete". El pequeño miró a este poderoso grupo de hombres; luego señaló a su padre y dijo: "Este es mi papi". En ese momento no importó con quién estaba reunido el padre. El hijo tenía acceso pleno para ir al padre. Y lo mismo es aplicable en nuestra relación con nuestro Rey Padre.

ESCUCHAR LA VOLUNTAD DEL REY

Cuando un rey quería comunicarse con sus ciudadanos, el Gobernador también estaba involucrado en este proceso. Por ejemplo, cada vez que la reina llegaba de visita a las Bahamas, no anunciaba su visita directamente al pueblo. Ella le decía al Gobernador Real, y él le decía al pueblo. De manera similar, siempre que el Rey del cielo va a hacer cualquier cosa sobre la tierra, lo comunica por medio del Gobernador, quien nos lo dice. Como Pablo escribió: "¿Quién de los hombres sabe las cosas del hombre, sino el espíritu del hombre que está en él? Así tampoco nadie conoció las cosas de Dios, sino el Espíritu de Dios" (1 Corintios 2:11). La presencia del Gobernador en nuestras vidas nos habilita para escuchar y conocer la voluntad del Rey para nosotros.

Escuchar al Rey, realmente es una cosa muy práctica para un ciudadano del Reino, y eso fue modelado para nosotros por Jesús. El Nuevo Testamento nos dice que Jesús con frecuencia se ausentaba para escuchar las instrucciones del Rey Padre a través del Gobernador (ver Marcos 1:35; Lucas 5:16). La oración fue su medio para tratar los asuntos del gobierno. Usted tiene que ser capaz de recibir las instrucciones del gobierno celestial antes de poder representarlo adecuadamente. Jesús dijo a Sus discípulos: *"Cuando ores…"* (ver Mateo 6:5-7). Por tanto, la oración no es una opción; es la diaria comunicación gubernamental. Necesitamos preguntarle al Rey, por medio del Gobernador: "¿Qué quieres que sea hecho hoy? Y tenemos que estar listos para escuchar y responder.

MANTENERSE EN LA RELACIÓN CORRECTA

Adorar al Rey es otra forma de comunicación con el gobierno celestial. Muchas personas han hecho de la adoración un ritual, cuando esta realmente es para mantenerse en correcta relación con el Rey. Este es un medio por el cual nos mantenemos en constante conexión y comunicación con nuestro Soberano y honramos su gobierno.

La adoración nos protege de establecer nuestros propios reinos sobre la tierra en vez del gobierno celestial, porque le reconocemos y confirmamos que sus deseos y su voluntad son importantes. Afirmamos que los intereses del gobierno son la máxima razón de nuestra existencia.

La importancia de nuestra conexión con el Reino a través del Gobernador se volverá aún más claro en los siguientes capítulos, al explorar la naturaleza y función del Espíritu Santo y su impacto sobre la cultura de nuestras vidas individuales, como también en la cultura de la tierra.

PREGUNTAS DE ESTUDIO DEL CAPÍTULO NUEVE

PREGUNTA PARA REFLEXIÓN

1. ¿Cómo ha cambiado su visión de la vida desde que se convirtió en un ciudadano real? ¿Hay alguna área que se haya mantenido igual que cree que debería reflejar mejor la mentalidad del reino?

EXPLORAR PRINCIPIOS Y PROPÓSITOS

2. ¿Cuál es el primer resultado de la reconexión con el reino celestial?

3. Cuando el Gobernador ingresa a la vida de una persona, ¿con qué conecta específicamente a esa persona?

4. ¿Cuál es el segundo resultado de la reconexión con el reino celestial?

5. Recibir el Espíritu Santo en tu vida le hace... [elija uno]
   (a) mejor que otras personas
   (b) capaz de acumular el conocimiento del reino por usted mismo
   (c) un mayordomo de la autoridad y el poder del reino
   (d) no es responsable de contarle a otros sobre el mensaje del reino

6. ¿Cuál es el tercer resultado de la reconexión?

7. ¿Cuáles son los dos tipos de autoridad del reino y cómo se definen?
   (1)
   (2)

8. El Dr. Munroe explicó que la autoridad de un gobernador real estaba en nombre del soberano del país al que estaba sirviendo. Su propio nombre no tenía peso real. Usó el nombre del Rey para ejercer la autoridad al hacer las cosas. ¿Cómo funciona nuestra influencia y autoridad como ciudadanos del reino bajo el gobernador de una manera similar?

9. ¿Qué afirmación hizo Jesús a sus seguidores al mostrar que el gobernador confirmaría su autoridad como agentes legales del reino apoyándolos con el poder del gobierno celestial?

10. ¿Qué sucedería la promesa del Rey y el Padre cuando Lucifer y el reino de las tinieblas fueran totalmente derrotados?

11. ¿Cuál es el cuarto resultado de la reconexión?

12. Con una perspectiva transformada, hay un realineamiento del funcionamiento adecuado de _____, _____ y _____ de una persona.

13. ¿Cuál es el quinto resultado de la reconexión?

14. ¿Por qué el miedo al hombre es una trampa para los ciudadanos del reino?

15. ¿Cuál es el sexto resultado de la reconexión?

16. ¿Cómo definió el Dr. Munroe un sueño? ¿Una visión?

17. El Rey nos hace gobernantes en el _____ de nuestro _____ particular.

18. Verdadero o falso:

El Gobernador vino a darle una visión o un sueño que solo usted puede ayudar a lograr, así como el poder de lograrlo, como su trabajo especial en la tierra.

19. ¿Cuál es el séptimo resultado de la reconexión?

20. ¿Qué dos avenidas nos dan acceso completo al Padre y nos permiten conocer su voluntad para nosotros?

(1)

(2)

21. Enumere varios aspectos de la naturaleza del culto en relación con el Rey-Padre y el funcionamiento de su gobierno en la tierra.

APLICAR LOS PRINCIPIOS DE LA VIDA DEL REINO

PENSÁNDOLO BIEN

+ ¿Cuánto ha pensado acerca de la autoridad que se le ha otorgado para llevar a cabo el trabajo del reino, que ha delegado tanto autoridad como habilidad? ¿Cómo podría una verdadera comprensión de estos tipos de autoridad en su vida cambiar la forma en que vive e interactúa con los demás?

+ Hemos visto que cada vez que el ciudadano del reino ignora una comunicación del Gobernador, la gobernación práctica del Rey está ausente en la tierra. ¿De qué manera podría estar ignorando la clara comunicación del Espíritu Santo con respecto a los propósitos del reino? ¿Cómo puede restaurar la gobernación práctica del Rey en su vida?

ACTUAR AL RESPECTO

+ ¿Qué pasos está tomando para renovar su mente de acuerdo con la naturaleza del reino? Leer con regularidad las Escrituras, la constitución del reino, nos permite aprender la voluntad del Rey y "tomar cautivo todo pensamiento para hacerlo obediente a Cristo" (2 Corintios 10:5). Escriba lo que está haciendo y le gustaría hacer para renovar su mente.

+ Otra forma de renovar nuestras mentes es asumir la historia del reino en lugar de permitir que nuestros pecados y fallas pasadas nos depuren. Nuestra historia como raza humana y como individuos es una de rebelión, caída, propósito distorsionado y perdido, y muerte. Pero cuando nacemos de nuevo en el reino de los cielos, tenemos una historia de redención, perdón, amor, esperanza, visión y vida. Nuestros pecados son borrados, y Dios ya no los recuerda. Ahora tenemos un propósito y potencial.

+ ¿Qué historia está eligiendo por usted mismo? ¿Cómo abordará la historia del reino en su vida?

ORAR POR ESO

+ El Dr. Munroe dijo que el Rey-Padre nos da visiones de lo que podemos lograr en nuestras vidas, y sueña con lo que podemos ver que se logre en el futuro, aunque no vivamos para verlos completados. ¿Qué visión o sueño tiene usted? Pídale al Padre que le aclare esto y le muestre cómo cumplir sus propósitos para su vida. Permita que el Gobernador le autorice a impactar la tierra por el cielo a través de su visión o sueño.

"Si permanecéis en mí, y mis palabras permanecen en vosotros, pedid todo lo que queréis, y os será hecho" (Juan 15: 7).

PARTE 3

ENTENDER AL GOBERNADOR

LA NATURALEZA DEL GOBERNADOR

UNA PERSONA DEJADA POR SÍ MISMA SE AUTO-DESTRUIRÁ.

Hemos visto que la presencia del Gobernador es esencial para transformar al mundo en el reino de los cielos. Ahora es vital que consideremos con más profundidad la naturaleza del Espíritu Santo porque, aunque el Gobernador es la persona más importante sobre la tierra, también es el más malentendido e ignorado.

Las personas que todavía no están en el Reino, no entienden la función indispensable del Espíritu Santo en sus vidas porque se han inclinado a creer que es misterioso y desconocido. O piensan que es un tipo de aparición debido a nuestra connotación moderna de la palabra *espíritu* y el uso del término *Fantasma Santo* (como también lo traducen algunas versiones bíblicas). Aun las personas que han recibido al Gobernador tienen malos conceptos con referencia a quién es él. Dije anteriormente que algunos piensan que Él es una sensación o estremecimiento cuyo propósito es hacerles sentir bien. Exploremos la naturaleza del Gobernador empezando con lo que *no* es.

LO QUE NO ES EL ESPÍRITU SANTO

NO ES UN "OBJETO"

El Espíritu Santo no es un "objeto" o una "cosa". Algunas personas refieren a Él como a un objeto no personal, diciendo: "¿Lo sientes?"; o "¿Lo tienes?". El Espíritu Santo es una persona con personalidad [valga la redundancia]. Discutiremos más sobre sus características personales en la siguiente sección.

NO ES UNA "FUERZA" UNIVERSAL O UNA "MENTE CÓSMICA"

El Espíritu Santo tampoco es un tipo de fuerza o mente cósmica que podemos "explotar" para recibir el poder y conocimiento del universo. Él no es la suma total de la conciencia de los habitantes de la tierra. Para algunas personas, estas ideas metafísicas se han convertido en sinónimos con el Espíritu de Dios. Sin embargo, nadie puede controlar al Espíritu Santo o "succionar" su conocimiento o poder. Tampoco es parte de nuestra conciencia. Él es un Ser distinto que nos otorga conocimiento y poder cuando tenemos una relación con el Rey y somos sumisos a la voluntad del Reino. En vez de exigirlo o darlo por sentado, debemos estar agradecidos por el poder con el cual obra en nuestras vidas para avanzar los propósitos del Reino y fortalecernos como hijos del Rey.

NO ES UNA NUBE O UNA NEBLINA

Algunas personas piensan que el Espíritu Santo es como un tipo de humo, neblina o nube que llega a algún lugar y algunas veces provoca que las personas se caigan al piso. No estoy diciendo que hay algunos momentos legítimos cuando el Espíritu Santo manifestará su presencia de manera física, sino que creo que las personas que siempre están buscando tales manifestaciones son susceptibles a las imaginaciones y fabricaciones.

En vez de referirse al Espíritu Santo como a un tipo de neblina etérea, Jesús habló sobre el Espíritu usando la palabra *él*. De hecho, esta declaración no puede ser más clara:

Pero cuando *venga* el Espíritu de verdad, *él os* guiará a toda la verdad; porque no *hablará* por su propia cuenta, sino que *hablará* todo lo que *oyere*, y os *hará* saber las cosas que habrán de venir. *Él* me glorificará; porque tomará de lo mío, y os lo hará saber (Juan 16:13-14).

Jesús pudo decir: "Cuando el Espíritu Santo venga". Sin embargo, se mantuvo repitiendo la palabra *él*, como si quisiera asegurarse de que conociéramos el Espíritu Santo no solo como una fuerza o nube.

NO ES UN SENTIMIENTO O UNA SENSACIÓN

El Espíritu Santo tampoco es solamente un "sentimiento". De nuevo, creo que con frecuencia le hemos relegado como un tipo de práctica extraña que nos pone la carne de gallina. Creo que parte de la razón de esto es que algunas personas llegan llenas de frustración por sus vidas a las experiencias de la adoración colectiva y, cuando ya no pueden más, pero sienten un ambiente aceptable, corren gritando, ruedan sobre el piso, y, a eso le llaman Espíritu Santo. Simplemente están liberando tensiones.

Usted no necesita hacer ruido para experimentar el Espíritu Santo. No necesita sonar tambores, ni cencerros, ni campanitas, ni gritar, chillar o palmear. Si usted lee la Biblia con detenimiento, la mayoría de las veces cuando el Espíritu se manifestaba, era en la quietud, no en los sentimientos. El profeta Elías tuvo esta experiencia:

Un grande y poderoso viento que rompía los montes, y quebraba las peñas delante de Jehová; pero Jehová no estaba en el viento. Y tras el viento un terremoto; pero Jehová no estaba en el terremoto. Y tras el terremoto un fuego; pero Jehová no estaba en el fuego. Y tras el fuego un silbo apacible y delicado. Y cuando lo oyó Elías, cubrió su rostro con su manto, y salió, y se puso a la puerta de la cueva. Y he aquí vino a él una voz, diciendo: ¿Qué haces aquí Elías?" (1 Reyes 19:11-13).

No obstante, permítame agregar esta declaración: el Espíritu Santo no es un sentimiento, sino que su presencia puede ciertamente afectarle las emociones a medida que usted experimenta su paz, gozo y consuelo.

¿QUIÉN ES EL ESPÍRITU SANTO?

EL ESPÍRITU SANTO ES DIOS EXTENDIDO

La cosa más importante que debemos saber acerca de la naturaleza del Espíritu Santo es que él es Dios. Me gusta usar el término "Dios extendido". Él es Dios extendido a una persona y/o situación para cumplir el propósito y voluntad de su Reino en la vida de la persona o en la circunstancia.

UNO CON DIOS

Anteriormente, hablábamos del hecho que Jesús es igual a Dios, aunque también es totalmente humano. Dios el Hijo vino a ser Jesús de Nazaret para el propósito de su tarea de redención en el mundo. Su naturaleza dual nunca disminuyó su unidad e igualdad con el Padre. Las Escrituras dicen que Jesús: "Siendo en forma de Dios, no estimó el ser igual a Dios como cosa a que aferrarse, sino que se despojó a sí mismo, tomando forma de siervo, hecho semejante a los hombres" (Filipenses 2:6-7).

Usted no necesita agarrarse de algo que ya tiene. Jesús es igual a Dios, aunque sea distinto en personalidad y función de Dios el Padre y Dios el Espíritu. Las Escrituras nos dicen que Jesús fue enviado del Padre por medio del Espíritu. El mensajero celestial le dijo a María, la madre de Jesús: "El Espíritu Santo vendrá sobre ti, y el poder del Altísimo te cubrirá con su sombra; por lo cual también el Santo Ser que nacerá, será llamado Hijo de Dios" (Lucas 1:35). Jesús habló de su unidad con el Padre diciendo: "Yo y el Padre uno somos" (Juan 10:30), y "El que me ama, mi palabra guardará; y mi Padre le amará, y *vendremos* a él, y *haremos* morada con él" (Juan 14:23).

La palabra *Padre* en relación a Dios, no significa padre de la manera que el humano se relaciona con el padre humano, o en el sentido de que alguien es "más grande" o "mayor". Dios no es "mayor" que Jesucristo. Jesús es referido como al "Anciano de días" porque él es eterno, como Dios Padre es eterno. Más bien, la palabra *Padre* se refiere a Dios como el Medio por el cual Cristo fue enviado.

De la misma manera, el Espíritu Santo es Dios, y él es igual al Padre y al Hijo. Juan escribió en su evangelio: "Dios es Espíritu; y los que le adoran, en espíritu y en verdad es necesario que adoren" (Juan 4:24). Jesús habló del Espíritu como "*otro* Consolador" (Juan 14:16) que continuaría su labor sobre la tierra. Así que Dios es uno, pero se expresa a sí mismo en tres distintas personalidades y dimensiones.

Jesús le dijo a Sus discípulos: "Cuando venga el Consolador, a quien yo os *enviaré del Padre*, el Espíritu de verdad, el cual *procede del Padre...*" (Juan 15:26). Ambos, Jesús y el Espíritu procedieron del Padre para cumplir con la obra que se necesitaba y todavía se necesita hacer sobre la tierra. Jesús fue enviado por el Padre para redimirnos; el Espíritu fue enviado por Jesús para darnos poder. Jesús fue enviado para restaurarnos; el Espíritu fue enviado para darnos nueva vida en el Reino.

Me gusta describir el concepto del Dios Trino con la analogía del agua. El agua, en su estado líquido, es como Dios el Padre; es el recurso natural. Si tomamos agua y la congelamos, se vuelve hielo sólido. El hielo es como Jesús, el Verbo que se hizo carne; él era tangible, alguien que podía ser visto, escuchado y tocado. Si fuéramos a tomar el mismo hielo, colocarlo en un recipiente y calentarlo hasta hervir, se vuelve vapor. El vapor es como el Espíritu Santo, la fuerza invisible que genera poder. El hielo y el vapor pueden regresar a su estado líquido original. Esencialmente, los tres son agua, aunque en diferentes formas.

RECIBE EL MISMO HONOR QUE DIOS

Otra confirmación de que el Espíritu Santo es Dios, es la declaración de Jesús acerca de las consecuencias de blasfemar contra él. "De cierto os digo que todos los pecados serán perdonados a los hijos de los hombres, y las blasfemias cualesquiera que sean; pero cualquiera que blasfeme contra el Espíritu Santo, no tiene jamás perdón, sino que es reo de juicio eterno" (Marcos 3:28-29). El único pecado del cual Jesús dijo que usted nunca podrá ser perdonado es un pecado en contra del Espíritu Santo. ¿Por qué dijo él eso? Creo que él estaba diciendo que es el Espíritu Santo quien (1) convence a las personas de su necesidad de ser limpiadas del pecado por medio de la obra de Cristo, y (2) nos faculta para ser espiritualmente nacidos de nuevo y nos lleva al reino celestial. Por lo tanto, si alguien se endurece en contra el Espíritu y su obra, tal persona no será llevada al perdón a través de Cristo, y, no podrá recibir la obra regeneradora del Espíritu en su vida.

Jesucristo nos limpia, el Padre nos perdona, y el Espíritu nos renueva. El escritor del libro de Hebreos citó Salmos 95: "Como dice el Espíritu Santo: Si oyereis hoy su voz, no endurezcáis vuestros corazones, como en la provocación'" (Hebreos 3:7-8). Es decir que, si usted escucha su voz y siente su convicción, si le escucha diciendo: "Ha llegado el momento", entonces no endurezca su corazón porque ese será el día cuando él dejará de llamarle. Las Escrituras hablan de Dios como benévolo o paciente; no dice que será paciente *por siempre*. Él permitirá la insensatez por un largo tiempo, pero solo por un tiempo (ver Éxodo 34:7 NVI; Romanos 2:4 NVI).

El término *apóstata* se refiere a que alguien ha entrado a un estado que ya no puede escuchar al Espíritu de Dios. Usted no quiere que el Espíritu Santo deje de amonestarle. Si el Espíritu Santo le convence de que usted tiene la necesidad de arrepentirse, recibir perdón y entrar en el reino de Dios, ¡usted debe correr hacia Él! ¿Por qué? Porque esto significa que todavía usted está en buena relación con él, y él está dispuesto para hablar con usted. No deje que su orgullo le prive de reaccionar porque le preocupa lo que las personas puedan decir. Mejor, debería preocuparse porque ¡el Espíritu dejara de hablar!

Espero que escuche a la Persona más importante del cielo, ¡que es la Persona más importante sobre la tierra! Él es bastamente más importante que los ángeles, lo cual muchas personas esperan ver. No obstante, los ángeles, laboran para el gobierno, pero él *es* el gobierno.

EL ESPÍRITU SANTO ES UNA PERSONA CON CUALIDADES, CARACTERÍSTICAS Y VOLUNTAD

Así es que el Espíritu Santo es, primero que todo, el "Dios extendido". Segundo, como hemos visto, el Espíritu Santo es una *persona*. Una persona tiene cualidades y características que le distinguen de los demás, por lo que él es un ser individual. El Gobernador tiene personalidad, características y voluntad distintivas. Como Representante del cielo, el Gobernador residente en la colonia, su principal deseo es que nosotros cumplamos los propósitos del Rey en la tierra.

Jesús describió la persona y obra del Espíritu Santo, revelando en varias ocasiones que entre sus características están sus habilidades de enseñar y guiar. Un sentimiento o una fuerza no pueden ser un gobernador. Una neblina no puede enseñar o guiar. La mayoría de los ciudadanos del Reino no tienen verdadera relación con el Gobernador porque no se han dado cuenta que tienen a alguien muy valioso morando en ellos. *Alguien*.

EL ESPÍRITU TIENE SENTIDOS ESPIRITUALES

El Espíritu Santo también tiene "sentidos" que son parte de su personalidad. Al decir esto, quiero decir que tiene sentidos espirituales similares a los sentidos físicos que tienen los humanos. Espiritualmente hablando, el Espíritu Santo mira, oye, siente y huele o discierne en sus tratos con la tierra y sus habitantes.

EL ESPÍRITU TIENE SENTIMIENTOS O EMOCIONES

Pablo escribió: "No contristéis al Espíritu Santo de Dios, con el cual fuisteis sellados para el día de la redención" (Efesios 4:30). Podemos contristar al Espíritu cuando activamente le resistimos, nos conducimos de maneras que son contrarias al reino de los cielos o le desatendemos.

Quiero enfocarme en el área de la desatención. Piense en esto: cuando usted ignora a alguien, esa persona generalmente deja de hablarle. Y mientras más le ignore, ella más le ignorará a usted. Por ejemplo, si usted no me reconoce, a la larga llegaré a la conclusión de que no soy importante para usted y que no me tiene estima alguna. O si usted continúa ignorándome cuando le hablo; entonces, posteriormente, tendré un poco de sentido común para decir: "Realmente no quiere escucharme". Jesús dijo que el Espíritu Santo nos enseñaría todas las cosas. Fui maestro, y permítame decirle que no hay experiencia más fea para un maestro que un grupo de estudiantes que no tiene interés en aprender.

Debemos entender que el Espíritu Santo es una persona que sabe cuándo vamos a ignorarle. Si nos apartamos de su enseñanza y guía, no le estamos tratando con el respeto y devoción que se merece. También perdemos las oportunidades de aprender y servir en el Reino. Y no somos solamente nosotros los afectados negativamente por esto. Supongamos que el Gobernador le insta por cinco veces a llevarle alimento a su vecino. Finalmente, él deja de hablarle sobre esto. Dos cosas pasan: usted pierde la bendición y su vecino puede pasar hambre.

O, suponga que el Gobernador le insta durante la noche a levantarse a orar por alguien, pero usted dice: "Estoy cansado, he tenido un largo día y necesito dormir". El Espíritu Santo dice: "Sí, pero alguien está necesitando ayuda, y yo necesito una vasija humana que interceda porque esta es la manera en que el reino de los cielos obra en la tierra". Puede que usted piense, "esa es solamente mi imaginación; estoy cansado". Por eso se queda en cama y ya no siente ese estímulo. Al siguiente día se da cuenta que alguien estaba en peligro o en una situación seria, y sus oraciones eran urgentemente necesitadas.

Escuchamos a otras personas más de lo que escuchamos al Espíritu de Dios. Buscamos el consejo de otras personas más que de lo que buscamos de él. Algunas veces él retira su presencia de nuestro sentido para captar nuestra atención.

Algunas personas no han escuchado la voz del Espíritu Santo por largo tiempo. ¿Por qué? Se levantan en la mañana y no le reconocen del todo antes sumergirse en la faena del día. Nunca se dirigen a él cuando toman decisiones, invierten sus finanzas, trabajan en sus puestos, dirigen sus negocios o van a la escuela. Por ende, él permanece callado con ellos.

Literalmente, usted tiene que aprender a confraternizar y escuchar al Espíritu Santo. Él nos habla a través de las Escrituras, a través de nuestros pensamientos, y a través de impulsos e impresiones. Necesitamos practicar el escuchar su voz y no ignorarle, sino reconocerle como la Persona que está íntimamente interesada en quiénes somos, qué hacemos y cómo cumplimos nuestra función en el Reino.

LA NATURALEZA DEL GOBERNADOR EXPRESADA EN NOSOTROS

Ahora miremos cómo el Gobernador acude a nosotros en el cumplimiento de su naturaleza. Las Escrituras describen y definen las funciones y responsabilidades particulares del Espíritu Santo sobre la tierra. Una vez más, en todas sus obras, el Gobernador actúa solo de acuerdo a la palabra del Rey. "El Espíritu de verdad", dijo Jesús, "...no hablará por su propia cuenta, sino que hablará todo lo que oyere, y os hará saber las cosas que habrán de venir. Él me glorificará; porque tomará de lo mío, y os lo hará saber" (Juan 16:13-14).

CONSEJERO Y CONSOLADOR

Jesús les dijo a sus discípulos:

Mas el Consolador, el Espíritu Santo, a quien el Padre enviará en mi nombre, él os enseñará todas las cosas, y os recordará todo lo que yo os he dicho (Juan 14:26).

Y yo rogaré al Padre, y os dará otro Consolador, para que esté con vosotros para siempre (Juan 14:16).

La palabra griega para *Consolador* en ambas declaraciones es *parakletos* que significa "un intercesor, consolador", "abogado, confortador".[1] Algunas traducciones de la Biblia usan la palabra "Ayudador". Esto se refiere al que llega justo al lado de nosotros para asistirnos. Jesús prometió a sus seguidores que volvería para estar con ellos en la persona del Gobernador y capacitarlos para vivir la vida a la cual fueron llamados: "Todavía un poco, y no me veréis; y de nuevo un poco, y me veréis" (Juan 16:16).

He oído personas decir: "Quiero convertirme en creyente [ciudadano del Reino], pero no soy lo suficientemente fuerte. Cuando tenga suficiente fuerza para dejar de hacer esto y empezar a hacer aquello, me voy a comprometer con el Reino". Estas personas todavía no han hecho su compromiso porque creen que *primero* deben ser fuertes. Puede que usted esté luchando con el mismo tema porque está tratando de cambiarse a sí mismo, por su cuenta. El Rey nos está diciendo, "mira, si vas a aprender la cultura del Reino, necesitas ayuda del país originario". El recibir al Gobernador en su vida le capacitará para cambiar. Él le mostrará cómo transformar su pensamiento y cómo vivir.

De la misma manera, algunos de ustedes están desanimados porque, aunque usted sea ciudadano del reino de los cielos, siente como que sigue volviendo a las actitudes y acciones del reino de la oscuridad. Pero el Gobernador le dice: "Yo te voy a ayudar otra vez". ¡Esa es su labor! Él no le dejará.

Jesús enfatizó el compromiso del Rey para con usted a través de su analogía del pastor que deja sus noventa y nueve ovejas en el redil para ir a buscar la que estaba perdida (ver Lucas 15:4-7). Esto no le da a usted licencia para seguir volviendo a la conducta del reino de la oscuridad. Una vez que estamos en el reino de los cielos, no se supone que sigamos volviendo a nuestros caminos intencionalmente. Algunas personas a propósito hacen lo que es contrario al Reino y luego quieren ser automáticamente perdonados por el Rey. Esto no refleja una verdadera transformación en un ciudadano del Reino. Si realmente deseamos vivir por medio de los estándares celestiales, aunque algunas veces podamos resbalarnos, el Gobernador nos ayudará a vivir bajo esas normas. Él quiere que tengamos éxito.

GUÍA Y MAESTRO

Jesús también dijo acerca del Gobernador:

Pero cuando venga el Espíritu de verdad, él os guiará a toda la verdad; porque no hablará por su propia cuenta, sino que hablará todo lo que oyere, y os hará saber las cosas que habrán de venir (Juan 16:13).

Como hemos visto, los gobernadores fueron colocados en las colonias, no solo para dar información, sino también para entrenar a los ciudadanos a pensar, actuar y vivir los estándares, las costumbres—toda la cultura— del país originario. Esto involucraba tanto la enseñanza general como el entrenamiento individual.

Debido a que el Gobernador de una colonia fue enviado desde el trono del soberano, él sabía la intención del soberano. De la misma manera, el Gobernador del cielo es el único que puede capacitarnos para entender la verdad de las declaraciones que Jesús hizo y de las instrucciones que él dejó para nosotros. El Espíritu Santo es el único que puede reconectarnos a la información original sobre el Rey y su Reino. Él nos protege de errar y de opiniones de contrarias a la mente del Rey.

Uno de las labores de un gobernador en la colonia es interpretar para los ciudadanos lo que el soberano quiere decir por medio de las palabras que le son entregadas para ellos. Vimos en la última sección que el Espíritu Santo es llamado el Consolador. En este contexto, la palabra *consolar* [traducida por algunos como *aconsejar*] tiene que ver con quien interpreta la ley; y el gobernador revela y explica las leyes del Reino para nosotros, dándole vida a esas palabras.

El profeta Isaías dijo de Jesús. "Y reposará sobre él el Espíritu de Jehová—Espíritu de sabiduría y de inteligencia" (Isaías 11:2). Nosotros también tenemos este Espíritu de sabiduría y entendimiento viviendo dentro de nosotros. El conocimiento es información, y la sabiduría es cómo aplicar dicha información. Es decir, la sabiduría es el uso apropiado del conocimiento. El Gobernador nos muestra cómo tomar nuestro conocimiento y aplicarlo a la vida. Él es quien nos hace personas prácticas en el mundo. En algunos círculos religiosos, esto ha sido revertido. El Espíritu Santo es considerado el que hace que las personas actúen de manera extraña. Sin embargo, el Gobernador no puede ser más sensible. Él nos muestra cómo aplicar nuestro conocimiento en temas de familia, negocio, comunidad, nacionales e internacionales.

AYUDADOR Y FACULTADOR...

Cuando el Rey Hijo estuvo sobre la tierra, citó al profeta Isaías concerniente a Él mismo:

El Espíritu del Señor está sobre mí, por cuanto me ha ungido para dar buenas nuevas a los pobres; me ha enviado a sanar a los quebrantados de corazón; a pregonar libertad a los cautivos, y vista a los ciegos; a poner en libertad a los oprimidos. A predicar el año agradable del Señor (Lucas 4:18-19).

Cuando un soberano declaraba lo que quería para una colonia, era trabajo del gobernador asegurarse de que eso sucediera, instando a los ciudadanos a trabajar por su cumplimiento. Así como el Espíritu Santo lleva a cabo la voluntad de Dios en el mundo, nosotros debemos estar en unidad con sus deseos e intenciones para que el mundo, cumpliendo con nuestra función como co-gobernadores sobre el territorio. No estamos aquí para establecer *nuestros* reinos. Estamos aquí para establecer el Reino de nuestro Soberano, a quien representamos.

EN CUMPLIMIENTO CON LOS PROPÓSITOS DEL REINO

El pasaje anterior del libro de Isaías enfatiza el enfoque del Reino sobre la tierra, diciéndole a los habitantes acerca de la promesa del Padre, liberándoles del reino de la oscuridad y mostrándoles la naturaleza del Reino y cómo entrar en él. Es el Gobernador quien nos ayuda a hacer todas estas cosas.

Es el máximo propósito del Rey, como fue dicho por medio del profeta Habacuc, que: "La tierra será llena del conocimiento de la gloria de Jehová, como las aguas cubren el mar" (Habacuc 2:14). Podemos tomar esta declaración como instrucción concerniente al Reino. De nuevo, la gloria de Dios se refiere a la naturaleza de Dios. Jesús dijo que, bajo la dirección del Gobernador, debemos "ir, y hacer discípulos a todas las naciones, bautizándolos en el nombre del Padre, y del Hijo, y del Espíritu Santo; enseñándoles que guarden todas las cosas [lo que Jesús] os he mandado" (Mateo 18:19-20). De esta manera, la profecía será cumplida.

El Gobernador nos llama para llevar la cultura del Reino a la cultura extranjera que ha ocupado la tierra—la cultura del reino de la oscuridad. Anteriormente vimos que discipular significa enseñar la filosofía y valores del Reino, para que así los estudiantes estén inmersos en la mentalidad del Rey. El término *naciones* es la palabra griega *ethnos*, refiriéndose a las razas o grupos de personas.[2] Todo grupo especial de personas sobre la tierra debe ser convertido a la cultura del Reino.

El gobernador real de las Bahamas solía nombrar los comisionados o consejeros de la colonia local, y los autorizaba para hacer diferentes proyectos de mejoramientos, tales como reparar las carreteras. De la misma manera, el Gobernador nos autoriza para hacer buenas obras en el mundo en nombre del Gobierno. Como Pablo escribió: "Porque somos hechura suya, creados en Cristo Jesús para buenas obras, las cuales Dios preparó de antemano" (Efesios 2:10).

EN RECONEXIÓN CON NUESTROS DONES

Cada ser humano es nacido con dones de Dios, pero, para que estos dones logren su máximo potencial en el servicio del Reino, necesitan reconectarse a su fuente original. Nadie realmente sabe la verdadera esencia de los dones, a menos que se conecte con el Espíritu del Creador. Es más, el Gobernador activa nuestros dones a un nivel que naturalmente no podríamos hacerlo. Pablo escribió, citando al profeta Isaías: "'Cosas que ojo no vio, ni oído oyó, ni han subido en corazón de hombre son las que Dios ha preparado para los que le aman', pero Dios nos las reveló a nosotros por el Espíritu, porque el Espíritu todo lo escudriña, aun lo profundo de Dios" (1 Corintios 2:9-10).

El Gobernador le reconecta a la fuente de sus dones para que usted pueda entender lo que le fue dado—no solo el valor de nuestros dones, sino también, la magnitud de ellos. En otras palabras, solamente el intelecto de alguien no puede discernir o entender los dones que el Rey ha colocado dentro de él para el propósito del Reino. Es por esta razón que si quiere conocer lo que el Espíritu de Dios realmente creó en su interior, usted debe conectarse con el Gobernador.

Pablo también dijo: "Nosotros no hemos recibido el espíritu del mundo, sino el Espíritu que proviene de Dios, para que sepamos lo que Dios nos ha concedido" (1 Corintios 2:12). Esta declaración nos dice que ni siquiera nos damos cuenta de lo que *tenemos*, sino hasta que el Espíritu Santo lo revela a nosotros. Esta verdad es vital para el cumplimiento de su propósito y potencial. Hay cosas sobre usted mismo que usted nunca sabrá, a menos que el Espíritu Santo le reconecte a las cosas profundas de la mente del Creador y le capacite para usar sus dones más efectivamente.

De la misma manera, Pablo escribió: "El hombre natural no percibe las cosas que son del Espíritu de Dios, porque para él son locura, y no las puede entender, porque se han de discernir espiritualmente" (1 Corintios 2:14). Sin el Gobernador, nunca podremos reconocer lo que ha sido colocado profundamente dentro de nosotros. Sin el Espíritu de Dios no podemos saber quiénes *somos*. Es por esto que muchos estamos viviendo más abajo de nuestro potencial.

Deberíamos notar aquí que hay dones con los que nacimos y dones adicionales que nos son dados cuando recibimos el Espíritu. Creo que hay distinción entre estos dos tipos de dones, y hablaremos más sobre los "dones del Espíritu" en los capítulos siguientes. Sin embargo, los dones a los que me estoy refiriendo aquí son los dones con los que nació para lograr un propósito específico sobre la tierra para el Reino. Y el Espíritu Santo nos faculta para ejercer estos dones. Esta facultad no necesariamente es para darnos la habilidad de ejercerlos, ya que esa habilidad ya existe dentro de nosotros, sino que nos capacita al revelárnoslos totalmente e incluso mostrarnos los dones que ni siquiera sabíamos que teníamos. Además, Él nos muestra cómo usarlos para el Reino, en vez de usarlos con propósitos egoístas porque los dones que nuestro Rey nos da, siempre son dados para beneficiar a otras personas.

CONVENCEDOR

Jesús le dijo a Sus discípulos, concerniente al Gobernador:

Cuando él venga, convencerá al mundo de pecado, de justicia y de juicio. De pecado, por cuanto no creen en mí; de justicia, por cuanto voy al Padre, y no me veréis más; y de juicio, por cuanto el príncipe de este mundo ha sido ya juzgado (Juan 16:8-11).

La palabra *mundo* en la declaración anterior no se refiere necesariamente a las personas, sino a un *sistema o mentalidad*. Es el sistema basado en el reino de la oscuridad el que influencia la conducta de los humanos. Por lo tanto, es el Gobernador quien convence, a aquellos fuera del Reino, de que necesitan ser perdonados y conectados con su Padre en el gobierno celestial. Él también convence a los ciudadanos del Reino de actitudes y acciones que son contrarias a la naturaleza del Reino. Es el Gobernador quien trabaja por medio de nuestras conciencias para que escojamos vivir de acuerdo a los estándares del Reino.

Deberíamos saber que el Espíritu Santo no nos es dado para "controlar" nuestras vidas. Nos insta, pero nunca nos obliga. En otras palabras, Él hace que todos los ciudadanos sean *conscientes* de las expectativas, los estándares, las leyes, las regulaciones y las costumbres del Reino, y también les convence de los beneficios de estas cosas.

El Rey Padre no busca controlar a sus ciudadanos. Él quiere que sus hijos *deseen* lo que él desea. Él respeta nuestras voluntades. El Gobernador nos muestra cuál es la voluntad del Rey y nos ayuda a cumplirla a medida que le buscamos a él para obtener sabiduría, fuerza y poder.

NOS ACERCA A DIOS

De acuerdo con el ser Convencedor y Convincente, el Espíritu Santo es la atracción divina del cielo hacia el trono del Rey. A medida que el Gobernador obra en las vidas de las personas, él los acerca al Padre de manera tierna. De nuevo, él no es déspota. El profeta Oseas dio una bonita ilustración de este enfoque cuando registró estas palabras del Rey para su pueblo "con cuerdas humanas los atraje, con cuerdas de amor" (Oseas 11:4).

COMUNICADOR

Un verdadero gobernador nunca comunicaría al pueblo nada que viole los deseos del Rey. De igual manera, como lo hemos visto, el Espíritu Santo comunica solo lo que viene del trono celestial. Jesús dijo: "No hablará por su propia cuenta, sino que hablará todo lo que oyere, y os hará saber las cosas que habrán de venir" (Juan 16:13).

Esta declaración me recuerda de una práctica que acostumbrábamos cuando las Bahamas todavía estaban bajo el reino de Gran Bretaña. Cada año, el pueblo se reunía en el Parque Clifford en Nassau, para escuchar al Gobernador Real leer un documento conocido como *El discurso del trono*, enviado por la reina de Inglaterra. Para asegurarse que todos escucharan el discurso, era un día de asueto en todo el país; todo se cerraba.

El Gobernador Real se sentaba en una silla, rodeado por los oficiales gubernamentales locales y leía el pensamiento de la reina de Inglaterra para su colonia. Ese discurso se convertía en el plan y mandato para el nuevo año. Nos reuníamos todos para hacernos acuerdo de los deseos soberanos para el reino y la colonia, y sus expectativas para la colonia. El discurso era revisión de las leyes, costumbres y estándares del reino, y, también expresaba sus planes para el futuro de la colonia.

Similarmente, el Espíritu Santo con regularidad nos trae *El discurso del trono celestial* al apartar lo afanoso de la vida para escucharle a Él. Las palabras del Gobernador nunca estarán en desacuerdo con las palabras del Rey o traerán un mensaje que sea contrario al suyo. Él nos recordará lo que el Rey ya ha dicho y lo que desea, como también dirá proféticamente el futuro del Reino.

SANTIFICADOR

Pablo escribió a los ciudadanos del Reino del primer siglo en la ciudad de Tesalónica: "Gracias...que Dios os haya escogido desde el principio para salvación, mediante la santificación por el Espíritu y la fe en la verdad" (2 Tesalonicenses 2:13).

Como Santificador, el Gobernador nos ayuda a liberarnos de las cosas en nuestras vidas que son contrarias a la naturaleza del Rey y que disminuyen nuestra capacidad para maximizar nuestros dones para el Reino. Anteriormente, miramos que ser santificado o santo significa ser puro (integrado, completo) y apartado. Por consiguiente, el Espíritu Santo elimina los obstáculos para nuestro desarrollo y progreso.

El Gobernador también nos santifica en el sentido de apartarnos para el servicio del reino celestial y para el día cuando el Rey vuelva otra vez a la tierra para vivir por siempre con su pueblo, con la creación de un cielo y una tierra nueva. Cuando la reina de Inglaterra iba a visitar las Bahamas, el Gobernador Real requería que todos se preparan para esto. Teníamos barridas las calles, limpios los faroles y plantábamos árboles y flores. Inclusive, teníamos que cortar nuestros propios céspedes privados, aunque la reina nunca llegara a verlos. Es el trabajo del Espíritu Santo preparar todos los aspectos de nuestras vidas para la venida del Rey.

Estas, entonces, son las principales formas en que el Gobernador nos atiende de acuerdo a su naturaleza. En el próximo capítulo, echaremos un vistazo más cerca de la cultura del Reino que el Gobernador desea inculcar en nosotros.

PREGUNTAS DE ESTUDIO DEL CAPÍTULO DIEZ

PREGUNTA PARA REFLEXIÓN

1. ¿Cuál es su concepción de la naturaleza y cualidades del Espíritu Santo? ¿Cómo creía que era el Espíritu Santo cuando era niño o cuando se convirtió en cristiano por primera vez?

EXPLORAR PRINCIPIOS Y PROPÓSITOS

2. ¿Qué es lo más importante que debemos saber sobre la naturaleza del Espíritu Santo?

3. Dios es uno, pero se expresa en tres _____ y _____ distintos.

4. ¿Cómo sabemos que el Espíritu Santo tiene sentimientos o emociones?

5. Cuando descuidamos o ignoramos al Espíritu Santo, ¿qué va a hacer a veces para llamar nuestra atención?

6. ¿Cómo podemos aprender a tener comunión y escuchar al Espíritu Santo?

7. Hay siete formas distintas en que el Gobernador nos atiende en cumplimiento de su naturaleza. ¿Cuál es el primero de sus roles y responsabilidades hacia nosotros?

8. ¿Qué analogía usó Jesús para enfatizar el compromiso del Rey con nosotros, que también nos permite saber que el Espíritu Santo nunca nos abandonará?

9. ¿Cuál es el segundo de los roles y responsabilidades del Espíritu Santo hacia nosotros?

10. ¿Por qué el Gobernador es nuestro maestro más importante?

11. ¿Cómo el Gobernador nos hace personas prácticas en el mundo?

12. ¿Cuál es el tercero de los roles y responsabilidades del Espíritu Santo hacia nosotros?

13. ¿Cuáles son los dos ámbitos generales en los que se brinda esta ayuda?

14. ¿Cuál es el cuarto de los roles y responsabilidades del Espíritu Santo hacia nosotros?

15. ¿Cómo ejerce el Espíritu Santo este rol con aquellos que están fuera del reino de los cielos?

16. ¿Cómo ejerce el Espíritu Santo este rol con aquellos que ya han entrado en el reino de los cielos?

17. ¿Cuál es el quinto de los roles y responsabilidades del Espíritu Santo hacia nosotros?

18. ¿De qué manera el Espíritu Santo cumple este papel, y con qué las Escrituras de Oseas lo ilustran?

19. ¿Cuál es el sexto de los roles y responsabilidades del Espíritu Santo hacia nosotros?

20. ¿Cuál es la naturaleza y el contenido de las palabras o mensajes que el Gobernador nos brinda?

21. ¿Cuál es el séptimo de los roles y responsabilidades del Espíritu Santo hacia nosotros?

22. ¿Cuáles son las dos formas principales en que el Espíritu Santo cumple este rol?

APLICAR LOS PRINCIPIOS DE LA VIDA DEL REINO

PENSÁNDOLO BIEN

+ ¿Ha pensado en el Espíritu Santo como un objeto impersonal, un sentimiento o una fuerza? ¿Se ha dado cuenta de a quién tiene viviendo dentro de usted? ¿Cómo cambia este conocimiento la forma en que piensa del Espíritu Santo, y cómo cambiará su relación con él?

+ ¿Ha dudado en comprometerse con el reino porque cree que primero debe vencer el pecado y las actitudes equivocadas? ¿O ha luchado, incluso como ciudadano del reino, porque está tratando de cambiar su mentalidad y comportamiento falsos por su cuenta?

+ Recuerde que el Rey nos dice: "Si va a aprender la cultura del reino, necesita ayuda del país de origen". Recibir al Gobernador primero en su vida le permitirá cambiar. Reconozca que él le mostrará cómo transformar su pensamiento y cómo vivir para el reino. El Rey lo envió a nosotros para este mismo propósito.

ACTUAR AL RESPECTO

+ ¿Le ha estado impulsando el Espíritu Santo que es hora de arrepentirse, buscar el perdón y entrar en el reino de Dios? ¿Ha estado resistiendo esa sugerencia? ¡Corra hacia él ahora!

+ Como uno de los escritores del Nuevo Testamento nos recordó: "Hoy, si escuchas su voz, no endurezcas tus corazones como lo hiciste en la rebelión" (Hebreos 3:15). Dios está sufriendo por mucho tiempo (paciente), pero no sufre para siempre. Debemos responderle cuando nos llame o puede ser demasiado tarde para responder.

+ Tome cada uno de los roles y responsabilidades del Espíritu Santo que hemos explorado en este capítulo, y medite en ellos hasta que llegue a un entendimiento profundo de la forma en que el

Gobernador trabaja en su vida. Es posible que desee centrarse en uno por día, semana o mes.

ORAR SOBRE ESO

+ ¿Busca el consejo de personas sin consultar al Espíritu Santo, su Maestro y su Guía? ¿Pasa el día sin reconocerlo o refiriéndose a él mientras toma decisiones, invierte sus finanzas, labora en su trabajo o negocio o va a la escuela?

+ Tome la decisión de reconocer e indagar sobre el Espíritu Santo todas las mañanas y durante el día. Esto le ayudará a construir una relación con él, aprender a escuchar su voz y cumplir la voluntad de Dios en su vida.

La presencia del Espíritu Santo en nuestras vidas es indispensable.

ONCE

LA CULTURA DEL GOBERNADOR

SU CULTURA REVELA SU ORIGEN.

LAS CUALIDADES DEL REY EN EL GOBERNADOR

Siempre debemos tener presente que la cultura del reino de los cielos es sinónimo de la naturaleza del Rey. Cuando hablamos de las características del Espíritu Santo y su cultura, hablamos de las cualidades del mismo Rey. Debido a que la función de un gobernador es solo para representar al rey, deberíamos ser capaces de ver el temperamento de un gobernador y la manera cómo actúa, para concluir que así es el rey. Igualmente, debido a que el Espíritu Santo refleja las cualidades del Rey celestial, sus características son la personificación de la naturaleza del Rey.

Este concepto es familiar en nuestro diario vivir. Si nos sentamos a comer en un restaurante y el mesero es rudo y desatento, reflejará negativamente nuestra percepción de todo el ambiente del restaurante. No obstante, si vamos a una tienda de zapatos y encontramos a un vendedor extremadamente conocedor y paciente que nos ayude a encontrar exactamente lo que necesitamos, tendremos una actitud favorable hacia la compañía que él representa. Inevitablemente, la manera en que una persona sirve en nombre de otra persona, negocio o institución contribuye a la percepción que tengamos de esa persona, negocio o institución.

EL CARÁCTER DEL REY DETERMINA EL ESTADO DEL REINO

La cultura de un país puede ser resumida como su *carácter nacional*. Es la combinación de sus creencias, actitudes, valores, convenciones, prácticas y características. En un reino, el carácter y las características del monarca eran enormemente importantes porque influenciaban, y, con frecuencia, determinaban el estado del entorno sobre el cual gobernaba. Estos crearon lo que la vida era en el reino. El sabio rey Salomón escribió:

León rugiente y oso hambriento es el príncipe impío sobre el pueblo pobre. El príncipe falto de entendimiento multiplicará la extorsión (Proverbios 18:15-16).

Cuando los justos dominan, el pueblo se alegra; mas cuando domina el impío, el pueblo gime (Proverbios 29:22 LBLA).

En otras palabras, cuando el carácter de un líder es de cierta manera, puede afectar la práctica de todo su país. Vemos, en el Antiguo Testamento, cómo se desarrolló esto en la historia de la nación de Israel que con el pasar del tiempo se separó entre los reinos de Judá e Israel. El carácter de varios reyes influenció al pueblo para lo bueno o lo malo. Por ejemplo, en el primer libro de Reyes leemos: "Nadab hijo de Jeroboam comenzó a reinar sobre Israel…, y reinó sobre Israel dos años. E hizo lo malo ante los ojos de Jehová, andando en el camino de su padre, y en los pecados con *que hizo pecar a Israel*" (1 Reyes 15:25-26). El epitafio describía que la acción de Jeroboam "provocó a enojo a Jehová Dios de Israel" 1 Reyes 15:30) Jeroboam había ocasionado que el pueblo de Israel adorara ídolos en vez de al Señor y había nombrado como sacerdote a todo el que quería serlo, en vez de nombrar solamente a los Levitas, como Dios lo había ordenado. Su hijo Nadab claramente siguió sus pasos (1 Reyes 12:26-33; 13:33-34).

También leemos en el primer libro de Reyes sobre otro rey:

Acab…hizo lo malo ante los ojos de Jehová, más que todos los que reinaron antes de él. Le fue ligera cosa andar en los pecados de Jeroboam…y tomó por mujer a Jezabel, hija de Et-baal rey de los demonios, y fue y sirvió a Baal, lo adoró. E hizo altar a Baal, en el templo de Baal que él edificó en Samaria. Hizo también Acab una imagen de Asera, haciendo así Acab más que todos los reyes de Israel que reinaron antes que él, para provocar la ira de Jehová Dios de Israel (1 Reyes 16: 30-33).

Las cosas que Jeroboam había hecho, las cuales habían enojado mucho al señor, Acab las consideró triviales e ¡hizo más mal que ninguno de los otros reyes que le habían precedido! Los liderazgos perversos continuaron a lo largo de la línea de los reyes de Israel, y, el pueblo también continuó haciendo el mal. El segundo libro de Reyes reporta que como resultado, el pueblo experimentó solo miseria: "Porque Jehová miró la muy amarga aflicción de Israel; que no había siervo ni libre, ni quien diese ayuda a Israel" (2 Reyes 14:26).

Sin embargo, en Judá, vemos el ejemplo del rey Ezequías, a quien el segundo libro de Reyes describe de esta manera:

Hizo lo recto ante los ojos de Jehová, conforme a todas las cosas que había hecho David su padre...En Jehová Dios de Israel puso su esperanza; ni después ni antes de él hubo otro como él entre todos los reyes de Judá. Porque siguió a Jehová, y no se apartó de él, sino que guardó los mandamientos que Jehová prescribió a Moisés. Y Jehová estaba con él; y adondequiera que salía, prosperaba. É se rebeló contra el rey de Asiria, y no le sirvió (2 Reyes 18:3, 5-7).

El libro de 2da Reyes da un relato de cómo el Señor libró al pueblo de Judá de un enemigo presumido y vengativo, y, de cómo el pueblo escuchó a Ezequías cuando les dijo cómo tratar con esa situación (ver 2 Reyes 18:13-19:37). Si ellos no hubieran confiado en Ezequías y su ejemplo de fidelidad hacia el Señor, hubieran caído en la trampa del enemigo.

La clave para un reino exitoso es el buen carácter de su rey. De la misma manera, el carácter del Gobernador celestial determina el ambiente del reino de Dios sobre la tierra. Una vez más, su carácter es exactamente el mismo que el carácter del Rey Celestial. Él representa la naturaleza y caminos del Rey en la colonia.

El Rey quiere que entendamos la naturaleza de su Reino, para que podamos confiar en él y lo que significa vivir en él. Esta es una de las razones por las que Jesús continuaba dando descripciones a sus seguidores de cómo era Él. Cristo decía cosas como estas:

Yo soy el buen pastor; el buen pastor su vida da por las ovejas (Juan 10:11).

Yo soy el pan de vida; el que a mí viene, nunca tendrá hambre; y el que en mí cree, no tendrá sed jamás (Juan 6:35).

Venid a mí todos los que estáis trabajados y cargados, y yo os haré descansar. Llevad mi yugo sobre vosotros, y aprended de mí, que soy manso y humilde de corazón; y hallaréis descanso para vuestras almas; porque mi yugo es fácil, y ligera mi carga (Mateo 11:28-30).

Jesús quería enfatizar su naturaleza porque otros reyes y líderes de sus días exhibían el carácter opuesto. Por ejemplo, en una ocasión sus discípulos estaban discutiendo sobre cuál de ellos era el mayor y merecedor de los honores más altos. Jesús usó este argumento como un momento para explicar la naturaleza del reino celestial. Esta es su declaración en el libro de Mateo:

> Sabéis que los gobernantes de las naciones se enseñorean de ellas, y los que son grandes ejercen sobre ellas potestad. Mas entre vosotros no será así, sino que el que quiera hacerse grande entre vosotros será vuestro servidor, y el que quiera ser el primero entre vosotros será vuestro siervo— como el Hijo del Hombre no vino para ser servido, sino para servir, y para dar su vida en rescate por muchos (Mateo 20:25-28).

En esta manera, y en muchas otras, Jesús continuaba tratando de enseñarles que el reino de Dios era radicalmente diferente al reino de la oscuridad en el que ellos habían estado viviendo. Él quería expresar las cualidades y características del Rey para que se identificaran completamente con su benévolo Gobernador.

Toda la idea de conocer la naturaleza del Rey es crítica para la declaración de Jesús: "el reino de los cielos se ha acercado" (Mateo 4:17). Él nos está invitando a ser ciudadanos de un Reino específico y quiere reasegurarnos la naturaleza de ese Reino.

LAS CUALIDADES DEL ESPÍRITU SANTO: CRECIMIENTO DE LA CULTURA DEL REINO

Pablo deseaba inculcar la naturaleza del reino celestial en las vidas de los ciudadanos del primer siglo, quienes estaban aprendiendo lo que significaba para ellos estar realineados con el Rey. En su carta a los ciudadanos del Reino en Galacia, él hizo una lista de cualidades esenciales que conforman el carácter del Rey (ver Gálatas 5:22-23):

+ Amor	+ Bondad
+ Gozo	+ Fe
+ Paz	+ Mansedumbre
+ Paciencia	+ Templanza
+ Benignidad	

Cualquier verdadera manifestación del reino de Dios sobre la tierra tendrá estas características. Pablo se refirió a estas cualidades como "el fruto del Espíritu" (Gálatas 5:22). Estaba diciendo que, donde sea que el Gobernador estuviera, estas cualidades serían evidencias, indicando que la cultura del Rey estaba presente.

Pablo usó esta analogía particular del fruto porque el fruto no aparece de la noche a la mañana; se desarrolla con el tiempo, y, él quería que ellos supieran que tendrían que *cultivar* la cultura del Rey en sus vidas, bajo el ejemplo y la guía del Gobernador. Primero, el Gobernador nos enseña la naturaleza del gobierno original en el cielo. Luego, nos enseña que debido a que vive dentro de nosotros, tenemos esta naturaleza original y necesidad de manifestarlo en nuestras vidas.

Cuando usted recibe el Espíritu Santo, también recibe la semilla de la naturaleza del Reino. Usted desarrolla esta semilla poniendo en su vida los elementos del Reino que le permiten crecer. Por ejemplo, un árbol de manzanas no tiene que "trabajar" para producir su fruto. Las semillas del fruto están dentro, y, con el paso del tiempo, por medio del proceso de madurez, permitido por elementos tales como los nutrientes en el suelo y la luz del sol, lo que está dentro del árbol es manifestado en sus ramas. Los nutrientes espirituales que permiten al fruto crecer en nuestras vidas están manteniendo una conexión contínua con el Rey, aprendiendo la Constitución del Reino, que son las Escrituras, y cediendo a la dirección del Gobernador en nuestras vidas.

Al igual que las manzanas son un crecimiento natural de los árboles de manzana, el fruto del Espíritu se vuelve en un desarrollo *natural* en la vida de un ciudadano del Reino, porque él está reflejando la *naturaleza* de su Rey. Por ejemplo, uno de los frutos del Espíritu es la bondad. Por ende, es natural para nosotros ser buenos si estamos en el Reino. Si no somos buenos, no somos naturales. El Gobernador nos conecta a nuestra naturaleza original, la cual es la verdadera vida para nosotros como seres humanos.

Las cualidades o fruto del Espíritu personifican la cultura del Rey para que, primero que todo, veamos que es una cultura de amor, una cultura de gozo y una cultura de paz. ¡Imagínese una cultura llena de todas las cualidades de la lista anterior! Es parte de nuestra cultura ser fieles—ser leales a nuestros compromisos. Es parte de nuestra cultura ser amables. Nunca somos desparpajados o rudos con otras personas. Como Jesús dijo:

"Bienaventurados los mansos, porque ellos recibirán la tierra por heredad" (Mateo 5:5). Es parte de nuestra cultura mostrar templanza. Nunca perdemos el control de nuestro temperamento o nuestros deseos. No importa lo que pase en nuestras vidas, nosotros seguimos viviendo y demostrando todas estas cualidades.

Por lo tanto, cuando tenemos al Gobernador Real residiendo dentro de nosotros, Él renueva nuestras vidas permitiéndonos reflejar la naturaleza del Rey. Él cambia nuestra cultura personal dándonos una nueva perspectiva de la vida y un nuevo "currículo educacional del Reino"; nos provoca a tener la mentalidad del Rey. Él nos refrena la manera en que pensamos, hablamos y caminamos.

LA CULTURA REVELA EL ORIGEN

Su cultura revelará su origen. La manera en que usted se comporta, como responde a los demás, la forma como reacciona ante los problemas y la manera como trata con las decepciones, deberá reflejar la cultura del cielo. Las cualidades del Espíritu dentro de usted definen lo propio de su naturaleza personal. Entonces, su naturaleza particular le conecta con su herencia celestial.

Anteriormente, hablábamos acerca de cómo los estilos y tratos de las personas nos llevan a reconocer, instantáneamente, de cuál país son. Usted mira a alguien y dice: "Esa persona es un australiano". Lo mismo es cierto para los ciudadanos de cualquier país. Hay ciertas cosas que solo los australianos dirían o harían de cierta manera. Las personas deberían tener la misma experiencia [o percepción] con relación a aquellos que representan al cielo en la tierra. Deberían ver nuestro comportamiento y poder decir: "Usted viene del reino celestial". Jesús dijo: "Por sus frutos los conoceréis" (Mateo 7:16-20). El estar en el Reino es asunto de un cambio dinámico de nuestra naturaleza a la naturaleza del Rey. Si el Gobernador vive en usted, usted no puede disfrutar el vivir en rebelión contra el Rey. Hacer le hará sentirse incómodo y no es natural.

CHOQUE DE CULTURAS

Cuando usted se realinea con el reino de los cielos, realmente vive ahora en dos mundos o reinos. El reino invisible de Dios vive dentro de usted a través de la presencia del Gobernador. El reino humano, el reino de la oscuridad avivado por Lucifer, le rodea a usted. Además, los remanentes de la naturaleza rebelde están siempre presentes en su vida y necesitan ser desarraigados.

Por ende, estamos enfrentándonos con la elección de a cuál reino y cultura nos vamos a someter. Pablo instó a los ciudadanos del Reino del primer siglo, en Filipos para que se mantuvieran enfocados en el reino celestial porque "nuestra ciudadanía está en el cielo" (Filipenses 3:20). Siguiendo su lista del fruto del Espíritu, le dijo a los de Gálatas: "Pero los que son de Cristo han crucificado la carne con sus pasiones y deseos. Si vivimos por el Espíritu, andemos también por el Espíritu" (Gálatas 5:24-25). Juan, el discípulo, animó a los seguidores de Jesús: "Porque mayor es el que está en vosotros, que el que está en el mundo" (1 Juan 4:4). O sea, el poder del Gobernador dentro de usted, exponencialmente excede el poder del reino del mundo a su derredor.

Con frecuencia experimentamos un choque entre estas culturas, especialmente dentro de nuestras propias familias. Permítame ilustrarle con otro ejemplo del reino y la colonia. La mayoría de personas que viven en países caribeños es negra. Muchos son parientes porque sus antecesores vinieron de las mismas villas de África cuando fueron traídos al Caribe como esclavos. Personas de la misma familia, con frecuencia, fueron separadas, vendidas a dueños de diferentes colonias de los reinos, por lo que tiene personas que pertenecen a la misma familia, pero dependiendo del reino de donde llegaron, aprendieron el lenguaje y costumbres de ese reino, haciendo que hoy en día los descendientes de una misma familia ni siquiera puedan comunicarse entre sí. Ellos no saben el idioma de los otros parientes.

Aunque esto es una consecuencia trágica del colonialismo, puede que usted tenga una experiencia similar cuando entra al reino de Dios y toma una cultura totalmente diferente. Debido a que usted demuestra la evidencia de una vida cambiada, los propios miembros de su familia—personas con quienes creció—puede que no le entiendan a usted o el por qué usted actúa de la manera que lo hace. Ellos notan que usted ha cambiado su lenguaje, actitud y amistades. Miran que ha dejado de hacer las cosas que están en contra del reino celestial.; la prueba de que usted está en el Reino es que está viviendo el estilo de vida de una cultura diferente.

VIVIR POR EL ESPÍRITU

Algunas veces tratamos de tener un pie en el reino de los cielos y el otro en el reino del mundo. Queremos que el Gobernador mire al lado contrario mientras nos comportamos de acuerdo con una cultura que es extraña a la del Rey. Así es que Pablo escribió a los Gálatas:

Andad en el Espíritu, y no satisfagáis los deseos de la carne. Porque el deseo de la carne es contra el Espíritu, y el del Espíritu es contra la carne; y éstos se oponen entre sí, para que no hagáis lo que quisiereis. Pero si sois guiados por el Espíritu, no estáis bajo la ley (Gálatas 5:16-18).

Pablo pasó a catalogar la cultura de naturaleza rebelde:

Y manifiestas son las obras de la carne, que son: adulterio, fornicación, inmundicia, lascivia, idolatría, hechicería, enemistades, pleitos, celos, iras, contiendas, disensiones, herejías, envidias, homicidios, borracheras, orgías, y cosas semejantes a estas; acerca de las cuales os amonesto, como ya os lo he dicho antes, que los que practican tales cosas no heredarán el reino de Dios (Gálatas 5:19-21).

Aquí, la palabra *heredar* implica vivir o experimentar el Reino. La cultura del cielo y la cultura del mundo son opuestas; usted no puede experimentar el reino de los cielos si está viviendo de acuerdo a una cultura extranjera.

Puesto que la función del Gobernador es convertir a los ciudadanos para que vivan como el Rey lo hace, cuando actuamos de acuerdo a la cultura de la oscuridad, él nos reprende y corrige. Él hace esto de dos maneras. Primera, utiliza el sistema de advertencia interna que es nuestra conciencia (ver Romanos 2:14-15). Segunda, nos recuerda las enseñanzas del Re (ver Juan 14:26). Él nos trae a la mente lo que está registrado en la Constitución del Reino, o el registro escrito de las palabras y caminos del Rey, las Escrituras. Pablo escribió que ya no vivimos "bajo la ley". Es decir, tratar de seguir los estrictos *qué hacer* o *qué no hacer*, no funciona. Solo una naturaleza cambiada nos hace vivir como vive el Rey. Y el Gobernador nos da esta nueva naturaleza y nos capacita para seguirla.

¿Recuerda "El discurso del trono", por medio del cual el gobernador real podía leer la voluntad de la reina para las Bahamas para el año venidero? Las Escrituras son el principal componentes de *El discurso del trono celestial* y a medida que nos familiarizamos con ellas, el Gobernador nos enseña y recuerda la voluntad del Rey. Él nos dice: "Estás planeando hacer esto, pero el Rey dice que no es bueno para ti. Eso no está escrito en *El discurso del Trono*". El Espíritu Santo hablará solamente de acuerdo con lo que está en el *Discurso* porque eso es lo que está en la mente del Rey. De nuevo, nuestro trabajo es decir: "No se haga mi voluntad, sino la tuya" (Lucas 22:42). Jesús dijo: "El Espíritu es el que da vida; la carne para nada aprovecha; las palabras que yo os he hablado son espíritu y son vida" (Juan 6:63).

Usted debe recordar que está bajo un nuevo Maestro Superior, Jesucristo. Está bajo una nueva filosofía de vida. Es un estudiante de un nuevo plan de estudios. Es mayordomo de una nueva ideología. Usted ha abandonado todas las otras escuelas y se ha sometido totalmente a la escuela del Reino. Y el Gobernador es su maestro privado, capacitándole a interiorizar y manifestar la enseñanza del Rey. Él es como un tutor real, inculcando la naturaleza del Reino a los hijos del Reino. Tenemos que ser entrenados en cuanto a lo que significa ser herederos del reino celestial.

El Gobernador empieza por enseñarnos a relacionarnos otra vez con el Creador como nuestro Padre, para que le podamos llamar "Abba, Padre" (Romanos 8:15; Gálatas 4:6), igual que el Rey Hijo lo hizo. Esta relación nos capacita a ser hechos nuevamente a imagen de nuestro Creador. Es por causa de la rebelión que perdimos nuestra capacidad para manifestar su naturaleza. Esa naturaleza ha sido distorsionada en nosotros debido a nuestra asociación inicial con el reino de la oscuridad. El Gobernador tiene la desafiante labor de enseñarnos a ser para lo que originalmente fuimos creados.

Estas cualidades o fruto del Espíritu que hemos estado buscando no son solo lo que el Rey *hace*; son lo que él *es*. El Rey no solo *actúa* en amor; él *es* amor. No solo *demuestra* paz; él *es* paz (ver Juan 4:8, 16; Efesios 2:14). Y cada aspecto de la naturaleza del Rey es lo que también nosotros debemos ser en nuestra esencia. Esto es lo que Jesús quiso decir cuando dijo, tal como es anotado en el libro de Mateo: "Sed, pues, vosotros perfectos, como vuestro Padre que está en los cielos es perfecto" (Mateo 5:48).

El darnos cuenta que debemos reflejar la naturaleza del Rey Padre nos motiva a examinar lo que permitimos introducir a la cultura personal de nuestros espíritus, almas y cuerpos. Pablo escribió a los ciudadanos del reino en la ciudad de Corinto: "¿Ignoráis que vuestro cuerpo es templo del Espíritu Santo, el cual está en vosotros, el cual tenéis de Dios, y que no sois vuestros? Porque habéis sido comprados por precio; glorificad, pues, a Dios en vuestro cuerpo" (1 Corintios 6:19-20). De hecho, Pablo estaba diciendo: "¿No sabe que su cuerpo es la mansión del Gobernador? Él es santo, y mora en usted; por lo tanto, necesita mantener la residencia limpia para Él y de acuerdo con Su naturaleza. Jesús pagó por la redención de su espíritu, alma y cuerpo, para que el Gobernador pudiera vivir en usted. Por ende, como miembro de la mansión del Gobernador, usted debería honrarla cuidando de ella" (ver 1 Corintios 6:19-20).

Jesús enseñó: "La lámpara del cuerpo es el ojo; cuando tu ojo es bueno, también todo tu cuerpo está lleno de luz; pero cuando tu ojo es maligno, también tu cuerpo está en tinieblas" (Lucas 11:34). La cultura del mundo entra en nuestras vidas por medio de nuestros ojos y oídos. Todo lo que miramos en la televisión, en Internet o leemos en un libro afecta la calidad de nuestro interior, la cultura personal. Todo lo que sigamos escuchando influye nuestras vidas. No debemos permitir que una cultura destructiva invada y destruya nuestras vidas y nuestro trabajo para el reino celestial.

Ser un ciudadano del Reino requiere que existamos en cierto grado de tensión porque vivimos en medio de una cultura de rebelión y muerte. Nuestra cultura pasada está luchando con las demandas de la nueva cultura. Más vivimos aquí con el propósito de esparcir la luz del Reino y hacer retorcer al reino de la oscuridad. Es por esto que Jesús oró al Padre, justo antes de morir "No ruego que los quites del mundo, sino que los guardes del mal. No son del mundo, como tampoco yo soy del mundo…Como tú me enviaste al mundo, así yo los he enviado al mundo" (Juan 17:15-16, 18).

Aunque vivimos en esta tensión, vivimos en la realidad del amor, gozo, paz, paciencia, benignidad, bondad, fe, mansedumbre y templanza del reino celestial. Pablo escribió a los ciudadanos del Reino en Efesios:

> Y os dio vida a vosotros cuando estabais muertos en vuestros delitos y pecados, en los cuales anduvisteis en otro tiempo, siguiendo la corriente de este mundo, conforme al príncipe de la potestad del aire, el espíritu que ahora opera en los hijos de desobediencia, entre los cuales también todos nosotros vivimos en otro tiempo en los deseos de nuestra carne, haciendo la voluntad de la carne y de los pensamientos, y éramos por naturaleza hijos de ira, lo mismo

que los demás. Pero Dios, que es rico en misericordia, por su gran amor con que nos amó, aun estando nosotros muertos en pecados, nos dio vida juntamente con Cristo (por gracia sois salvos), y juntamente con él nos resucitó, y asimismo nos hizo sentar en los lugares celestiales con Cristo Jesús…Porque somos hechura suya, creados en Cristo Jesús para buenas obras, las cuales Dios preparó de antemano para que anduviésemos en ellas.

Aunque vivimos en la tierra, también estamos sentados en el reino celestial con el Rey que nos ha llevado a vivir en Su reino celestial, y, tenemos todos los recursos de este Reino, lo cual nos permite vivir la cultura del Reino sobre la tierra. Jesús les dijo a Sus discípulos "Así alumbre vuestra luz delante de los hombres, para que vean vuestras buenas obras, y glorifiquen a vuestro Padre que está en los cielos" (Efesios 2:1-6, 10).

LOS DONES DEL ESPÍRITU: EL PODER DE LA CULTURA DEL REINO

Cuando el Espíritu fue derramado en el Día de Pentecostés, a los ciudadanos del Reino les fue dado el poder del Gobernador, con varias habilidades del Reino para promover la cultura del Reino sobre la tierra. Estas habilidades son conocidas como "los dones del Espíritu" (ver 1 Corintios 12:7-11) El *fruto* tiene que ver con el carácter del Rey. Es el desarrollo de la naturaleza del Rey dentro de nosotros. Los *dones* tienen que ver con el poder del Rey. Uno es carácter, el otro es habilidad, pero ambos son necesarios para la vida en el Reino. Algunas de estas habilidades son los dones de sabiduría, conocimiento, fe, sanidad, milagros y profecía. Miraremos más de cerca estos dones en el capítulo trece. Sin embargo, debemos notar aquí que mientras el carácter se desarrolla con el tiempo, la habilidad del poder del Gobernador puede ser recibida inmediatamente después que una persona se realinea con el Rey y recibe la manifestación del Espíritu en su vida.

Con estos dones de poder viene gran responsabilidad. El carácter es más importante que el poder, porque protege nuestro uso del poder. Nos refrena de usarlo con motivaciones y propósitos equivocados. Nos impide usar nuestro poder para herir a otros en vez de ayudarles. Todos queremos poder, y cuando se nos ofrece, con frecuencia no pensamos en la necesidad de regularlo. Muchas personas buscan el poder sin darse cuenta cuán crítico es desarrollar las cualidades esenciales del Reino a la misma vez. Es más fácil recibir los dones del Espíritu que desarrollar el fruto del Espíritu. Es más fácil obtener el poder de Dios que desarrollar el carácter de Dios. Por lo tanto, debemos desarrollar las cualidades—tales como el amor, la benignidad y la templanza—porque estas moderarán nuestro uso de los dones.

Por consiguiente, las cualidades y los dones, ambos son importantes, pero las cualidades son vitales porque el poder sin el carácter es peligroso. Un balance entre los dos es un desafío para los ciudadanos del Reino. Creo que esta es la razón por la que Jesús invirtió tres años y medio enseñando a sus discípulos cómo vivir, cómo pensar y cómo actuar como ciudadanos del Reino. Primero les entrenó y luego recibieron el poder del gobierno celestial por medio del derramamiento del Espíritu el Día de Pentecostés. También les dijo que, después que hubiera regresado al Padre, el Gobernador continuaría entrenándoles porque ser transformado en la cultura del Reino es un proceso constante, de toda la vida.

LA INFLUENCIA DE LA CULTURA

Finalmente, la cultura es esparcida por medio de la influencia y las cualidades; los dones del Espíritu son la influencia del Reino sobre la tierra. A medida que le permitamos al Gobernador que transforme nuestras vidas en la naturaleza del Rey, y, a medida que demostremos su poder, nuestras vidas tendrán un efecto en los demás. Así es como el reino de los cielos se difundirá sobre la tierra. Cuando Pedro explicó que el derramamiento del Espíritu el Día de Pentecostés era el cumplimiento de la promesa del Rey, el impacto sobre las personas que estaban ahí, fue poderoso:

Los que recibieron su palabra [la de Pedro] fueron bautizados; y se añadieron aquel día como tres mil personas. Y perseveraban en la doctrina de los apóstoles, en la comunión unos con otros, en el partimiento del pan y en las oraciones. Y sobrevino temor a toda persona; y muchas maravillas y señales eran hechas por los apóstoles. Todos los que habían creído estaban juntos, y tenían en común todas las cosas; y vendían sus propiedades y sus bienes, y lo repartían a todos según la necesidad de cada uno. Y perseverando unánimes cada día en el templo, y partiendo el pan en las casas, comían juntos con alegría y sencillez de corazón, alabando a Dios, y teniendo favor con todo el pueblo. Y el Señor añadía cada día a la iglesia los que habían de ser salvos (Hechos 2:41-47).

¡Esto es un tremendo cuadro de una transformación cultural! El impacto público del amor de los creyentes, colaboración, enseñanza y demostraciones del poder del Reino, como reflejo de la cultura del Reino, era encauzado por la gracia que hallaron ante todas las personas que fueron testigos de su nuevo estilo de vida del Reino. Y de la influencia del reino de los cielos sobre la tierra crecía diariamente.

Como co-gobernantes bajo el Gobernador Real, servimos como embajadores de la cultura del Reino. La influencia del Reino crecerá de un compromiso personal a transformación de la comunidad hasta llegar a un impacto nacional para la conversión mundial. Pero todo empieza con una persona que deja la cultura de oscuridad por la del reino de vida y luz. ¿Con cuál reino está usted alineado en este momento?

PREGUNTAS DE ESTUDIO DEL CAPÍTULO ONCE

PREGUNTA PARA REFLEXIÓN

1. ¿Cómo ha visto el ambiente de una organización, escuela, negocio, familia o nación influenciado por el carácter de sus líderes?

EXPLORAR PRINCIPIOS Y PROPÓSITOS

2. La cultura de un país se puede resumir como su carácter nacional. ¿Cómo se define el carácter nacional?

3. ¿Por qué el carácter y las características de un monarca eran enormemente importantes para su reino?

4. ¿Qué declaración notable sobre los gobernantes hizo Jesús a sus discípulos que muestra que el reino de los cielos es radicalmente diferente del reinado de las tinieblas y de los reinos terrenales que están influenciados por él? ¿Cómo definiría usted el tema central de esta declaración?

5. ¿Qué cualidades esenciales mencionó Pablo como la naturaleza del Rey celestial y su reino?

6. Cuando se recibe el Espíritu Santo, también se recibe la semilla de la naturaleza real. ¿Cómo desarrolla usted esta semilla en su vida?

7. Explique la afirmación "Su cultura debe revelar su origen" en términos del reino de los cielos.

8. Cuando usted se realiza con el reino de los cielos, ¿en qué dos mundos o reinos vive ahora?

9. Nos enfrentamos continuamente con la elección de a cuál de estos reinos y su cultura cederemos. ¿Qué instrucción encontramos en

el Nuevo Testamento para ayudarnos a permanecer alineados con el reino de los cielos?

10. ¿Qué es lo primero que el Gobernador nos enseña? ¿Por qué?

11. Al darnos cuenta de que debemos reflejar la naturaleza de nuestro Rey-Padre, ¿qué deberíamos observar cuidadosamente en nuestras vidas?

12. ¿Cuál es nuestro propósito de estar en la tierra mientras todavía está influido por el reino de las tinieblas?

13. El fruto del Espíritu tiene que ver con el _____ del Rey, y los dones del Espíritu tienen que ver con el _____ del Rey.

14. Si bien la fruta y los dones son esenciales para la vida en el reino, ¿por qué el carácter es más importante que el poder? ¿Qué es el poder sin carácter?

15. Ser transformado en la cultura del reino es un proceso _____, _____.

APLICAR LOS PRINCIPIOS DE LA VIDA DEL REINO

PENSÁNDOLO BIEN

+ La forma en que usted se comporta, responde a los demás, reacciona a los problemas y enfrenta las desilusiones, todo debería revelar la cultura del cielo. ¿Qué aspectos del fruto del Espíritu necesita desarrollar, con la guía y la ayuda del Gobernador?
+ ¿Ha experimentado un «choque cultural» con miembros de su familia, amigos u otras personas que aún no han ingresado al reino

de los cielos? ¿Cómo ha respondido? ¿Le ha pedido al Gobernador que lo ayude a responder de acuerdo con la naturaleza del Rey?

ACTUAR AL RESPECTO

✦ El Dr. Monroe escribió que a veces tratamos de tener un pie en el reino de los cielos y un pie en el reino del mundo. Sin embargo, hemos visto que la cultura del reino de los cielos y la cultura del reino de las tinieblas son totalmente incompatibles. El reino de las tinieblas nunca puede reflejar la naturaleza del Rey. ¿En qué áreas de su vida está tratando de vivir en ambos reinos? Observe estas áreas, entrégueselas al Gobernador, y comprométase con él por la transformación en la naturaleza del Rey.

✦ ¿Está viendo lo que está permitiendo en la cultura personal de su espíritu, alma y cuerpo? Revise lo que está mirando en televisión, viendo en Internet, escuchando y leyendo, y evalúe estas cosas de acuerdo con una vida saludable en el reino.

ORAR SOBRE ESO

✦ A medida que se adapta a la naturaleza del Rey, haga de esto su meditación y oración diaria: "Sean, pues, aceptables ante ti mis palabras y mis pensamientos, oh Señor, roca mía y redentor mío" (Salmo 19:14 NVI).

"Así alumbre vuestra luz delante de los hombres, para que vean vuestras buenas obras, y glorifiquen a vuestro Padre que está en los cielos" (Mateo 5: 16).

PARTE 4

FUNCIÓN E IMPACTO DEL GOBERNADOR

DOCE

MANIFESTAR LA CULTURA DEL REINO

LA AUSENCIA DE UN GOBIERNO INTERNO SIEMPRE EXIGE MÁS LEYES EXTERNAS.

Como hemos visto, cada nación se manifiesta en expresiones culturales y sociales únicas. Hay maneras específicas en que las personas de ciertos países actúan, hablan y miran; al punto que usted puede reconocer que "ese es un bahamés", "ese es un italiano" o "ese es un ruso". Después de haberse rozado lo suficientemente con personas de varios países o regiones, usted empieza a reconocer sus distinguibles peculiaridades, actitudes y formas de hablar.

El capítulo anterior enfatizó que, como ciudadanos del reino celestial, deberíamos empezar a tomar las distinguibles características de nuestro nuevo país. Mientras todavía estemos rodeados por el reino de la oscuridad, debemos vivir desde *adentro* hacia afuera, en vez de desde afuera hacia adentro. Puesto que no estamos acostumbrados a vivir de esta manera, dependemos del Gobernador para instruirnos y capacitarnos en todas las maneras del Reino—mentalidad, estilo de vida y costumbres—para que lo que está dentro de nosotros pueda ser manifestado en nuestras actitudes, palabras y acciones.

En este capítulo, quiero explorar un aspecto de la cultura del Reino que es vital para todos los otros aspectos de ella; de hecho, esto con frecuencia nos lleva a los dones del Espíritu y está asociado a ellos, lo cual discutiremos con más profundidad en el capítulo trece.

Para empezar, veamos las características de todas las naciones humanas o reinos.

CARACTERÍSTICAS DE TODAS LAS NACIONES

Existen ciertas características que las naciones deben tener para establecerse y mantenerse como naciones. Ellas deben tener…

1. Tierra (territorio)
2. Cultura (la posición de la nación; sus ideales)
3. Valores (las normas que guían a la nación)

4. Idioma (una común forma de comunicación)

Por ejemplo, lo que hace a los Estados Unidos de América una nación, no es una etnia en particular o estándar de vida. Es el territorio, las creencias de su fundamento, los principios que se encuentran en su Constitución y otros documentos nacionales importantes, los valores que son extraídos de las creencias de su fundamento y su idioma común, el inglés.

EL PODER DEL IDIOMA PARA UN REINO

De las cuatro características anteriores, el *idioma* es la principal y mayor manifestación de la cultura de una nación.

¿Por qué es el idioma tan importante para una nación?

EL IDIOMA ES LA CLAVE PARA LA IDENTIDAD NACIONAL

Primero, el idioma es la clave para la identidad nacional. Cuando el Imperio Británico se apoderó de las Bahamas, la primera cosa que hicieron fue hacer que el pueblo aprendiera a hablar inglés. El idioma es poderoso porque le da al pueblo una perspectiva compartida no solo acerca de la vida, sino también en cómo esa vida es expresada. Se podría decir que la cultura está contenida en el idioma, porque este le da forma. Si usted y yo no podemos hablar el mismo idioma, nunca podremos tener la misma cultura porque no podemos comunicarnos entre sí. Entonces, la clave para la comunidad es el idioma. Un país no es realmente un país hasta que todo el pueblo hable la misma lengua.

EL IDIOMA CREA UNIDAD NACIONAL

Segundo, el idioma crea unidad nacional. Cuando una nación no tiene un idioma en común, la unidad del pueblo empieza a romperse. De hecho, los Estados Unidos están enfrentando un desafío con este tema. Algunas personas quieren que la nación sea oficialmente bilingüe debido a que muchos inmigrantes han llegado de países hispano-parlantes. Una cantidad de estos inmigrantes parecieran no querer aprender a hablar inglés, por lo que letreros y literatura están siendo impresos en español.

En las generaciones pasadas, cuando llegaron a Estados Unidos inmigrantes de pueblos tales como Irlanda e Italia, también hubo segmentos de la población que hablaban otro idioma. No obstante, la mayoría de estos inmigrantes querían aprender a hablar inglés, también querían que sus hijos lo hablaran, la situación fue un tanto diferente. Ellos no estaban solicitando que sus idiomas fueran reconocidos oficialmente, sino que estaban interesados en asimilar la cultura estadounidense al aprender inglés. La situación actual, de una nación bilingüe, ha provocado que el Congreso de los Estados Unidos proponga la legislación declarando que el idioma oficial sea el inglés.

Históricamente, los estadounidenses han acordado que su idioma sea el inglés, los franceses han acordado que su idioma sea el francés, y los pueblos de los países de América Latina y España han acordado que su idioma sea el español. Si usted emigra hacia otro país, se da por supuesto que sea su responsabilidad el adoptar el idioma del país al que va. De otra manera, esto provoca discordia. Por ende, cada nación adopta un idioma en común porque este es la clave para la unidad.

EL IDIOMA ES LA CLAVE PARA UNA COMUNICACIÓN EFICAZ

Tercero, el idioma es la clave para una comunicación eficaz. La cultura, valores, historia, objetivos, necesidades y deseos nacionales pueden ser transmitidos solamente si los líderes y ciudadanos de la nación pueden eficazmente comunicarse estas cosas entre sí y las generaciones siguientes. Un idioma en común es esencial para lograr esto, especialmente para ayudar a asegurar la exactitud de la transmisión.

EL IDIOMA ES LA CLAVE PARA LA EXPRESIÓN EFICAZ

Cuarto, el idioma es la clave para la expresión eficaz. Usted no podrá articular lo que desea decir si carece de palabras para hacerlo. Tal carencia hace difícil que el pueblo participe en una nación como ciudadanos en pleno derecho.

EL IDIOMA SIGNIFICA UNA HERENCIA EN COMÚN

Quinto, el idioma es la clave para la herencia en común. Este identifica el país originario de aquellos que hablan dicho idioma. Por ejemplo, si un hombre de Portugal se encuentra con uno de Brasil, reconocerían su herencia común porque ambos hablan portugués, aunque pueda haber diferencias regionales en sus respectivas expresiones del idioma.

EL IDIOMA ES LA CLAVE PARA TRANSFERENCIA GENERACIONAL

Sexto, el idioma es la clave para la transferencia generacional. Cuando las familias emigran de una nación y los padres preservan el idioma y las costumbres del país natal, pero sus hijos no, a la larga habrá situaciones en las que los nietos no puedan hablar con sus abuelos y perderán el contacto con su herencia. Esto quiere decir que, si yo quiero pasar mis valores, creencias y tradiciones familiares a mis hijos, tengo que ser capaz de comunicarme con ellos en un idioma en común. Por lo tanto, el idioma preserva la herencia familiar en todas las generaciones.

PÉRDIDA DE LA UNIDAD Y LA COMUNICACIÓN CON EL REINO

Estos puntos acerca del poder y valor del idioma tienen implicaciones para la cultura del Reino sobre la tierra. Cuando los seres humanos se rebelaron contra su gobierno celestial y perdieron al Gobernador, fueron interrumpidas las claras líneas de comunicación entre el Reino y los habitantes de la tierra. En este sentido, podríamos decir que el cielo y la tierra ya no tenían un "idioma en común". Los seres humanos, entonces, trataron de usar su idioma humano para desasociarse aún más del Rey. Examinemos cómo resultó esto:

El libro de Génesis registra: "Tenía entonces toda la tierra una sola lengua y unas mismas palabras. Y aconteció que cuando salieron de oriente, hallaron una llanura en la tierra de Sanar, y se establecieron allí" (Génesis 11:1-2). Aprendemos, en Génesis 3, que después de que Adán y Eva fueron expulsados del jardín del Edén, la entrada al lado Este del huerto estaba específicamente custodiada para que no pudieran regresar (ver Génesis 3:24). Aparentemente, se fueron por el lado Este y la humanidad continuó moviéndose hacia el Este a medida que creció la población de la tierra.

En Génesis 11, encontramos que el pueblo estaba todavía extendiéndose hacia el Este y que había mantenido un idioma en común. Este es el capítulo que describe cómo el pueblo decidió construir una ciudad con una inmensa torre (ver Génesis 11:1-9). El incidente muestra el poder del idioma. Las personas querían construir una torre para poder alcanzar los cielos; de hecho dijeron algo así: "construiremos una torre y haremos un nombre para nosotros mismos" (ver Génesis 11:4). La respuesta de Dios fue: "He aquí el pueblo es uno, y todos éstos tienen un sólo lenguaje; y han comenzado la obra, y nada les hará desistir ahora de lo que han pensado hacer" (Génesis 11:6). Nótese que Él dijo: "y todos éstos *tienen un sólo lenguaje*", indicando que la clave para el poder es el idioma.

Sin embargo, el deseo del pueblo para construir fue una indicación de su separación del país originario. Cuando usted construye algo solo para su propio honor y propósitos, aunque use la mente, el talento y el material que el Rey le ha dado, y, usted llama eso como suyo propio, ese algo pasa a ser lo mismo que adorar a un ídolo. Cualquier cosa más importante para nosotros que el Rey Creador, es un ídolo, por lo que el pueblo estaba a punto de construir una torre que era más importante para ellos de lo que era su Rey Creador.

El Rey no está en contra de que el pueblo construya ciudades o torres. De hecho, él quiere que construyamos los sueños que están en nuestros corazones, los cuales él ha puesto allí. Más bien, él estaba en contra de su búsqueda egoísta hacia la fama y su arrogancia. Debemos hacer todo para la gloria del Rey, no la nuestra. Si eso no es para su gloria, posteriormente eso será nuestro detrimento.

Nuevamente, la clave de su habilidad para construir la torre fue su idioma unificado. "He aquí el pueblo es uno, y todos éstos tienen un sólo lenguaje; y han comenzado la obra, y nada les hará desistir ahora de lo que han pensado hacer" (Génesis 11:6). El poder del idioma es su habilidad de producir. Hoy en día, vemos que la barrera del idioma impide a muchos países trabajar juntos en proyectos, y, puede causar problemas de comunicación para las compañías que tratan de construir en otros países.

Debido a que todo el mundo en esa época tenía un mismo idioma, podemos decir que todo el mundo tenía potencial poderoso. Pero usaron ese poder del idioma para construir algo para ellos mismos, y el Rey dijo algo así: "Esto está mal. Todo lo que están usando es mío. La tierra es mía. El agua es mía. La paja es mía. Los clavos y los martillos son todos hechos de materiales que Yo he creado". Por lo que Su respuesta fue: "Vamos, descendamos, y *confundamos su idioma* para que no se entiendan entre sí" (Génesis 11:7). Él no dijo: "Vamos a destruir la torre", porque eso no era necesario. Si ellos no podían comunicarse entre sí, la torre no podía terminarse.

El relato de Génesis continua: "Por esto fue llamado el nombre de ella Babel—porque allí confundió Jehová el lenguaje de toda la tierra, y desde allí los esparció sobre la faz de toda la tierra" (Génesis 11:9). De este incidente tenemos la palabra *babel*. *Babel* significa "confusión".[1] Cuando decimos que alguien está balbuceando, queremos decir que está diciendo algo incomprensible. Originalmente, la torre no fue llamada Torre de Babel. Así fue llamada después que el Rey destruyó la habilidad de las personas para comunicarse en otro idioma.

El confundir el idioma de la humanidad fue la manera en que el Rey Padre nos protegería hasta que un día pudiera restaurar nuestro idioma celestial con el regreso del Gobernador, en el momento que podamos usarlo de acuerdo con la naturaleza del reino. El expulsar a los seres humanos del jardín ha protegido a la humanidad de comer del Árbol de la Vida y vivir en un eterno estado de rebelión y separación de Dios, sin esperanza de redención. Similarmente, al confundir el idioma de la humanidad resguardó a los seres humanos de su autodestrucción en la búsqueda de objetivos, solo para lograr sus propósitos egoístas. La acción fue para el máximo bien de ellos.

Si la clave del poder es un idioma, entonces la clave de la debilidad son muchos idiomas. Creo que esta es una de las razones por las que la Organización de las Naciones Unidas es tan ineficiente. Los diferentes idiomas y las culturas que crean, inevitablemente promueven los malos entendidos y la desunión, y, no es posible cambiar este tema fundamental, aunque sean organizaciones bien intencionadas.

Por ende, la rebelión de los seres humanos dañó su unidad y comunicación con Dios y con ellos mismos hasta que el Rey-Hijo pueda colocarlos de nuevo en posición para reconectarlos por medio del Gobernador. Considerablemente, esta restauración de comunicación y unidad fue caracterizada por la habilidad de hablar los idiomas celestiales, habilidad dada por el Espíritu Santo. Una vez más, podemos ver por qué la clave para devolver la cultura del Reino a la tierra es el Gobernador.

IDIOMAS CELESTIALES

Una de las primeras cosas que el Gobernador nos da después de recibir su llenura es la habilidad de hablar los idiomas celestiales. Puede que él dé un idioma terrenal que el orador no entienda. Puede que él dé un idioma celestial que no es conocido en la tierra. Por medio de los idiomas celestiales, el Gobernador capacita a los seres humanos a compartir una vez más "un lenguaje en común" con el Rey celestial, demostrando así que ellos pertenecen a su Reino. Después de que Jesús había cumplido su misión de restauración, le dijo a sus discípulos: "Recibiréis poder, cuando haya venido sobre vosotros el Espíritu Santo" (Hechos 1:8). Pero también dijo: "Estas señales seguirán a los que cree: En mi nombre echarán fuera demonios; *hablarán nuevas lenguas*…sobre los enfermos pondrán sus manos, y sanarán" (Marcos 16:17-18). Jesús estaba destacando la evidencia de las vidas que han sido conectadas con el reino celestial.

La promesa del Padre no fue solo para recibir el *poder* del Reino, sino también para recibir el *idioma* del Reino. De acuerdo a Jesús, cuando usted recibe la ciudadanía, usted recibe "nuevas lenguas". El Gobernador le da a usted los idiomas del reino celestial. Repasemos lo que pasó cuando el Espíritu fue derramado en el Día de Pentecostés:

> Cuando llegó el día de Pentecostés [los ciento veinte seguidores de Jesús en ese momento], estaban todos unánimes juntos. Y de repente vino del cielo un estruendo como de un viento recio que soplaba, el cual llenó toda la casa donde estaban sentados; y se les aparecieron lenguas repartidas, como de fuego, asentándose sobre cada uno de ellos. Y fueron todos llenos del Espíritu Santo, y comenzaron a hablar en otras lenguas, según el Espíritu les daba que hablasen (Hechos 2:1-4).

"Y fueron todos llenos del Espíritu Santo, y comenzaron a hablar en otras lenguas, según el Espíritu les daba que hablasen". De pronto, aquellas ciento veinte personas que estaban reunidas para adorar al Rey Padre y esperaban el derramamiento del Espíritu, fueron facultados por el Gobernador para hablar en otras lenguas. En este caso en particular, los idiomas dados por Dios incluyeron idiomas humanos que la multitud internacional pudo comprender. El Rey estaba comunicando su plan de restauración por medio del especial don de lenguas dado a sus ciudadanos del Reino. Esta fue una señal del cumplimiento de su promesa. Esto demostró que las líneas de comunicación entre el cielo y la tierra fueron abiertas una vez más por medio del retorno del Gobernador. Esto también fue indicación de que Dios desea restaurar la unidad entre los pueblos del mundo.

Pedro le dijo a aquellos que presenciaron su hablar en lenguas: "A este Jesús resucitó Dios, de lo cual todos nosotros somos testigos.

Así que, exaltado por la diestra de Dios, y habiendo recibido del Padre la promesa del Espíritu Santo, ha derramado *esto que vosotros veis y oís"* (Hechos 2:32-33). Cuando el Gobernador mora en nuestras vidas, nosotros estamos supuestos a *oír* su presencia, no solo a verla. Su presencia está supuesta a ser manifestada en la evidencia del idioma.

Notemos la belleza de esta acontecimiento: En el incidente de la Torre de Babel, Dios confundió al pueblo con múltiples idiomas para poderlos debilitar. Aquí, Él les dio el don de lenguas para fortalecerlos para su nueva vida en el Reino y facultarlos para comunicar la promesa del Espíritu a otros habitantes que necesitaban oír este mensaje. Este don de lenguas también sirvió para unir a los ciudadanos del Reino como un pueblo que pertenece al Dios Padre.

He viajado por más de setenta países, mayormente para hablar en conferencias, pero algunas veces para visitar. No entiendo los idiomas de muchas de estas naciones. Sin embargo, cuando he asistido a conferencias en la mayoría de estos lugares, algo especial ha ocurrido que ilustra la unidad en las personas, unidad que se da por haber recibido los idiomas celestiales.

Por ejemplo, recientemente estuve ministrando en Ucrania, donde veinte mil personas estaban reunidas en un auditorio. Yo no entiendo el ucraniano. Sin embargo, empezamos a adorar y todo el lugar parecía explotar con idiomas celestiales. Cuando escuché a veinte mil personas, que hablaban ucraniano, hablar en lenguas yo me les uní y pensé: "¡Ahora somos uno solo!". De pronto me sentí como en casa. Esto me recuerda otra vez que el poder de la unidad está en el idioma.

En un incidente similar, mi esposa y yo fuimos a Alemania, hace algunos años, y visitamos una iglesia pentecostal donde yo era el predicador invitado. Por supuesto, todos hablaban en alemán. Luego ellos empezaron a adorar y a hablar en lenguas. De pronto, tuve la misma sensación de estar como en casa. Oírles hablar en lenguas era sentir que "estamos en familia". Las barreras se derrumbaron. Reconocimos que todos éramos ciudadanos del Reino y que tenemos una herencia en común. Después de que la parte de la adoración finalizó y las personas empezaron a hablar en alemán, ya no entendía ni una palabra y me sentí otra vez como extranjero. Los idiomas celestiales son más poderosos de lo que muchos creemos.

PROPÓSITOS DE HABLAR EN LENGUAS

El propósito del Gobernador es entrenarnos en las costumbres de nuestro país originario; y el idioma, como ya hemos visto, es la característica más crucial de una nación. Revisemos varias maneras en que los idiomas [o lenguajes] son importantes para nosotros.

PROVEE IDENTIDAD EN EL REINO

El hablar en lenguas es un elemento clave de nuestra identidad en el Reino. Una vez más, después de nuestra reconciliación con el Rey, el habernos dado la habilidad de hablar en idiomas [o lenguas] celestiales significa que el Gobernador está capacitándonos, como lo fuimos antes, para compartir un "idioma" celestial en común con el Rey Padre.

NOS DAN COMUNICACIÓN DIRECTA CON EL REY

Las lenguas también facultan a la humanidad para, una vez más, comunicarse directamente con el Rey Padre. Por ejemplo, existen ocasiones cuando se nos dificulta expresar nuestros deseos y necesidades ante el gobierno celestial hablando en los idiomas terrenales. Pablo escribió que, en esas ocasiones, el Gobernador habla a través nuestro al Padre, por medio de la comunicación espiritual:

De igual manera el Espíritu nos ayuda en nuestra debilidad; pues qué hemos de pedir como conviene, no lo sabemos, pero el Espíritu mismo intercede por nosotros con gemidos indecibles. Mas el que escudriña los corazones sabe cuál es la intención del Espíritu, porque conforme a la voluntad de Dios intercede por los santos (Romanos 8:26-27).

El Gobernador provee estos idiomas celestiales para que, junto con otra comunicación, se vuelva posible que expresemos nuestras necesidades y peticiones cruciales ante el Rey.

SON SEÑAL DE QUE ESTAMOS RECONECTADOS CON EL REY

Cuando los seguidores de Jesús por primera vez hablaron en "nuevas lenguas", según el Espíritu Santo las derramó en ellos, era una señal para los miles de personas reunidas para la Fiesta de Pentecostés de que estos discípulos estaban conectados con el reino celestial. Como Pablo enseñó:

"Las lenguas son por señal, no a los creyentes, sino a los incrédulos; pero la profecía, no a los incrédulos, sino a los creyentes" (1 Corintios 14:22).

SON EVIDENCIA DE NUESTRA CIUDADANÍA EN EL REINO

Hay un incidente en el libro de Hechos donde el Espíritu Santo fue derramado sobre los nuevos ciudadanos del Reino en la ciudad de Cesárea mientras Pedro les explicaba el evangelio del Reino. Pedro y los demás creyentes reconocieron que estos eran conciudadanos, "porque los oían que hablaban en lenguas, y que magnificaban a Dios" (Hechos 10:46). Su hablar en lenguas fue clara evidencia de su ciudadanía en el reino celestial.

PREGUNTAS COMUNES ACERCA DE HABLAR EN LENGUAS

Inevitablemente, en una discusión acerca del hablar en lenguas, las personas tienen ciertas preguntas, tales como…

+   ¿Son reales las lenguas?
+   ¿Fueron las lenguas solo para el tiempo de Jesús y sus primeros seguidores?
+   ¿Es necesario hablar en lenguas para vivir la vida de un ciudadano del Reino?

Discutamos estas preguntas.

¿SON REALES LAS LENGUAS?

Las lenguas son verdaderas comunicaciones articuladas entre el cielo y la tierra. Muchas personas se preguntan si las lenguas son reales porque el hablar en lenguas ha sido puesto en un contexto de algo que es extraño o anormal. Los primeros seguidores de Jesús hablaron en lenguas, como Jesús les había dicho que lo harían. Los ciudadanos del Reino, a través de los últimos dos milenios, han hablado con el Rey usando este medio. Si entendemos que las lenguas llegan naturalmente para los ciudadanos del Reino, su extrañez desparece y su verdadero propósito se vuelve claro.

¿FUERON LAS LENGUAS SOLO PARA EL TIEMPO DE JESÚS Y SUS PRIMEROS SEGUIDORES?

Las lenguas fueron dadas a los ciudadanos del Reino para ayudarles con los propósitos del Reino, y, todavía estamos viviendo en un tiempo en que necesitamos de esta asistencia sobre la tierra. Los valores que estas tenían para los ciudadanos del primer siglo son los mismos valores para nosotros en la actualidad: la comunicación con el Rey Padre a medida que cumplimos su voluntad en el mundo.

Con todo, no es de sorprenderse que haya algunos malos entendidos y conflictos entre las personas en lo que concierne a hablar en lenguas. Leemos en el relato de Génesis referente a la Torre de Babel:

> He aquí el pueblo es uno, y todos éstos tienen un solo lenguaje; y han comenzado la obra, y nada les hará desistir ahora de lo que han pensado hacer. Ahora, pues, descendamos, y confundamos allí su lengua, para que ninguno entienda el habla de su compañero. Así los esparció Jehová desde allí sobre la faz de toda la tierra, y dejaron de edificar la ciudad. Por esto fue llamado el nombre de ella Babel, porque allí confundió Jehová el lenguaje de toda la tierra, y desde ahí los esparció sobre la faz de toda la tierra (Génesis 11:6-9).

Como ya hemos discutido, cuando las personas no se entienden entre sí se inclinan a separarse. Todos queremos estar con personas que nos entienden. Es por esta razón que, generalmente, todas las personas de habla inglesa se agrupan, todos los de habla francesa se quedan juntos, todos los de habla española se unen, etc. El idioma crea diferencias y las diferencias pueden crear sentimientos de competitividad, presiones y conflicto. Cuando vamos a la raíz, a menudo la guerra es creada por las diferencias en el idioma.

Por consiguiente, cuando algunos ciudadanos del Reino no entienden el valor del don de lenguas y no lo han recibido, inevitablemente ocurren conflictos y malos entendidos entre ellos y otros ciudadanos del Reino, y, esto es lamentable. Creo que los idiomas celestiales son un unificador poderoso para los que las reciben, y, es por eso que Lucifer lucha contra el bautismo con el Espíritu Santo y el derramamiento de los dones celestiales en los hijos del Rey.

Él insta a algunos ciudadanos del Reino a crear doctrinas contra el don de lenguas; de esta manera él trata de asegurarse que no todos los ciudadanos del Reino hablen un unificador "idioma" en común. Esto es, en gran parte, la razón por la cual tenemos posiciones teológicas en contra de las lenguas, tales como las que dicen que las lenguas no son reales o que eran solamente para los primeros seguidores de Jesús.

Tenemos seminarios que enseñan que estos idiomas [o lenguas] dados por Dios ya no existen. Desafortunadamente, estas escuelas están enseñando ignorancia. Pero el daño real es que esta oposición al bautismo con el Espíritu y las lenguas privan a algunos ciudadanos del Rey de tener todo el poder que necesitan para ejercer la vida del Reino.

El diablo sabe que él está en problemas cuando empezamos a hablar en lenguas. El hablar en lenguas es nuestra llave para vencer los obstáculos en muchas áreas de nuestras vidas. Por ejemplo, yo solía ser estudiante de calificación muy baja. Después de que empecé a hablar en lenguas, cuando ya estaba en la secundaria, me volví un excelente estudiante, y es más, me gradué como el primero de mi clase. Por tanto, las lenguas son dadas para renovar las vidas de los individuos que son ciudadanos del Reino y les capacita para ejercer poder para los propósitos del Reino.

¿ES NECESARIO HABLAR EN LENGUAS PARA SER UN CIUDADANO DEL REINO?

Usted puede ser ciudadano del Reino sin hablar en lenguas. Sin embargo, usted tendrá problemas comunicándose con el Reino y, como ya dije, carecerá del poder que pudiera tener para vivir la vida del Reino. He aquí una ilustración para mostrarle que los dones del Espíritu y las lenguas, en particular, son muy prácticos.

En mi iglesia, tengo miembros o visitas que llegan de diversos países. Hay personas de las Filipinas, que hablan filipino. Hay personas de Haití, que hablan "creole" [francés criollo]. Hay personas de México que hablan español. Si una mujer de las Filipinas ora el Padre Nuestro en filipino, la mayoría de nosotros no podría entenderla. Sin embargo, ¿tendría algún sentido? Sí, para otras personas de su país de origen. Si un hombre de Haití habla un salmo en *creole*, no tendría ningún sentido para nosotros, pero tendría sentido para las personas de Haití. Lo mismo se aplicaría a alguien de México que hable en español.

Ahora, solo porque no podamos entenderles, ¿haría eso que su idioma sea inválido? ¿Podría usted ser capaz de decir que sus idiomas no son verdaderos? O, ¿podría su creencia o incredulidad en lo que dijeron, cambiar el hecho de que sus idiomas fueron genuinos? No. Ya sea que entendimos o estemos de acuerdo con ellos, los idiomas seguirán siendo auténticos. Pablo escribió:

Tantas clases de idiomas hay, seguramente, en el mundo, y ninguno de ellos carece de significado. Pero si yo ignoro el valor de las palabras, seré como extranjero para el que habla, y el que habla será como extranjero para mí (1 Corintios 14:10-11).

Ahora supongamos que uno de los miembros o visitas de esa iglesia aprendiera inglés. Puesto que no es el idioma de su país, cuando levante el teléfono para llamar a sus familiares en su país, tendría que cambiar el inglés y hablar en el idioma de su país. Por ende, si él quiere información desde las Bahamas, hablará en inglés; pero si quiere información de su país, hablará el idioma de su país natal.

De manera similar, cuando hablamos en lenguas aquí en la tierra, es como si usted levantara el teléfono para llamar a su país natal y hablara en su idioma natal. Las Escrituras dicen: "Porque el que habla en lenguas no habla a los hombres, sino a Dios; pues nadie le entiende, aunque por el Espíritu habla misterios" (1 Corintios 14:2). Con respecto a la oración, debemos hablar en lenguas más de lo que oramos en nuestro idioma humano. Esto es porque no queremos una traducción falsa de nuestra intención cuando estamos hablándole al cielo. Las Escrituras nos dicen que el Gobernador conoce la mente y la voluntad de Dios. Por lo que, cuando oramos en el Espíritu, sabemos que el Rey nos escucha y que tendremos las cosas que le hemos pedido, ya que el Gobernador nos ayuda a orar de acuerdo a la voluntad del Gobierno. Necesitamos una línea directa al cielo, y, las lenguas son esa línea directa. Cuando está lleno del Espíritu Santo, usted puede hablar en lenguas en cualquier momento del día, en cualquier momento que necesite comunicarse con su Rey Padre. Es por esta razón que usted y yo fervientemente deberíamos *desear* los dones espirituales, tal como lo dijo Pablo, pues son importantes recursos del reino celestial.

Algunas personas se refieren acerca de hablar en lenguas como a balbucear. De hecho, lo cierto es que es todo lo contrario. Los idiomas celestiales comunican los pensamientos y peticiones del corazón más claramente que ningún idioma terrenal. Con las lenguas, no estamos hablando con nuestras mentes, sino por medio de nuestros espíritus, y, el Espíritu comunica cada necesidad. Para mí, el hablar en inglés puede interferir con mi habilidad de orar. Es por eso que oro en lenguas la mayoría de las veces. Me gusta orar en lenguas porque mis oraciones no necesitan ser "traducidas".

Incluso concluiría que el hablar en lenguas no es realmente una opción para un ciudadano del reino de los cielos. Tal vez usted haya crecido en una iglesia donde no creen ni practican el hablar en lenguas. Sin embargo, su teología o su iglesia no le entablan una relación con Dios. Es la obra de sacrificio de Jesús y el Espíritu Santo dentro de usted lo que le permite entablar esta relación. El Espíritu Santo le lleva al reino de Dios y le da la habilidad de hablar en lenguas para que pueda comunicarse con su Rey Padre.

DIFERENTES MANIFESTACIONES DE LENGUAS

Dos diferentes formas de lenguaje celestial están descritas en las Escrituras. Estas diferencias solo demuestran la versatilidad del idioma; así también, cómo cambia la comunicación dependiendo de aquellos con quienes nos estamos comunicando.

PARA UNA DIRECTA COMUNICACIÓN PERSONAL CON EL REY

En gran parte lo que hemos estado discutiendo en este capítulo, es el primer tipo de comunicación en lenguas, la cual es para una directa comunicación personal con el Rey. Pablo escribió: "Porque el que habla en lenguas no habla a los hombres, sino a Dios; pues nadie le entiende, aunque por el Espíritu [o, por medio del Espíritu] habla misterios" (1 Corintios 14:2).

PARA UNA COMUNICACIÓN CELESTIAL CON OTROS CIUDADANOS DEL REINO

El segundo tipo de comunicación en lenguas no es personal, sino colectiva. Pablo les enseñó a los ciudadanos del Reino del primer siglo que el ministerio de los dones espirituales, en contraste con los dones espirituales personales, son para la edificación de *todos* aquellos en una reunión local de ciudadanos del Reino. Estos incluyen la declaración pública de la voluntad del Rey en un(os) idioma(s) celestial(es), acompañado(s) de interpretaciones en el lenguaje de las personas ahí reunidas para asegurar que todos entienden el mensaje. Pablo escribió:

Pero a cada uno le es dada la manifestación del Espíritu para provecho. Porque a éste es dada por el Espíritu palabra de sabiduría…
a otros, diversos géneros de lenguas, y a otros, interpretación de lenguas (1 Corintios 12:7-8, 10).

Vosotros, pues, sois el cuerpo de Cristo, y miembros cada uno en particular. Y a unos puso Dios en la iglesia, primeramente apóstoles, luego profetas, lo tercero maestros, luego los que hacen milagros, después los que sanan, los que ayudan, los que administran, los que tienen don de lenguas. ¿Son todos apóstoles? ¿Son todos profetas? ¿Todos maestros? ¿Hacen todos milagros? ¿Tienen todos dones de sanidad? ¿Hablan todos lenguas? ¿Interpretan todos? (1 Corintios 12:27-30).

Cuando os reunís, cada uno de vosotros tiene salmo, tiene doctrina, tiene lengua, tiene revelación, tiene interpretación. Hágase todo para edificación. Si habla alguno en lengua extraña, sea esto por dos—o a lo más tres—y por turno; y uno interprete (1 Corintios 14:26-27).

Por lo cual, el que habla en lengua extraña, pida en oración poder interpretarla (1 Corintios 14:13).

Pablo estaba enseñando que un don especial para comunicar la voluntad de Dios a través del lenguaje celestial, es dado a alguien a quien el Gobernador le ayuda a expresar el pensamiento del Rey para que dicho individuo se lo presente a los ciudadanos. Nótese que Pablo dijo que este don es para "bien en común", en vez de edificación individual. Debe usarse para ayudar que todos los ciudadanos conozcan la voluntad del Rey y sean consolados y animados por sus palabras. Pablo concluyó: "Así, pues, hermanos, procurad profetizar, y no impidáis el hablar lenguas, pero hágase todo decentemente y con orden" (1 Corintios 14:39-40). Deberíamos fomentar la declaración pública de las lenguas y su interpretación, mientras sea hecho de acuerdo a los alineamientos estipulados en la Constitución del Reino.

DIEZ RAZONES PARA HABLAR EN LENGUAS

Para ser llenos del Espíritu, hay más que el hablar en lenguas, pero las lenguas son una parte integral e importante de la manifestación de la presencia del Gobernador en nuestras vidas. El hablar en lenguas es como la corriente de un río que nunca debería secarse. Enriquecerá y edificará nuestras vidas espirituales. En mi experiencia, el don de lenguas es una llave decisiva para liberar y usar otros dones del Espíritu. Esto, por supuesto, se aplica al don de interpretación de lenguas, pero también a los otros dones, particularmente al de profecía, sabiduría y conocimiento [o ciencia] porque todos ellos involucran el uso del idioma.

Miremos rápidamente, diez razones por qué cada ciudadano del Reino debería hablar en lenguas.

1. SON UN SIGNO DE RECONEXIÓN CON EL REINO

Las lenguas con frecuencia son la evidencia inicial sobrenatural de la morada y llenura del Espíritu. Vemos esto primero en la experiencia de los seguidores de Jesús en el Pentecostés. También lo vemos en el servicio de Pablo de Tarso al Reino. El médico, Lucas, escribió en el libro de Hechos: "Entre tanto que Apolo estaba en Corinto, Pablo, después de recorrer las regiones superiores, vino a Éfeso, y hallando a ciertos discípulos" (Hechos 19:1).

Nótese que fueron llamados *discípulos*. En realidad, ellos fueron seguidores de Juan el Bautista, y Pablo les dijo, algo así: "Están en el camino correcto, pero necesitan oír sobre aquel al que Juan estaba refiriéndose, y necesitan la cosa más importante que Jesús proveyó para ustedes. Necesitan el bautismo con el Espíritu Santo" (ver Hechos 19:2-4).

Estos discípulos le habían dicho a Pablo: "Ni siquiera hemos oído si hay Espíritu Santo" (ver Hechos 19:2). Ellos no son diferentes a muchas personas en las iglesias de hoy cuya teología ha excluido la obra activa del Espíritu Santo en sus vidas. Creen en el Rey y su Reino, pero no son conscientes de todo el mover del Gobernador en sus vidas.

Cuando estos discípulos oyeron del evangelio del Reino, al que Juan los estaba guiando, y que Pablo les explicó completamente, ellos fueron bautizados en el nombre del Señor Jesús. Cuando Pablo impuso manos sobre ellos y oró por ellos, el Espíritu Santo cayó sobre ellos e inmediatamente hablaron en lenguas y profetizaron.

Una evidencia de que estamos reconectados con el país originario es que recibimos el idioma celestial.

2. PARA EDIFICACIÓN

El hablar en lenguas edifica, o recarga, nuestros espíritus. Somos personalmente fortalecidos a medida que interactuamos con el Rey a través del Gobernador. Como escribió Pablo: "El que habla en lengua extraña, a sí mismo se edifica" (1 Corintios 14:4). Las lenguas nos son dadas para que nuestra comunicación con Dios pueda ser como lo fue para Adán—sin interferencias.

3. PARA RECORDARNOS LA PRESENCIA DEL GOBERNADOR QUE HABITA EN NOSOTROS

Las lenguas nos hacen darnos cuenta de la presencia del Espíritu Santo morando en nosotros, y, cuando somos conscientes de su presencia, somos animados y confortados. Jesús dijo:

> Y yo rogaré al Padre, y os dará otro Consolador, para que esté con vosotros para siempre: el Espíritu de verdad, al cual el mundo no puede recibir, porque no le ve, ni le conoce; pero vosotros le conocéis, porque mora con vosotros, y estará en vosotros (Juan 14:16-17).

4. LAS LENGUAS MANTIENEN NUESTRAS ORACIONES EN LÍNEA CON LA VOLUNTAD DEL REY

El orar en lenguas mantendrá nuestras oraciones en línea con la voluntad de Dios y nos impedirá orar con egoísmo. Como ya cité anteriormente de los escritos de Pablo:

> Y de igual manera el Espíritu nos ayuda en nuestra debilidad; pues qué hemos de pedir como conviene, no lo sabemos, pero el Espíritu mismo intercede por nosotros con gemidos indecibles. Mas el que escudriña los corazones sabe cuál es la intención del Espíritu, porque conforme a la voluntad de Dios intercede por los santos (Romanos 8:26-27).

5. PARA ESTIMULAR LA FE

El orar en lenguas estimula la fe. Cuando sabemos que el Espíritu está completamente comunicando nuestras necesidades, entonces podemos confiar en Dios más plenamente. El tener fe también nos *guía* a orar en lenguas a medida que vamos al trono del Rey Padre en propósito y confidencia. El autor del libro de Judas, en el Nuevo Testamento, escribió acerca de la fe y el hablar en lenguas: "Pero vosotros, amados, edificándoos sobre vuestra santísima fe, orando en el Espíritu Santo" (Judas 20).

6. PARA MANTENERNOS LIBRES DE LA CONTAMINACIÓN MUNDANA

Las lenguas nos mantienen en constante conexión con la cultura del Reino, aunque vivamos en medio de la cultura del mundo. Podemos hablarle al Rey Padre cuando estamos en el trabajo, en la casa o en cualquier lugar. Nuestra conexión con el Rey a través del Gobernador ayuda a mantener puras nuestras mentes y acciones. También podemos animarnos, no solo a nosotros mismos, sino también a otros en las costumbres del Reino por medio de la comunicación celestial. Pablo escribió: "Hablando entre vosotros con salmos, con himnos y cánticos espirituales, cantando y alabando al Señor en vuestros corazones" (Efesios 5:19).

7. NOS CAPACITAN PARA ORAR POR LO DESCONOCIDO

El Espíritu conoce cosas de las que ni siquiera nos damos cuenta; por lo tanto, a través del lenguaje celestial, podemos interceder con paz y confianza. De nuevo, "pues qué hemos de pedir como conviene, no lo sabemos, pero el Espíritu mismo intercede por nosotros con gemidos indecibles" (Romanos 8:26).

8. NOS DAN REFRIGERIO ESPIRITUAL

Las lenguas son un tipo de terapia espiritual para la ansiedad, la agitación y la perplejidad. Pablo escribió:

Por nada estéis afanosos, sino sean conocidas vuestras peticiones delante de Dios en toda oración y ruego, con acción de gracias. Y la paz de Dios, que sobrepasa todo entendimiento, guardará vuestros corazones y vuestros pensamientos en Cristo Jesús (Filipenses 4:6-7).

9. NOS AYUDAN A DAR GRACIAS

Las lenguas ayudan a aquellos que no son ilustres en las cosas espirituales—y a todos nosotros, de hecho—a dar el tipo de gracias y alabanzas que el Rey se merece. Una combinación de oración en lenguaje humano y espiritual ayuda a nuestras mentes y espíritus a expresar nuestra gratitud, además de ser otra comunicación con el Rey. Pablo escribió: "Oraré con el espíritu, pero oraré también con el entendimiento; cantaré con el espíritu, pero cantaré también con el entendimiento" (1 Corintios 14:15).

10. PARA TRAER LA LENGUA BAJO SUJECIÓN

Por último—pero no lo menos importante—el hablar en el idioma celestial pone nuestras lenguas bajo control del Espíritu de Dios, algo que es muy necesitado en nuestras vidas. Leemos en el Nuevo Testamento, en el libro de Santiago: "Pero ningún hombre puede domar la lengua, que es un mal que no puede ser refrenado, llena de veneno mortal... De una misma boca proceden bendición y maldición. Hermanos míos, esto no debe ser así. ¿Acaso alguna fuente echa por una misma abertura agua dulce y amarga?" (Santiago 3:8, 10-11). Solamente cuando la lengua se somete al Gobernador puede ser controlada para hablar palabras de vida que vayan de acuerdo con el Rey y su Reino.

LAS LENGUAS FUERON CREADAS PARA TODA LA RAZA HUMANA

Para concluir este capítulo acerca de la manifestación de la cultura del Reino, quiero enfatizar que el hablar en lenguas no le "pertenece" a los cristianos carismáticos o pentecostales. Las lenguas fueron creadas para todo el mundo porque es un don que el Rey Hijo proveyó para todos los habitantes de la tierra. Está supuesto a ser usado por los casi siete mil millones de personas que viven ahora mismo sobre la faz de la tierra. Está supuesto a ser usado por todos los grupos étnicos—chinos, franceses, sudaneses, australianos, daneses, mejicanos—nadie está excluido de las intenciones de Dios.

En el Pentecostés, Pablo dijo: "Porque para vosotros es la promesa y para vuestros hijos, y para todos los que están lejos; para cuantos el Señor nuestro Dios llamaré" (Hechos 2:39). Es nuestro trabajo, como representantes del Reino, ayudar a las personas de todos los trasfondos a que entren en el reino de los cielos y puedan recibir este don y otros dones del Gobernador, los cuales les capacitarán vivir la vida del Reino sobre la tierra.

RECORDEMOS EL PROPÓSITO DE LAS LENGUAS: COMUNICACIÓN

Las lenguas son lindas, pero se han convertido en una doctrina, una denominación e incluso en toda una religión. Hemos perdido la visión de que las lenguas son idiomas celestiales recibidos desde los Alto, los cuales son un medio para alcanzar un fin: proveer comunicación entre el cielo y la tierra.

Hemos estado tratando las lenguas como si fueran un tema religioso, cuando realmente es uno *gubernamental* en términos del reino de Dios;

por medio de las lenguas, el Gobernador comunica nuestros peticiones al Rey, y la voluntad del Rey a nosotros. No podemos orar eficazmente sin el Gobernador, porque él conoce la mente del Rey y cómo nuestras peticiones caben dentro de los propósitos del Reino.

El hablar en lenguas es tan natural como hablar su propio lenguaje humano, ya sea inglés, español, francés o suajili. Pablo habló en lenguas frecuentemente (ver 1 Corintios 14:18). Él dijo: "Oraré con el entendimiento, pero oraré también con el Espíritu" (ver 1 Corintios 14:15 NVI). Como ciudadanos del reino de los cielos, debemos hacer lo mismo.

PREGUNTAS DE ESTUDIO DEL CAPÍTULO DOCE

PREGUNTA PARA REFLEXIÓN

1. ¿Alguna vez le cuesta comunicar sus necesidades o preguntas a Dios? ¿De qué maneras?

EXPLORAR PRINCIPIOS Y PROPÓSITOS

2. ¿Cuál de las cuatro características de todas las naciones es la manifestación primaria de su cultura?

3. Enumere las seis razones por las cuales esta característica es tan importante para una nación.

4. ¿Qué tipo de cosas es un lenguaje común capaz de transmitir que son vitales para la salud y la preservación de una nación?

5. ¿Qué sucedió en términos de lenguaje y comunicación cuando la humanidad se rebeló contra el Rey?

6. ¿Cuáles fueron las circunstancias que hicieron necesario que el Rey cambiara el único idioma de la humanidad a muchos idiomas y obstaculizara su comunicación entre ellos?

7. ¿Cuál es una de las primeras cosas que el Gobernador nos da después de que recibamos su reabastecimiento?

8. Enumere dos tipos de lenguaje celestial.

9. ¿Qué permite el Gobernador a los seres humanos hacer a través de los lenguajes celestiales?

10. ¿Qué declaración hizo Jesús que nos muestra que las lenguas o lenguas dadas por los cielos, son parte de la evidencia de vidas que han sido reconectadas al reino celestial?

11. El Espíritu Santo fue derramado en Pentecostés en cumplimiento de la promesa del Rey. Las multitudes internacionales que fueron reunidas escucharon a los discípulos de Jesús hablando sobre el plan de restauración del Rey en sus propios idiomas. Enumere varios hechos revelados por este evento.

12. ¿Cuáles son los cuatro propósitos vitales para hablar en lenguas dadas por el cielo?

13. ¿Qué nos proporcionan las lenguas cuando nos resulta difícil expresar nuestros deseos y necesidades al gobierno celestial en nuestro lenguaje terrenal?

14. Muchas personas se sienten incómodas con la idea de hablar en lenguas e incluso se preguntan si las lenguas son reales. Esto usualmente se debe a que las lenguas se les han presentado como algo extraño o anormal. ¿Qué deberíamos darnos cuenta que quitará esta idea de la extrañeza de las lenguas?

15. ¿Por qué las lenguas son relevantes para nosotros hoy, tanto como fueron relevantes durante el tiempo de los discípulos?

16. Enumere dos maneras en que se usan las lenguas en la comunicación.

17. ¿Cuáles son las diferencias en cómo se usan estos dos tipos de lenguas para el beneficio de los ciudadanos del reino?

18. Hablar en lenguas puede ser una clave crítica en
_____ y _____ otros dones del
Espíritu.

19. El Dr. Munroe presenta diez razones por las cuales cada ciudadano del reino debe hablar en lenguas. ¿Cuáles son estas razones?

20. ¿Cómo son las lenguas un asunto gubernamental en términos del
reino de Dios en lugar de un asunto religioso?

APLICAR LOS PRINCIPIOS DE LA VIDA DEL REINO

PENSÁNDOLO BIEN

+ ¿Cuál era su perspectiva de lenguas, o idiomas celestiales, antes de
leer este libro?
+ ¿Cómo ha cambiado su perspectiva de lenguas desde la lectura de
este capítulo y respondiendo las preguntas de este estudio?

ACTUAR AL RESPECTO

+ Si todavía no ha recibido el don de hablar en los idiomas que se
conceden en el cielo, pídale a su Padre celestial que le dé este regalo
a través del Gobernador. Entonces confíe en él para dársela y salir
en fe para recibirla.
+ Si ya ha recibido el don de lenguas, ¿con qué frecuencia lo ha estado ejercitando? ¿Ha estado haciendo uso de este don para satisfa-
cer diversas necesidades espirituales, como la edificación, la fe, dar
gracias y el refrigerio espiritual, que se identifican en este capítulo?
+ Haga un punto para incluir más oración en lenguas en sus oraciones diarias.

ORAR POR ESO

+ El Dr. Munroe dijo que las lenguas son la clave para superar obstáculos en muchas áreas de nuestras vidas. Él dio el ejemplo de cómo

orar al Padre en lenguas lo ayudó en sus estudios para que pasara de malas calificaciones a convertirse en un estudiante superior.

+ Piense en las áreas de su vida con las que está luchando. Traiga estas áreas delante del Padre en oración mientras ora en lenguas dadas por el cielo. El Gobernador nos ayuda a orar de acuerdo con la voluntad del gobierno celestial.

+ Al orar en lenguas, ore en confianza para que el Padre escuche sus oraciones y las responda.

Las lenguas son una línea directa al Rey celestial.

TRECE

LA ADMINISTRACIÓN DEL GOBERNADOR

LA NECESIDAD DE GOBIERNO ES EVIDENCIADA POR EL FRACASO DE LA HUMANIDAD PARA MANEJARSE A SÍ MISMA.

La responsabilidad principal de un gobernador es la administración sobre el territorio que le ha sido confiado. De la misma manera, el Gobernador celestial es responsable por la administración gubernamental sobre la colonia de la tierra. Él está presente para entrenar a los ciudadanos del Reino en cómo tener dominio en el territorio, ya que esa es nuestra función oficial bajo su liderazgo.

Como ya vimos en el capítulo diez, los dones del Espíritu son la delegación y distribución de poderes por el Gobernador a los ciudadanos del Reino, para ejercer el oficio gubernamental en la colonia. Ellos son dados para el propósito de *impactar* el ambiente terrenal. Cuando el Rey Hijo estuvo en la tierra, él sanó a las personas, echó fuera demonios, hizo milagros e incluso convirtió el agua en vino para ayudar al anfitrión de la boda. Hizo obras *prácticas* sobre la tierra. Él estaba resolviendo los problemas de la gente a través del poder del Gobernador. Y esa es la obra que continúa haciendo en nuestras vidas hoy, por medio del Espíritu Santo.

EL PODER AUTORIZADO ES DADO SEGÚN LA VOLUNTAD DEL GOBERNADOR

En un reino terrenal, el rey le da poder al gobernador para nombrar a varias personas a cargos gubernamentales en la colonia. Lo mismo es cierto concerniente al gobierno celestial. Pablo, después de enumerar varios dones del Espíritu, escribió: "Todas estas cosas las hace uno y el mismo Espíritu, repartiendo a cada uno en particular *como él quiere*" (1 Corintios 12:11). Cuáles dones, y a quién los delega, es su privilegio y responsabilidad. Necesitamos aprender cómo usar la autoridad y poder del Gobernador de la manera correcta para que podamos entregar sus maravillosas obras al mundo y traer un cambio de reinos sobre la tierra.

Pablo enumeró una cantidad de dones del Espíritu en su primera carta para los ciudadanos del Reino viviendo en la ciudad de Corinto:

No quiero, hermanos, que ignoréis acerca de los dones espirituales...Porque a éste es dada por el Espíritu palabra de sabiduría; a otro, palabra de ciencia según el mismo Espíritu; a otro, fe por el mismo Espíritu; y a otro, dones de sanidades por el mismo Espíritu. A otro, el hacer milagros; a otro, profecía; a otro, discernimiento de espíritus; a otro, diversos géneros de lenguas; y a otro, interpretación de lenguas (1 Corintios 12:1, 8-10 NVI).

EL PODER AUTORIZADO ES DADO PARA EL SERVICIO DEL GOBIERNO CELESTIAL

Cualquier autoridad y poder que recibimos del Gobernador es para el servicio del reino celestial; no es para nuestro beneficio privado. A medida que el Gobernador nos delega la autoridad del Reino, él nos enseña directamente y por medio de la Constitución del Reino, cómo administrar sus dones correcta y eficazmente. Él nos muestra que la administración tiene que ver con el servicio a los demás, no con enseñorearse con ellos. Pedro escribió en su primer libro: "Cada uno según el don que ha recibido, *minístrelo a los otros*, como buenos *administradores* de la multiforme gracia de Dios" (1 Pedro 4:10). De la misma manera Pablo afirmó:

Ahora bien, hay diversidad de dones, pero el Espíritu es el mismo. Y hay diversidad de ministerios, pero el Señor es el mismo. Y hay diversidad de operaciones, pero Dios, que hace todas las cosas en todos, es el mismo. Pero a cada uno le es dada la *manifestación del Espíritu para provecho* (1 Corintios 12:4-7).

Desafortunadamente, en la actualidad existen algunas tendencias inquietantes en referencia al uso de los dones espirituales. Algunas personas usan sus dones para hacer dinero de los ciudadanos del Reino. Ellos están "vendiendo" sanidad al decirles que serán sanados si les envían dinero. O abusan de sus dones al usar; por ejemplo, un don de profecía para intimidar a otros al decir que tienen un mensaje de Dios, mensaje que condena en vez de restaurar o edificar.

El propósito del verdadero gobierno es servir a sus ciudadanos. Por tanto, si el Gobernador del reino celestial le da a usted un don, debe usarlo en el servicio a los ciudadanos del Reino. No es para hacer dinero, alimentar su ego o controlar a los demás.

EL PODER AUTORIZADO NO ES PROPIEDAD PERSONAL

En un gobierno terrenal, si a un empleado gubernamental se le da un vehículo o una computadora para realizar sus labores, eso no es propiedad personal para usarlo de cualquier manera que él quiera. Es para ser usado únicamente para ayudarle en el cumplimiento de sus responsabilidades oficiales. El carro o computadora no le pertenece; debe regresarlo si el gobierno lo requiere o si deja su empleo. El uso de tales cosas es un privilegio, no un derecho.

Lo mismo sucede con los dones espirituales dados por el gobernador celestial. Sin embargo, algunos ciudadanos del Reino empiezan a creer que el poder que el Gobernador les autorizó a usar proviene de sus propias habilidades. Esto lleva al problema que acabamos de discutir, el usar el poder para sus propios propósitos. Esto es peligroso para ambos, la persona que abusa del poder y a los que se supone que él esté sirviendo. Él falla en cumplir su llamado, y aquellos que se supone sean beneficiados por su servicio pasan sin obtener la ayuda que debieron haber recibido.

LA AUTORIZACIÓN DEL PODER TRATA CON TODAS LAS NECESIDADES DE LA COLONIA

El Gobernador, en conjunto con el Rey Hijo, delega poder a los ciudadanos del Reino para tratar con todas las necesidades de la colonia para un mayor impacto del reino de los cielos sobre la tierra. Pablo escribió a los ciudadanos del Reino en la ciudad de Éfeso:

Y él mismo [Jesús] constituyó a unos, apóstoles; a otros, profetas; a otros, evangelistas; a otros, pastores y maestros, a fin de perfeccionar a los santos para la obra del ministerio, para la edificación del cuerpo de Cristo, hasta que todos lleguemos a la unidad de la fe y del conocimiento del Hijo de Dios, a un varón perfecto, a la medida de la estatura de la plenitud de Cristo (Efesios 4:11-13).

Aquí Pablo habló sobre los dones espirituales en términos de funciones específicas, que son para edificar a todos los ciudadanos en el Reino. Así, el reino muestra su presencia por medio de su influencia en las personas y el ambiente del mundo. El poder autorizado dado por el Gobernador a los ciudadanos del Reino también les equipa para tratar con los conflictos y la oposición del reino de la oscuridad, el cual existe no para beneficio, sino para destruir a los habitantes de la tierra.

MANIFESTAR EL PODER AUTORIZADO DEL GOBERNADOR: LOS DONES DEL ESPÍRITU EN TÉRMINOS DEL REINO

Ahora exploremos nueve dones del Espíritu, como los enumeró Pablo en su primera carta a los Corintios. Los veremos en términos de administraciones específicas del Gobernador sobre la tierra. Hay tres categorías de dones enumerados:

+ Tres de ellos *dicen* algo.
+ Tres de ellos *hacen* algo.
+ Tres de ellos *revelan* algo.

Los tres que "dicen" son dones de expresión: profecía, diferentes tipos de lenguas e interpretación de lenguas. Los tres que "hacen" son dones de poder: fe, poderes milagrosos o de obrar milagros, y dones de sanidad. Los tres que "revelan" son dones de revelación: el mensaje o palabra de sabiduría, el mensaje o palabra de ciencia [o conocimiento], y el de discernimiento de espíritus.

Si bien hay una variedad de dones, estos tienen una unidad de propósito—servir a los ciudadanos del Reino al capacitarlos para tomar la naturaleza del Rey y usar el poder del Reino para transformar la tierra en la imagen del cielo. Empezamos con los dones de revelación, los cuales tratan con hechos, eventos, propósito, motivación, destino; ya sea algo humano, que provenga del reino de los cielos, o que provenga del reino de la oscuridad.

LA PALABRA AUTORIZADA DE SABIDURÍA

"Porque a éste es dada por Espíritu palabra de sabiduría" (1 Corintios 12:8). El mensaje o palabra de sabiduría es una revelación sobrenatural del Espíritu Santo concerniente a la mente y voluntad de Dios y sus propósitos divinos. Es el poder autorizado del Gobernador el que les da a los ciudadanos del Reino, la habilidad de conocer lo que pueden hacer mejor en situaciones difíciles o perplejas. Por ejemplo, cuando usted necesita consejo legal, contacta a un abogado y él le da sabiduría legal que es apropiada para su situación. La palabra de sabiduría es instrucciones especiales del Rey, a través de su Gobernador, sobre lo que debe decir o lo que debe hacer en una situación en particular.

Hay sabiduría natural que puede ser obtenida por medio del conocimiento de la Constitución del Reino. Por ejemplo, en el libro de Josué, en el Antiguo Testamento, Dios instó a Josué, el sucesor de Moisés, a aplicar lo que había aprendido de las Escrituras para tener éxito en la vida: "Nunca se apartará de tu boca este libro de la ley, sino que de día y de noche meditarás en él, para que guardes y hagas conforme a todo lo que en él está escrito; porque entonces harás prosperar tu camino, y todo te saldrá bien" (Josué 1:8).

Sin embargo, una palabra de sabiduría sobrenatural es diferente de la sabiduría natural, ya que la primera proviene directamente del Rey al ciudadano (o ciudadanos) a través del Gobernador, capacitándole para tratar juiciosamente los asuntos de la vida. Los relatos de las Escrituras revelan que esta sabiduría puede venir en forma de visión, sueño, un ángel (mensajero) del Rey, o una palabra o impresión dada al ciudadano del Reino por medio del Gobernador. Por ejemplo, en la vida de Pablo…

+ El Espíritu Santo habló a los ciudadanos del Reino en la ciudad de Antioquia, instruyéndoles que debían apartar a Pablo y a Bernabé para el trabajo del Reino al que fueron llamados (ver Hechos 13:1-4).

+ Cuando Pablo fue tomado prisionero en barco hacia Roma, y luego el barco enfrentó una tormenta violenta, Pablo recibió un mensaje de esperanza y aliento para todos los que estaban abordo (ver Hechos 27:1-21):

Pero ahora os exhorto a tener buen ánimo, pues no habrá ninguna pérdida de vida entre vosotros, sino solamente de la nave. Porque esta noche ha estado contigo el ángel del Dios de quien soy y a quien sirvo, diciendo: Pablo no temas; es necesario que comparezcas ante César; y he aquí, Dios te ha concedido todos los que navegan contigo. Por tanto, oh varones, tened buen ánimo; porque yo confío en Dios que será así como se me ha dicho. Con todo, es necesario que demos en alguna isla (Hechos 27:22-26).

El ánimo de Pablo, el cual recibió del mensajero del Rey, les mostró cómo debían responder a esta situación de amenaza de muerte.

Una palabra de sabiduría puede ser aplicada a la persona que la recibe, o, puede ser aplicada a alguien más. En ambas instancias, el gobierno del Reino está enseñando a sus ciudadanos sobre cómo aplicar mejor la norma y los propósitos gubernamentales en la colonia de la tierra.

LA PALABRA DE CIENCIA AUTORIZADA

"A otro, palabra de ciencia según el mismo Espíritu" (1 Corintios 12:8). Si bien la sabiduría es la aplicación, la ciencia [o el conocimiento] es tener la *información* que usted necesita para tomar las mejores decisiones para la ejecución de la autoridad delegada en la colonia. Esta se refiere al Gobierno proveyéndole la habilidad de entender sus normas: pero especialmente, le da la habilidad de entender lo que el Rey está pensando; es la revelación sobrenatural, recibida por medio del Gobernador, de ciertos hechos en la mente del Rey.

El Rey tiene todo el conocimiento, pero no revela todo a sus ciudadanos. La palabra de conocimiento les da parte de lo que él sabe—lo que específicamente necesitan saber para llevar a cabo su labor asignada. Algunos gobiernos humanos les dan a sus empleados información clasificada en base a "lo que necesitan saber"; o sea que solo se les da lo que ellos necesitan saber para cumplir con sus responsabilidades. La palabra de conocimiento opera de manera similar.

La palabra de ciencia puede ser manifestada a través de una revelación interna, de interpretación de lenguas, de palabra de profecía, de visión o por medio de un ángel. Una vez más, esto no es un conocimiento natural que puede ser obtenido por experiencia o información, o por un profundo conocimiento de las Escrituras. Es sobrenatural, lo que quiere decir que es algo que ordinariamente no podríamos conocer y que no podemos aprender por nosotros mismos. Por ejemplo…

+ Jesús demostró palabra de ciencia cuando habló con una mujer que acababa de conocer y le dijo que había tenido cinco esposos y que actualmente vivía con otro hombre (ver Juan 4:5-42). Esta demostración de conocimiento fue para el propósito de llamar su atención y edificar la fe en el Rey para que ella y otros pudieran entender cómo ser reconciliados con el gobierno celestial.

+ A un profeta llamado Agabo le fue dada la palabra de conocimiento de que una hambruna severa afligiría a todo el mundo romano. (En demostración de la relación entre la palabra de ciencia y la palabra de sabiduría; los ciudadanos del reino tomaron este conocimiento y lo aplicaron [sabiduría]; decidiendo enviarles refuerzos a los ciudadanos del Reino viviendo en Judea) (ver Hechos 11:27-30).

* A Pedro le fue dado conocimiento sobrenatural de que una pareja llamada Ananías y Safira estaban mintiendo acerca del dinero que donaron a la iglesia (ver Hechos 5:1-11).

* A través de una visión, al discípulo Juan le fue dado conocimiento de las condiciones espirituales internas de siete congregaciones de los ciudadanos del Reino en Asia, para que pudiera darles mensajes de advertencia y ánimo por parte del Rey (ver Apocalipsis 1:1-4; 2:1-3:22).

Por lo tanto, por medio de la palabra de ciencia, el Gobernador puede comunicar un mensaje del Rey a sus ciudadanos, diciendo: "Esto es lo que está mal aquí", o "Esto es lo que está correcto en la colonia; sigan con su buen trabajo". Puede que él también revele información importante a un ciudadano del Reino para que pueda transmitirle a otro ciudadano lo que necesita para funcionar apropiadamente en el Reino.

EL PODER AUTORIZADO DE LA FE

"A otro, fe por el mismo Espíritu" (1 Corintios 12:9). El autorizado poder de la fe es una creencia o confianza sobrenatural. Es el gobierno proveyendo a sus ciudadanos de habilidad especial para creer en sus normas para tomar acciones y realizarlas.

Todo ciudadano del Reino tiene fe. De hecho, el autor del libro de Hebreos escribió: "Pero sin fe es imposible agradar a Dios; porque es necesario que el que se acerca a Dios crea que le hay, y que es galardonador de los que le buscan" (Hebreos 11:6). Por tanto, el don de fe, no es el mismo que la fe con la que entramos al Reino creyendo en el sacrificio del Rey Hijo a nuestro favor y el perdón que recibimos como resultado. *Esa* fe viene del creer en la Constitución del Reino. Como Pablo escribió: "La fe es por el oír, y el oír, por la palabra de Dios" (Romanos 10:17). Tampoco es el don de fe lo mismo que el fruto del Espíritu conocido como "fidelidad". Ni es la fe por la que los creyentes del Reino viven diariamente al confiar en el Rey para llevar a cabo sus propósitos a través de sus vidas y para traerles ánimo y paz. De nuevo, dicha fe puede ser incrementada a través de la experiencia y la aplicación de la Palabra del Rey.

En cambio, el don de fe es una autorización especial del Gobierno hacia un ciudadano para que conozca, sin lugar a dudas, que un resultado en particular será manifestado para los propósitos del Reino. A continuación algunos ejemplos de este tipo de fe. Al revisarlos, nótese la relación cercana entre el don de fe y el obrar milagros. (En este contexto, un comentador de la Biblia se refiere al don de fe como fe que "obra milagros").

+ La fe de tres hombres hebreos que fueron oficiales gubernamentales en el antiguo reino de Babilonia, que Dios podía librarlos aunque fueran echados en el horno de fuego ardiendo... (ver Daniel 3:1-28)

+ La confianza de Jesús que Lázaro, quien había estado muerto por cuatro días, podía ser resucitado a vida (Juan 11:1-45).

+ La inamovible fe de Pedro y Juan que un hombre que había sido lisiado desde el nacimiento, podía ser sanado en el nombre de Jesús (ver Hechos 3:1-8).

Por consiguiente, el don de fe es el Gobernador mismo moviendo a los ciudadanos del Reino a confiar en las promesas y el poder del gobierno celestial. El Gobernador insta a los ciudadanos a que valientemente realicen sus asignaciones con la fe de que él cuidará de todo lo que se necesita ser hecho para cumplir con la obra.

EL PODER AUTORIZADO DE LA SANIDAD

"A otro, dones de sanidad por el mismo Espíritu" (1 Corintios 12:9). Los dones de sanidad son sanidades sobrenaturales de enfermedades y discapacidades. Ningún medio natural está involucrado, ya sea la ciencia médica u otras formas de la aplicación del conocimiento humano. En términos de administración del gobier-no celestial sobre la tierra, la sanidad es el compromiso del Rey para el beneficio de sus ciudadanos, como también su programa para asegurar dicho beneficio.

Este poder de sanidad es mencionado en plural—*dones* de sanidad. La palabra *sanidad*, en este contexto, es usada algunas veces en plural, como también: "*dones de sanidades*". El uso en plural se refiere a la habilidad de sanar diferentes tipos de enfermedades (1 Corintios 12:9 NVI). El libro de Mateo registra: "Y recorrió Jesús toda Galilea, enseñando en las sinagogas de ellos, y predicando el evangelio del reino, y *sanando toda enfermedad* y *toda dolencia* en el pueblo" (Mateo 4:23 LBLA).

Los dones de sanidad tratan una variedad de enfermedades, mentales o físicas, que nos quitan la armonía con nosotros mismos, con otras personas o con el Rey Padre. Esto puede incluir cosas como, el miedo, la soledad y la depresión. Los dones de sanidad son para la restauración total de la persona.

Debemos reconocer que todas las sanidades provienen de Dios, ya sea por medio del cuidado de un doctor o por el proceso natural de sanidad el cuerpo. Los dones de sanidad no niegan a los doctores. Sin embargo debemos ser conscientes de que la sanidad sobrenatural, el cuidado de un médico y la habilidad natural del cuerpo para sanarse, son distintos canales de sanidad. El primero viene de otro mundo, el segundo solamente *ayuda* en la habilidad de sanar que nuestro Creador ha puesto dentro de nuestros propios cuerpos, y, el tercero es una capacidad incorporada.

Además, hay una diferencia entre los dones de sanidad y nuestro recibimiento de sanidad al ejercer nuestra fe en las Escrituras que estipulan el deseo del Rey para sanarnos. Una persona puede ser sanada aplicándose a sí misma las declaraciones como esta del primer libro de Pedro: "Quien llevó él mismo nuestros pecados en su cuerpo sobre el madero, para que nosotros, estando muertos a los pecados, vivamos a la justicia; y por cuya herida fuisteis sanados" (1 Pedro 2:24). Aun así, los dones de sanidad son manifestados por medio de un ciudadano del Reino a quien el Gobernador le da la administración especial de sanidad; estos ocurren por medio de la actividad de un ciudadano del Reino al ser facultado por el Gobernador.

También deberíamos entender que no podemos hacer que los dones de sanidad, o ningún otro de los dones, operen de acuerdo con nuestras propias voluntades. Estos son dados solo de acuerdo a la voluntad del Gobernador, y nosotros deberíamos mantener una mentalidad abierta para recibir cualquier don que él quiera darnos.

A continuación tenemos algunos ejemplos de sanidad que van más allá de la ayuda médica y que fueron administrados por medio de la intervención de una persona facultada por el Gobernador:

+ La mano seca o atrofiada de un hombre, fue completamente restaurada (ver Marcos 3: -5); el siervo de un centurión que estaba paralítico y en su lecho de muerte fue curado (ver Mateo 8:5-13 y Lucas 7:1-10); a un hombre que era ciego de nacimiento le fue recobrada su vista (ver Juan 9:1-7); una mujer que por doce años había sufrido de hemorragias—y había ido donde muchos médicos, sin recibir ayuda—fue completamente sanada (Marcos 5:24-34). Cada uno fue sanado por Jesús obrando en el poder del Espíritu.

+ A través del ministerio de Pedro, un hombre llamado Eneas, que por ocho años estuvo paralítico y postrado en cama, fue totalmente sanado (ver Hechos 9:32-35).

+ Pablo sanó a un hombre en Malta, quien, aparentemente, sufría de recurrentes episodios de fiebre y disentería (ver Hechos 28:7-8 LBLA).

Se ha dicho que la sanidad y la compasión van de la mano. La simpatía sola es inefectiva. La simpatía significa que usted siente pesar por la persona, se identifica con su enfermedad y quiere ayudarlo. Sin embargo, la compasión es un impulso casi irresistible de liberar a una persona de la enfermedad o problema que le está afligiendo. Hay verdadera pasión en la *compasión* que alivia el sufrimiento.

Por ende, en la administración del reino de los cielos sobre la tierra, los dones de sanidad son la autorización del Gobernador para que los ciudadanos del Reino liberen a otros de estar siendo invadidos por cualquier cosa que es anormal al Reino. De esta manera, el Gobierno muestra evidencia de que está presente y puede tratar las condiciones negativas en la colonia. En el reino de Dios, la sanidad ejerce justicia. El Gobernador confirma los derechos de los ciudadanos para vivir en su totalidad.

EL PODER AUTORIZADO PARA OBRAR MILAGROS

"A otro, el hacer milagros" (1 Corintios 12:10). En un sentido, todos los dones del Espíritu son milagros porque están más allá de nuestra experiencia natural. Pero los poderes milagrosos u obras milagrosas son actos específicos que desafían el entendimiento humano. Ellos hacen que "la mente explote" de asombro. Como tal, un milagro es una intervención sobrenatural en el curso ordinario de la naturaleza, una suspensión temporal en el orden acostumbrado de las cosas por un acto del Espíritu de Dios. Algunos ejemplos de este don incluyen…

+ A Moisés dividiendo el Mar Rojo, lo que permitió a los israelitas escapar, en tierra, de la persecución egipcia (ver Éxodo 14:5-31).

- El continuo suministro de aceite y harina a una viuda durante una hambruna, por medio de la intervención del profeta Elías (ver 1 Reyes 17:1-16).
- Jesús alimentando a más de cinco mil personas al multiplicar solo cinco piezas de pan y dos peces (ver Juan 6:5-14).
- Jesús resucitando a Lázaro de entre los muertos (ver Juan 11:38-45).
- Pedro resucitando a Dorcas de entre los muertos (ver Hechos 9:36-42).
- La ceguera temporal de Elimas el mago, quien se oponía a la proclamación de Pablo del evangelio del Reino (ver Hechos 13:6-12).

Interesantemente, la palabra griega para milagroso o milagros, en referencia a este don es *dúnamis*, la misma palabra usada para el poder que Jesús dijo que vendría sobre sus seguidores cuando el Espíritu Santo fuera derramado sobre ellos.[1] Los milagros son una "explosión" de poder del Reino; son maravillas que traen asombro a las personas que los ven.

Entonces, en la administración del reino de los cielos sobre la tierra, los milagros son el Gobierno proveyendo para necesidades especiales de su pueblo. Cualquiera que sea el milagro, ya sea supliendo alimento o resucitando de entre los muertos, todo es provisto por el Reino. Los milagros no son entretenimientos; son el resultado del Gobernador, a través de los ciudadanos bajo su autoridad, ejecutando acciones que confirman la presencia del Reino y su habilidad para transformar el entorno de la colonia.

EL PODER AUTORIZADO DE LA PROFECÍA

"A otro, profecía" (1 Corintios 12:10). La profecía es un mensaje del Rey, dado sobrenaturalmente en un lenguaje terrenal conocido para el oyente u oyentes. Es el gobierno celestial dando a sus ciudadanos la confirmación de la información que el Gobierno previamente les ha dicho.

Pablo escribió esto concerniente al don de la profecía:

Seguid el amor; y procurad los dones espirituales, pero sobre todo que profeticéis. Porque el que habla en lenguas no habla a los hombres, sino a Dios; pues nadie le entiende, aunque por el Espíritu habla misterios. Pero el que profetiza habla a los hombres para edificación, exhortación y consolación. El que habla en lengua extraña, a sí mismo se edifica; pero el que profetiza, edifica a la iglesia. Así que, quisiera que todos vosotros hablaseis en lenguas, pero más que profetizaseis; porque mayor es el que profetiza que el habla en lenguas, a no ser que las interprete para que la iglesia reciba edificación (1 Corintios 14: 1-5 LBLA; "consolarlos", NVI).

El propósito de la profecía, dijo Pablo, es para edificación, exhortación y consolación o consuelo. Él indicó que la profecía es el don más importante de todos porque edifica a los ciudadanos del Reino. La palabra *edificación* en griego, significa "'el acto de edificar'...en el sentido de... proporción del crecimiento espiritual".[2] (Este, por ende, significa fortalecimiento o edificación para las personas en los caminos del Reino. La palabra griega traducida como *exhortación* significa "'llamar a alguien a un lado [a solas]'; por ende es 'una exhortación, o consolación, consuelo'".[3] *Consuelo* significa "'hablarle a alguien muy de cerca', por lo cual denota 'consolación, sosiego', con un grado más de ternura" que de exhortación.[4] Pienso en esta palabra en el sentido de calmar a las personas en medio de la dificultad y brindarles paz.

Pablo específicamente dijo que el don de profecía debería ser fervientemente buscado, para el mejoramiento de los demás. Como el profeta Joel dijo: "Vuestros hijos y vuestras hijas profetizarán" (Hechos 2:17); y "de cierto sobre mis siervos y sobre mis siervas en aquellos días derramaré de mi Espíritu y profetizarán" (Hechos 2:18).

La profecía es obviamente un don vital para los ciudadanos del Reino, pero con mucha frecuencia ha sido mal aplicado. He aquí algunas pautas para usar este don:

1. La profecía no es para un lado solamente. Debe ser confirmada por quien la da y quien la recibe.
2. La profecía usualmente confirma algo ya conocido por el que la recibe, en vez de ser el medio para dar dirección a esa persona.
3. La profecía habla al intelecto y al entendimiento.
4. La edificación, exhortación y consuelo pueden ser entregados a través de una enseñanza bíblica de un líder en una asamblea de ciudadanos del Reino.
5. El don de profecía no debe ser rechazado. Pablo escribió: "No apaguéis al Espíritu. No menospreciéis las profecías" (1 Tesalonicenses 5:21).

6. La profecía deberá ser probada en vez de ser aceptada automáticamente. Pablo también dijo: "Examinadlo todo; retened lo bueno" (1 Tesalonicenses 5:21), y "los profetas hablen dos o tres, y los demás juzguen" (1 Corintios 14:29).

7. Alguien que da una profecía no está "bajo el control" de la profecía. Tiene la elección de decirla o no, y puede decidir cuándo es el momento apropiado para decirla. Cuando alguien recibe una profecía, debe demostrar las cualidades o fruto del Espíritu, ejerciendo autocontrol con respecto a su uso. Como Pablo dijo: "Porque podéis profetizar todos uno por uno, para que todos aprendan, y todos sean exhortados; pues Dios no es Dios de confusión sino de paz" (1 Corintios 14:31).

Así mismo, deberíamos notar que existe una diferencia entre el don de profecía, que todos los ciudadanos están instados a buscar; y el oficio del profeta, el cual es dado por el Espíritu a ciertos ciudadanos del Reino. Podemos pensar en la distinción de esta manera: el don de profecía es sobre *profetizar* o declarar la voluntad del Rey, mientras que el oficio del profeta también incluye *predecir*, o el gobierno dándole a un ciudadano la habilidad de recibir noticias antes de que sucedan. Este puede ser un anuncio de los planes del Rey para el futuro. Un profeta, usualmente, también tiene otros dones de revelación operando en su vida, como las palabras de ciencia o sabiduría, o, el discernimiento de espíritus.

Si alguien ejerce el don de profecía, eso no necesariamente significa que tiene el oficio de profeta. En otras palabras, este puede no ser su cargo o responsabilidad regular en nombre del gobierno celestial. Solamente significa que, en ese momento en particular, se la ha dado una información especial del Rey. Algunas personas son testigos de otros ejerciendo el oficio de profeta y deciden que también les gustaría predecir el futuro. Si tratan de profetizar de manera no autorizada, esto conllevará a confusión y a abuso del don. Cada persona deberá deoompeñar solo en los dones que el Gobernador les ha dado.

A continuación algunos ejemplos de profecía:

+   Los discípulos en Éfeso "hablaron en lenguas y profetizaron" cuando recibieron el bautismo del Espíritu Santo (ver Hechos 19:1-7).

+   Felipe, el evangelista, tenía cuatro hijas que profetizaban ver Hechos 21:8-9).

✦   Agabo, el profeta, predijo la hambruna en el mundo romano, como también que Pablo iba a ser llevado prisionero para enfrentarse a César en Roma (ver Hechos 11:27-28; 21:10-11).

Por lo tanto, el autorizado poder de la profecía, es el Gobernador proveyéndole a un ciudadano del Reino información que respalda y anima a sus conciudadanos en la vida del Reino. Por ejemplo, cuando las Bahamas estaba todavía bajo el reino de Gran Bretaña, recibíamos varias comunicaciones del gobierno tales como: "Una tormenta se avecina, pero tenemos un plan en acción tratar cualquier problema que pueda surgir. Si algo sucediera, esto es lo que el gobierno hará". Similarmente, una profecía del reino celestial puede ser: "Usted estará pasando por un tiempo difícil, pero estamos enviando ayuda para tratar con esos problemas y aliviar su sufrimiento".

De esta manera, la profecía es un recordatorio a los ciudadanos del Reino de que el gobierno celestial está todavía obrando a su favor, sin importar por lo que puedan estar pasando. Después de haber recibido una profecía, aunque no lo vemos manifestado inmediatamente, podemos saber que todo lo que necesitamos está en camino—ya sea que fuere liberación, libertad, paz o sanidad.

EL PODER AUTORIZADO DEL DISCERNIMIENTO

"A otro, discernimiento de espíritus" (1 Corintios 12:10). Distinguir entre espíritus o el discernimiento de espíritus les da a los ciudadanos del Reino revelación del mundo sobrenatural y sus mecanismos. Su revelación está enfocada en una sola clase de seres, los espíritus; y no debería ser confundido con el discernimiento que viene como resultado de una palabra de sabiduría. No es un tipo de lectura espiritual de la mente, revelación psíquica, o penetración mental. Tampoco es el discernimiento del carácter o faltas de otras personas. Esto tiene que ver con las entidades espirituales no humanas. Algunos creen que solo tiene que ver con el discernimiento de espíritus *malignos*. Sin embargo, esto se refiere al discernimiento de los seres espirituales benignos, que son parte del reino celestial, y, de los seres espirituales malignos, que son parte del reino de la oscuridad. Pablo escribió: "El mismo Satanás se disfraza como ángel de luz" (2 Corintios 11:14). Necesitamos poder distinguir entre si los mensajes o impresiones que recibimos son del Rey o de su enemigo.

Un ejemplo del autorizado poder del discernimiento es la habilidad de discernir la visible semejanza de Dios.

+ A Moisés le fue dada esta capacidad, como lo registró en su segundo libro, Éxodo:

Y dijo aún Jehová: "He aquí un lugar junto a mí, y tú estarás sobre la peña; y cuando pase mi gloria, yo te pondré en una hendidura de la peña, y te cubriré con mi mano hasta que haya pasado. Después apartaré mi mano, y verás mis espaldas; mas no se verá mi rostro" (Éxodo 33:21-23).

+ A Isaías, el profeta, le fue dada esta capacidad a través de una visión del santo Rey del cielo. Él escribió:

En el año que murió el rey Uzías vi yo al Señor sentado sobre un trono alto y sublime, y sus faldas llenaban el templo. Por encima de él había serafines; cada uno tenía seis alas; con dos cubrían sus rostros, con dos cubrían sus pies, y con dos volaban. Y el uno al otro daba voces, diciendo: Santo, santo, santo, Jehová de los ejércitos; toda la tierra está llena de su gloria (Isaías 6:1-3).

Otro ejemplo de este don es la revelación de la fuente de una manifestación sobrenatural:

+ Pablo discernió que la joven esclava que tenía un espíritu de adivinación, o la habilidad de predecir el futuro, estaba bajo el control del poder del reino de la oscuridad, y le echó fuera los demonios (ver Hechos 16:16-18).

+ Un centurión llamado Cornelio reconoció que el ángel que se le apareció en una visión era de Dios, y actuó según las instrucciones que le fueron dadas en esa visión. De esta manera él, su familia y amigos fueron conectados con el reino celestial (ver Hechos 10:1-48).

El autorizado poder del discernimiento con frecuencia trabaja en conjunto con la palabra de sabiduría o la palabra de ciencia [o conocimiento]. En términos de la administración del Reino, este don es el Gobierno dándole a un ciudadano del Reino la sensibilidad del ambiente sobrenatural alrededor de él. Por ejemplo, si usted está experimentando dificultades en un área de autoridad delegada y le pareciera que no puede realizar su asignación, el autorizado poder del discernimiento le puede facultar para que vea que usted está bajo ataque de agentes del reino de la oscuridad, y decirle lo que necesita hacer para vencerlos.

EL AUTORIZADO PODER DE LENGUAS ESPECIALES O DE DIFERENTES TIPOS

"A otro, diversos géneros de lenguas" (1 Corintios 12:10). Los diferentes tipos de lenguas son expresiones sobrenaturales dadas por el Espíritu Santo en lenguas [o idiomas] no necesariamente entendidas por el que las habla o escucha. Son diferentes expresiones ya sea del Gobernador para el Rey, en nombre de los ciudadanos, o expresiones del Rey a través del Gobernador en respuesta a los ciudadanos.

En el capítulo anterior, hablamos acerca de las lenguas como la evidencia inicial de un ciudadano del Reino siendo lleno del Espíritu Santo. El énfasis fue en el idioma celestial que todo creyente puede recibir. El propósito de hablar en estas lenguas es para la comunicación individual con el Rey Padre. Principalmente, es una experiencia devocional por medio de la cual le alabamos y adoramos, y, le presentamos peticiones. Aunque el devocional en lenguas es usualmente privado y tiene que ver con uno mismo, el don de lenguas es público y tiene que ver con los demás.

Por tanto, podemos llamarle al don de diferentes tipos de lenguas el ministerio público de las lenguas, opuesto a la expresión personal de las lenguas. El don de diferentes tipos de lenguas es manifestado en una reunión de ciudadanos del Reino. Pablo escribió: "¿Tienen todos dones de sanidad? ¿Hablan todos lenguas? ¿Interpretan todos?" (1 Corintios 12:30). Él se estaba refiriendo a dones específicos y especiales dados por el Gobernador a quien a él le place, para el beneficio de todos los ciudadanos.

Pablo dio un ejemplo de cómo este don debe ser usado en una reunión de ciudadanos del Reino:

> Cuando os reunís, cada uno de vosotros tiene salmo, tiene doctrina, tiene lengua, tiene revelación, tiene interpretación. Hágase todo para edificación. Si habla alguno en lengua extraña, sea esto por dos, o a lo más tres, y por turno; y uno interprete. Y si no hay intérprete, calle en la iglesia, y hable para sí mismo y para Dios (1 Corintios 14:26-28).

Cuando el don de lenguas está operando en una reunión de ciudadanos del Reino, no es para expresarse continuamente o exactamente a la misma vez que los otros estén hablando en lenguas. Es dado en secuencia e involucra solo a dos o tres personas. Pablo escribió que si uno está capacitado para interpretar, las lenguas no deberían hablarse en voz alta en la reunión. Este es su razonamiento: "Porque si bendices sólo con el espíritu, el que ocupa lugar de simple oyente, ¿cómo dirá el Amén a tu acción de gracias? Pues no sabe lo que has dicho" (1 Corintios 14:16). Pablo también indicó que una persona puede orar para recibir la interpretación de las lenguas que está recibiendo para que pueda ser expresada en la asamblea. "Por lo cual, el que habla en lengua extraña, pida en oración poder interpretarla" (1 Corintios 14:13).

Aparentemente, hay momentos cuando el Rey querrá que conozcamos exactamente lo que estamos orando en lenguas, y, otras veces cuando él elegirá no revelarlo a nosotros. Cuando él no provee el medio para revelarlo, no deberíamos expresarlo en la reunión.

¿Cómo puede saber si el don de lenguas está obrando en usted? Puede que usted sienta un intenso interés y compasión interiores por las personas a su alrededor. Algunas de las palabras pueden empezar formándose en su mente. Puede que usted casi pueda "ver" las palabras en los ojos de su mente, o "sentir" que las palabras vienen. Luego las habla en base a su fe en la comunicación del Gobierno y su sumisión al toque del Gobernador.

Una persona que recibe una interpretación no deberá esperar a que otro lo diga (a menos que alguien más ya esté hablando), sino que debería fielmente dar la interpretación para no ocasionar que otros pierdan una palabra del Rey. También cuando una palabra es realmente del Rey, edificará a sus ciudadanos, no les condena o les causa desánimo. Al igual que la profecía, las lenguas especiales son, usualmente, una confirmación en vez de una nueva dirección para algo. Y una profecía puede, algunas veces, ir seguida de lenguas.

De nuevo, cualquiera que ejerza este o cualquier otro don espiritual, tiene que sujetarse a sí mismo al auto-control y a la evaluación de la asamblea. Esto es con el propósito de mantener el orden y la paz entre los ciudadanos del Reino. Debemos recordar que las lenguas y otros dones no son dados por quiénes somos o cuán "espiritual" seamos, sino porque el Rey nos ama a nosotros y a nuestros conciudadanos, y desea comunicarse con todos.

Finalmente, el don de lenguas especiales algunas veces toma la forma de idioma(s) terrenal(es) para que aquellos fuera del Reino puedan entender, y por medio de las cuales pueden ser llevados a reconciliación con el Rey. Por ende, las lenguas son el gobierno celestial dando a un ciudadano la habilidad de comunicar sus normas, deseos e intenciones, tanto para los ciudadanos del Reino como para otros habitantes de la tierra.

EL PODER AUTORIZADO DE LA INTERPRETACIÓN DE LENGUAS

"Y a otro, interpretación de lenguas" (1 Corintios 12:10). El poder de interpretación de lenguas es manifestado cuando el Gobernador revela al ciudadano del Reino el significado de una expresión articulada en lenguas especiales, y la persona da esa interpretación a la asamblea. Creo que la palabra *interpretación* es importante en este contexto. Esta no es una traducción literal, sino una interpretación que hace la comunicación comprensible en el idioma humano de los ciudadanos.

Por ejemplo, cuando tratamos con lenguajes humanos, hay algunas frases y modismos que no pueden ser traducidos en otro idioma en base literal, pero transmite su significado esencial, especialmente si están involucradas las frases coloquiales. Esto puede ocurrir cuando, por ejemplo, tomamos algo hablado en inglés e interpretado para las personas de habla francesa. Por esta razón, puede haber diferencia de extensión entre la declaración original y su interpretación. Lo mismo se aplica a la interpretación de lenguas. Una expresión en lenguaje celestial puede llevar a una interpretación más larga o más corta que la expresión original.

La interpretación de lenguas, obviamente, no opera como un don independiente; este depende del don de lenguas. Su propósito es entregar a los oyentes un inteligible significado de las lenguas, así toda la asamblea de ciudadanos del Reino pueden ser instruidos, advertidos, fortalecidos o animados. Como Pablo escribió: "Porque mayor es el que profetiza que el que habla en lenguas, *a no ser que las interprete* para que la iglesia reciba *edificación*" (1 Corintios 14:5).

SERVICIO EFICAZ

Todos estos ejemplos de poder autorizado son muy prácticos y tienen que ver con el servicio eficaz en nombre del reino celestial en la colonia de la tierra. Cada don viene y obra por el mismo Espíritu. Una vez más, los dones existen para mostrar evidencia de la presencia del Gobierno en la colonia y para revelar la naturaleza benevolente del Rey y su deseo de dar lo mejor a sus ciudadanos. Todos son dados por el mismo Gobernador, quien los delega como el escoge. Puede que él ocasione que alguien ejerza cierto don una sola vez, o puede que él lo capacite para que continuamente lo manifieste. Debemos ser sensibles a las maneras en que el Gobernador está obrando y no tratar de forzar algo que él no está haciendo o aplacar algo que él está haciendo.

RECIBIR EL BAUTISMO CON EL ESPÍRITU SANTO

El poder autorizado viene por medio del bautismo con el Espíritu Santo. Todos los ciudadanos del Reino necesitan este bautismo para vivir victoriosamente sobre la tierra y cumplir con su llamado como embajadores del Rey. Como hemos visto, recibir el nuevo nacimiento es el primer paso; ser bautizado con el Espíritu Santo es el segundo paso. Sin el bautismo, no estamos preparados para vivir sobre la tierra y servir al reino de los cielos tan bien como pudiéramos. Muchos creyentes han entrado en una relación con el Rey, pero han experimentado poco del poder del Rey, lo cual es necesario para que la vida del Reino sea expresada total y efectivamente.

El poder espiritual es el privilegio de cada creyente que busca ser lleno hasta rebosar con la presencia del Gobernador. Recibimos el derecho legal o autoridad del Rey cuando recibimos el nuevo nacimiento. Juan, el discípulo, escribió: "Mas a todos los que le recibieron, a los que creen en su nombre, les dio potestad de ser hechos hijos de Dios" (Juan 1:12). Pero Jesús dijo que también recibimos un diferente tipo de poder, un poder facultativo, un poder explosivo: "Recibiréis poder, cuando haya venido sobre vosotros el Espíritu Santo" (Hechos 1:8). De nuevo, aquí la palabra griega traducida como poder es *dúnamis*, o "poder milagroso" de donde se deriva la palabra *dinamita*.[5]

Hasta cierto grado, esta facultad está presente en el momento de la conversión, pero su llenura es recibida con el bautismo con el Espíritu Santo y a medida que continuemos caminado en el Espíritu. Recibimos la *persona* del Espíritu Santo con el nuevo nacimiento y recibimos el *poder* del Espíritu Santo con el bautismo. Necesitamos la persona del Espíritu Santo para entrar al reino de los cielos, pero necesitamos el bautismo con el Espíritu para vivir victoriosamente en la tierra.

Primero, el poder nos da la habilidad de ser testigos de la naturaleza y propósito de Jesucristo para reconciliar al mundo con el Rey Padre.

Segundo, este poder está disponible todo el tiempo y en todo lugar. Antes del derramamiento del Espíritu en el Pentecostés, los discípulos de Jesús experimentaron el poder del Reino cuando él los comisionó para sanar enfermos y echar fuera demonios en las ciudades de Judea (ver Lucas 9:1-6, 10; 10:1-20). Pero este poder no fue una presencia permanente en sus vidas. Sin embargo, debido a que Jesús había regresado al Padre y derramado su Espíritu en nuestras vidas, este poder puede ahora mantenerse dentro de nosotros.

El Rey Hijo ha puesto en nuestras manos sus planes para redimir y sanar al mundo por medio de la administración del Gobernador. El poder facultativo es imperativo para nosotros si vamos a cumplir con esta función. Pero también debemos entender la naturaleza de este poder. Conozco a algunas personas que han sido bautizadas con el Espíritu Santo sin entender realmente el don que les fue dado. En algún momento, ellos necesitan entender el bautismo, o su poder nunca será totalmente realizado en ellos, o ellos abusarán de él.

Por lo tanto, me gustaría concluir este capítulo con algunas pautas para entender y recibir el bautismo con el Espíritu Santo:

1. Sepa que el Espíritu Santo, el Gobernador, es un don para ser recibido, no ganado.

2. Póngase usted mismo en posición para recibir el derramamiento del Espíritu. El nuevo nacimiento, o salvación, es un requisito previo. Pedro, el discípulo, dijo: "Arrepentíos, y bautícese cada uno de vosotros en el nombre de Jesucristo para perdón de los pecados; y recibiréis el don del Espíritu Santo" (Hechos 2:38). (Por favor, lea de nuevo el final del capítulo ocho, si no ha entrado todavía en el nuevo nacimiento).

3. Pídale al Rey Padre por el derramamiento del Espíritu, y no tenga miedo de que recibirá algo falso. Jesús dijo: "¿Qué padre de vosotros, si su hijo le pide pan, le dará una piedra? ¿O si pescado, en lugar de pescado, le dará una serpiente? ¿O si le pide un huevo, le dará un escorpión? Pues si vosotros, siendo malos, sabéis dar buenas dádivas a vuestros hijos, ¿cuánto más vuestro Padre celestial dará el Espíritu Santo a los que se lo pidan?" (Lucas 11:11-13). Podemos estar seguros de que nuestro Rey Padre no les dará a sus hijos una falsificación cuando pedimos recibir su Espíritu Santo.

4. Espere hablar en lenguas. El Espíritu Santo le dará las palabras, pero usted las expresará. Algunas personas esperan que el Espíritu Santo "tome" sus lenguas. Pero toda la experiencia es un acto cooperativo entre lo divino y lo humano. Permita que su espíritu, no su intelecto o experiencia previa, le dirija.

5. Continúe caminando en el Espíritu. Permanecemos llenos del Espíritu y listos para ser usados por el Rey Padre en el mundo. A medida que diariamente buscamos al Gobernador, sométase a Él y obedezca sus direcciones. Debido a que el Espíritu obra a través de la Palabra de Dios, debemos leer las Escrituras continuamente para entender la mente y el corazón del Rey, y, para estar listos para combinar su voluntad con su poder para cumplir con ello.

El bautismo con el Espíritu Santo es una liberación del poder celestial—dentro y a través suyo. El orar en lenguas es una experiencia interpersonal entre usted, el Espíritu Santo y el Padre, por lo que, al experimentar la liberación del poder de Dios en su vida, y al orarle al Padre en el lenguaje celestial, usted puede experimentar emoción. Esta no es emoción solo por ser emoción, sino que es una emoción que está relacionada con el poder y la verdad de Dios. Aunque la experiencia puede ser emocional, Dios espera que tengamos un control apropiado de nuestras emociones. Pablo enseñó: "Los espíritus de los profetas están sujetos a los profetas" (1 Corintios 14:32). De esta manera, no nos dejaremos por nuestros propios deseos y planes, sino los de Dios.

Que Dios le bendiga al administrar su naturaleza y voluntad sobre la tierra a través de su poder en el Reino.

PREGUNTAS DE ESTUDIO DEL CAPÍTULO TRECE

PREGUNTA PARA REFLEXIÓN

1. ¿Alguna vez le han asignado un trabajo o una tarea, pero no los recursos adecuados para hacerlo? ¿Cómo funcionó en el trabajo o la tarea? Compare esa experiencia con una en la que tenga todos los recursos que necesita. ¿Cuáles fueron las diferencias en la forma en que trabajó, sintió y fue efectivo?

EXPLORAR PRINCIPIOS Y PROPÓSITOS

2. ¿De qué manera es el Gobernador responsable de la administración gubernamental sobre la colonia de la tierra?

3. A la luz de esta responsabilidad, ¿cómo se pueden definir los dones del Espíritu?

4. ¿Cuál es la naturaleza del trabajo que hizo el Rey-Hijo en la tierra, que continúa en nuestras vidas hoy a través del Gobernador?

5. Cuando el Gobernador delega la autoridad del Reino en nosotros, ¿qué nos enseña y cómo lo hace?

6. ¿Qué puede pasar cuando los ciudadanos del Reino comienzan a creer que el poder que han sido autorizados a usar por el Gobernador en realidad proviene de sus propias habilidades?

7. El Reino muestra su presencia en la tierra por su influencia en el _____ y _____ del mundo.

8. Algunos dones espirituales se otorgan a los ciudadanos del Reino en términos de roles específicos, tales como apóstoles, profetas, evangelistas, pastores y maestros. ¿Cuál es el propósito de estos regalos?

9. ¿Cómo está involucrado el poder autorizado del Gobernador en el enfrentamiento del reino celestial con el reino de las tinieblas?

10. Además de los dones que tienen funciones específicas, hay nueve dones del Espíritu Santo que se enumeran en la primera carta de Pablo a los ciudadanos del Reino que viven en la ciudad de Corinto. Estas son administraciones específicas del Gobernador en la tierra. ¿Cuáles son estos nueve dones, enumerados según las tres categorías a las que pertenecen?
   (1)
   (2)
   (3)

11. Si bien hay una variedad de dones, tienen un propósito
   _____.

12. ¿A qué tipo de cosas se dirigen los dones de revelación?

13. ¿Cuál es la palabra autorizada de sabiduría?

14. ¿En qué se diferencia la palabra de sabiduría sobrenatural de la sabiduría que obtenemos mediante el conocimiento de las Escrituras?

15. ¿En qué formas podríamos recibir una palabra de sabiduría sobrenatural, basada en ejemplos bíblicos?

16. ¿A quién se aplica una palabra de sabiduría sobrenatural?

17. ¿En qué se diferencia la palabra de conocimiento autorizada de la palabra de sabiduría autorizada?

18. ¿Cómo se puede manifestar una palabra de conocimiento?

19. ¿Qué ejemplo de las Escrituras dio el Dr. Munroe que demuestra cómo la palabra sobrenatural de sabiduría y la palabra de conocimiento sobrenatural pueden superponerse?

20. ¿Cuál es el poder autorizado de la fe?

21. En contraste con el don sobrenatural de la fe, ¿qué tipos de fe surgen a través de la exposición y la aplicación de las Escrituras?

22. Existe una estrecha relación entre el don de la fe y ¿qué otro don sobrenatural?

23. ¿Cuál es el poder autorizado de sanidad?

24. El término dones de sanidad a veces se traduce del griego original del Nuevo Testamento como "dones de sanidades", de modo que ambas palabras principales están en plural. ¿A qué se refiere este uso plural? ¿Qué afirmación acerca de Jesús corresponde a una perspectiva plural sobre este regalo?

25. Explique cómo los dones de sanación son para la restauración de la persona completa.

26. ¿Cuál es la distinción entre los dones sobrenaturales de sanación y sanidad que se obtienen al ejercitar la fe en las promesas de Dios de las Escrituras?

27. ¿Cuál es el poder autorizado de los milagros, y cómo es este don tanto similar como distinto de los otros dones?

28. Resuma el propósito de los milagros en términos de la administración del reino de los cielos en la tierra.

29. ¿Cuál es el poder autorizado de la profecía?

30. ¿Cuáles son los tres propósitos de la profecía?

31. ¿Cuál es la distinción entre el don de la profecía, que se anima a todos los ciudadanos del reino a buscar, y el cargo o el papel específico del profeta, que es otorgado por el Gobernador a ciertos ciudadanos?

32. ¿Cuál es el poder autorizado de discernimiento?

33. Un ejemplo del poder autorizado de discernimiento es la revelación del _____ de una manifestación sobrenatural (ya sea buena o mala).

34. ¿Con cuáles dones el poder de discernimiento autorizado a menudo trabaja en conjunción?

35. ¿Cuál es el poder autorizado de lenguas especiales o diferentes?

36. Mientras que las lenguas devocionales son generalmente privadas y tienen que ver con uno mismo, el don de diferentes tipos de lenguas es _____, y es con respecto a _____.

37. ¿Dónde se manifiesta el don de diferentes clases de lenguas, y a quién se le da?

38. ¿Cuáles son algunas pautas para el ejercicio apropiado del don autorizado de lenguas en una asamblea de ciudadanos del reino?

39. Cuando una palabra es realmente del Rey, lo hará... [elija uno]
    (a) condenar a las personas
    (b) desalentar a las personas

(c) formar personas

(d) menospreciar a las personas

40. ¿Por qué el don de lenguas a veces toma la forma de lenguajes terrenales?

41. ¿Cuál es el poder autorizado de interpretación de lenguas?

42. Todo el poder autorizado del Gobernador viene a través del _____ en el Espíritu Santo.

APLICAR LOS PRINCIPIOS DE LA VIDA DEL REINO

PENSÁNDOLO BIEN

+ ¿Cómo ha visto los dones del Espíritu manifestados en su vida?
+ ¿Cómo ha visto los dones del Espíritu manifestados en una asamblea de creyentes o en otras ocasiones? ¿Cuáles fueron los beneficios para los presentes? ¿Hubo algún problema o mal uso de los dones? Si es así, ¿cómo se abordaron?
+ ¿Alguna vez ha usado los dones del Espíritu por razones egoístas? ¿Cuál es la verdadera razón para ejercitar los dones?
+ ¿Qué nuevas ideas sobre el poder autorizado del Gobernador para los ciudadanos del reino ha obtenido de este capítulo? ¿Cómo podría ser diferente su ejercicio y experiencia de los dones ahora?

ACTUAR AL RESPECTO

+ Si aún no ha recibido el bautismo en el Espíritu Santo, o siente que realmente no lo entiende, repase la sección de este capítulo sobre cómo recibir el bautismo. Entonces, esté abierto a recibir el bautismo para que pueda tener el poder de servir al Rey en su reino. Recuerde, si aún no ha ingresado al reino de Dios, debe dar ese primer paso antes de recibir el bautismo.
+ Pablo dijo que la profecía es el regalo más importante porque edifica a los ciudadanos del reino. Repase las pautas para la profecía

en este capítulo para que pueda estar preparado para usar y ayudar a facilitar este regalo en una asamblea de ciudadanos del Reino.

ORAR SOBRE ESO

+ Pídale a su Rey-Padre, en el nombre del Rey-Hijo, que le dé todos los dones autorizados del Gobernador que son importantes para cumplir su papel en el reino, sirviendo a otros creyentes del reino y llegando a aquellos que todavía no lo han hecho. Al hacerlo, determine usarlos fielmente en el servicio a los demás y no con fines egoístas.

"A cada uno se le da una manifestación especial del Espíritu para el bien de los demás" (1 Corintios 12:7 NVI).

CATORCE

¿POR QUÉ EL MUNDO ENTERO NECESITA AL GOBERNADOR?

CUALQUIER AYUDA EFICAZ Y APROPIADA PARA NUESTRO MUNDO Y SU SITUACIÓN NO PUEDEN VENIR DEL MUNDO MISMO.

Cuando el reloj milenial sonó, midiendo y registrando el paso del tiempo en el planeta tierra, acondicionándonos en las aguas inexploradas del Siglo XXI, todo en nuestro mundo y generación parecía empezar a desbaratarse. Todas las bases seguras de nuestras instituciones antiguas se han conmocionado hasta la médula.

Con la llegada del terrorismo global; la incertidumbre económica y la inseguridad; alzas en los precios del petróleo y los costos del combustible; la re-emergente amenaza de las armas nucleares; conflictos étnicos, culturales, religiosos y raciales; concesiones políticas y diplomáticas; desintegración moral y social; y un aumento global en el temor humano; el espíritu de desesperación entre los moradores del planeta tierra se ha vuelto una norma.

Este temor está compuesto por los intentos de la humanidad, con su limitada apreciación por los defectos inherentes de los seres humanos para tratar estas condiciones globales a través de sistemas intelectuales, religiosos, científicos, filosóficos y políticos. Quizás la mayor evidencia del fracaso humano en este respecto son los aparentemente efectos impotentes de instituciones y coaliciones humanas principales, como las Naciones Unidas, el Fondo Monetario Internacional, el Banco Mundial, la Organización del Tratado Mundial y el Grupo de los Ocho.

Si debemos ser honestos, tal vez puede ser realista concluir que cualquier ayuda eficaz y apropiada para nuestro mundo y su dificultad no puede venir del mundo mismo. Necesitamos ayuda de otro mundo. Es mi convicción y experiencia que la humanidad no puede resolver, ni resolverá, sus problemas auto-generados. La humanidad debe buscar otro mundo para que le ayude. Mi convicción de este hecho fue la base para este libro, y vino a ser la esencia del mismo. Nuestro mundo natural necesita ayuda relevante, práctica y eficaz. Necesitamos que nuestras instituciones gubernamentales sean regidas por un gobierno más alto y más superior.

Es por esto que el mundo entero—cada individuo en él, como también el mundo colectivamente—necesita conocer y experimentar el regreso del Gobernador. Hemos visto que la restauración del reino celestial sobre la tierra puede venir solo a través de la vida y poder del Rey, dados a nosotros por medio del Gobernador. Este Reino es mayor y más poderoso que cualquier gobierno sobre la tierra, y es inmediatamente relevante para el mundo en el que vivimos.

Las naciones son solamente tan buenas como sus comunidades, y, las comunidades son solo tan buenas como las familias que las componen. Las familias son solamente tan buenas como los individuos que las conforman. Por lo tanto, la calidad de una nación es determinada por la calidad de su pueblo. Esto es especialmente verdadero y crítico en referencia al liderazgo de una nación. A menudo, de la manera que los líderes se comporten, así también las naciones. Los valores, estándares y conciencias morales de nuestros líderes frecuentemente determinan las decisiones y leyes de nuestras naciones, e influyen en los estilos de vida y las culturas de los pueblos.

Es de suma importancia, por lo tanto, entender que si las personas en nuestras naciones, los individuos que nombramos como líderes sobre nosotros, como también las instituciones de nuestras sociedades, no tienen una alta fuente de referencia para sus convicciones, creencias, morales, valores y estándares, entonces continuaremos siendo víctimas de nuestra propia naturaleza corrupta.

Es por esta razón que el diseño del Creador para el estilo de vida de la humanidad sobre la tierra, requiere que los seres humanos sean llenos del mismo Espíritu del Creador—el Espíritu Santo—el Gobernador del cielo. Esencialmente, la comunidad nacional y la vida global sobre la tierra fueron proyectadas para ser vividas con y por medio del Espíritu Santo, el Gobernador. La persona y la función del Espíritu Santo no son temas de religión, sino un asunto social, económico, cultural y político. El Espíritu Santo es, por ende, un tema nacional e internacional, y debe ser visto y presentado como tal.

PROPÓSITO Y REALIZACIÓN INDIVIDUAL

Como individuos, cada uno necesitamos al Gobernador para obtener vida verdadera, propósito y eficacia. El soplo del Espíritu que originalmente inició la vida del primer ser humano, lo hizo en tres maneras diferentes: (1) en el espíritu invisible del hombre, hecho a la imagen de Dios; (2) en el alma del hombre—la total conciencia de la mente humana, voluntad y emociones; y (3) en el cuerpo físico del hombre, la vasija viviente donde moran su espíritu y su alma. Mientras el alma y el cuerpo de Adán le daban conciencia de su ambiente terrenal, el Espíritu de Dios dentro de él le daba a su espíritu la conciencia de su Rey Creador y la habilidad de comunicarse directamente con el gobierno celestial.

Los seres humanos deben regresar otra vez a esta vida y su totalidad. Fuimos creados para expresar la naturaleza de Dios, y, podemos relacionarnos y reflejar su naturaleza solo si realmente tenemos su naturaleza dentro de nosotros a través del Espíritu morando en nosotros.

El significado de nuestras vidas individuales—cumpliendo con nuestros propósitos y ejerciendo nuestro potencial total—es, por lo tanto, totalmente dependiente de que recibamos al Gobernador.

UNA COMUNIDAD MUNDIAL DE REYES Y SACERDOTES

Si bien nuestro Rey Creador se comunica con nosotros individualmente, no es su intención que los ciudadanos del Reino vivan aislados. Su plan es una *comunidad* de reyes y sacerdotes que reinarán sobre la tierra. El Gobernador es la clave para la vida de *toda* la humanidad. Por lo tanto, la comunidad mundial necesita ser guiada por el Gobernador si esta, también, debe llegar a ser para lo que fue creada.

Colectivamente, el mundo ha rechazado la presencia e influencia del Gobernador. Es por esta razón que experimentamos guerras, desastres naturales y crisis sociales sobre la tierra.

El Rey quiere que el mundo reciba otra vez al Gobernador. Él quiere que la tierra sea librada del dolor, tristeza, destrucción y muerte que la están plagando. La restauración del gobierno celestial reinstala la habilidad de la humanidad para afectar y controlar las circunstancias sobre la tierra a través del Espíritu Santo.

Cuando una comunidad de reyes y sacerdotes trabajan juntos por causas justas—honrando y expresando la naturaleza de nuestro Rey

Creador—y actuando con auténtica unidad, tendremos el poder potencial para influenciar la tierra con la naturaleza del Reino.

Este nos capacitará para animar y crear…

+ Estabilidad social.
+ Desarrollo económico.
+ Equilibrio ambiental.
+ Avance educacional.
+ Salud física y llenura.
+ Innovación científica.
+ Honestidad política.
+ Justicia gubernamental.
+ Comprensión intercultural.

UN GOBERNADOR BENÉVOLO

¿A quién no le gustaría trabajar bajo un gobierno que provea, inste y propicie la realización del gran potencial individual y colectivo en la vida? El profeta Isaías describió este gobierno celestial, bajo el gobierno del Rey Hijo a través del Gobernador:

> Lo dilatado de su imperio y la paz no tendrán límite, sobre el trono de David y sobre su reino, disponiéndolo y confirmándolo en juicio y en justicia desde ahora y para siempre. El celo de Jehová de los ejércitos hará esto *por su fuerte amor para su pueblo* (Isaías 9:6-7 LBLA).

De nuevo, esta regla es una realidad solamente por el gran amor del Rey para sus ciudadanos y su deseo para el gran bienestar en sus vidas.

No obstante, las Escrituras también hablan acerca de la presencia muy real de otro malévolo gobernante y sus secuaces que buscan controlar este mundo:

> El príncipe de la potestad del aire, el espíritu que ahora opera en los hijos de desobediencia (Efesios 2:2).

> No tenemos lucha contra sangre y carne, sino contra principados, contra potestades, contra los gobernadores de las tinieblas de este siglo, contra huestes espirituales de maldad en las regiones celestes (Efesios 6:12).

Porque se levantarán falsos Cristos, y falsos profetas, y harán grandes señales y prodigios, de tal manera que engañarán, si fuere posible (Mateo 24:24).

El gobernador de este mundo oscuro es Lucifer, o Satanás, el primer general traicionero y líder de la alabanza del cielo, quien ha atacado lo bueno de la humanidad desde el mismo inicio de nuestra existencia. A él le gustaría perpetuar la tristeza y oscuridad del mundo para poder seguir controlándolo. Él desea consolidar a las personas del mundo bajo su cruel gobierno para que nunca puedan llegar a ser libres.

Es por esto que fue esencial que el Rey Hijo viniera a destruir el poder de Satanás sobre el mundo, transfiriéndonos de estar bajo la oscuridad de un mundo corrupto a la luz del reino celestial. El profeta Isaías escribió:

El pueblo asentado en tinieblas vio gran luz; y a los asentados en región de sombra de muerte, luz les res-plandeció (Mateo 4:16).

Mientras Satanás es descrito en términos de oscuridad y muerte, Jesús, el Rey Hijo, es descrito en las Escrituras en términos de luz y vida:

Para dar luz a los que habitan en tinieblas y en sombra de muerte; para encaminar nuestros pies por camino de paz (Lucas 1:79).

Este era en el principio con Dios. Todas las cosas por él fueron hechas, y sin él nada de lo que ha sido hecho, fue hecho. En él estaba la vida, y la vida era la luz de los hombres. La luz en las tinieblas resplandece, y las tinieblas no prevalecieron contra ella (Juan 1:2-5).

Jesús habló de sí mismo en estos términos:

Yo soy la luz del mundo; el que me sigue, no andará en tinieblas, sino que tendrá la luz de la vida (Juan 8:12).

He venido al mundo, para que todo aquel que cree en mí no permanezca en tinieblas (Juan 12:46).

Jesús le dijo al teólogo y apóstol Pablo:

Ahora te envío, para que abras sus ojos, para que se conviertan de las tinieblas a la luz, y de la potestad de Satanás a Dios; para que reciban, por la fe que es en mí, perdón de pecados y herencia entre los santificados (Hechos 26:17-18).

Pablo les enseñó a los creyentes del primer siglo:

Porque en otro tiempo erais tinieblas, mas ahora sois luz en el Señor; andad como hijos de luz (porque el fruto del Espíritu es en toda bondad, justicia y verdad) (Efesios 5:8-9).

El cual nos ha librado de la potestad de las tinieblas, y trasladado al reino de su amado Hijo, en quien tenemos redención por su sangre, el perdón de pecado (Colosenses 1:13-14).

Las naciones del mundo necesitan urgentemente la luz y vida del Reino, lo cual proviene solo del Rey Hijo a través del Gobernador. La presencia del reino de los cielos sobre la tierra, a través del regreso del Espíritu Santo, es el mensaje de las Escrituras, y es el mensaje de Jesús. La historia de la humanidad—y por ende la de todos nosotros—está inextricablemente ligada a este Reino. El ejercer el dominio del reino sobre la tierra, bajo la guía del Gobernador, es nuestro propósito y llamado colectivo.

A medida que nos sometemos a la presencia y obra del Gobernador y en nuestras vidas, esparciremos el reino de Dios sobre la tierra. El cambio se dará en todas las áreas de la vida, en las personas de todos los países y orígenes étnicos, en el Este y el Oeste; y en todas las circunstancias sociales y económicas. El ejecutivo, el maestro, el artista, el analista financiero, el trabajador social, el granjero, el científico, el economista, la modista, el líder gubernamental y el ama de casa serán transformados de acuerdo al reino celestial para que la vida, y no la confusión, estrés y muerte, sean el resultado.

El Espíritu da *vida* al mundo, en la máxima extensión de la palabra. Todo lo que ocurra por medio de la influencia del Espíritu, luego traerá vida a las personas y puede alcanzar países enteros e influenciar a la comunidad mundial. Por ejemplo, si todos los jueces de un país están bajo la guía del Gobernador celestial, y si sus mentes están inmersas en la filosofía del Reino, usted no tendrá que preguntar qué tipo de juicios dictarán, ni tendrá que sufrir bajo leyes injustas. Una cultura influenciada por el Espíritu será una cultura que preserve y proteja la vida. "La mentalidad que proviene del Espíritu es vida y paz" (Romanos 8:6 NVI).

LA TRANSFORMACIÓN COMPLETA DE LA TIERRA AL REINO

En última instancia, el mundo se está moviendo hacia una transformación completa a la imagen y naturaleza del Rey. Este plan culminará en la creación de un nuevo cielo y una nueva tierra. En efecto, el cielo y la tierra serán uno solo, para que no haya diferencia esencial entre los dos, y el Rey mismo vivirá entre su pueblo.

Juan, el discípulo, describió la transformación total de la tierra a la naturaleza, mentalidad y valores del Reino. En las palabras en cursivas y corchetes, describo lo que veo como implicaciones para la vida del Reino:

Vi un cielo nuevo y una tierra nueva; porque el primer cielo y la primera tierra pasaron [*la tierra está totalmente alineada con el reino celestial, sin rasgos del reino de la oscuridad*]...

Vi la santa ciudad, la nueva Jerusalén, descender del cielo, de Dios, dispuesta como una esposa ataviada para su marido. [*Los ciudadanos del Reino son totalmente puros, apartados e integrados; son uno con la naturaleza de Dios en armonía consigo mismos*]...

Y oí una gran voz del cielo que decía: He aquí el taber-náculo de Dios con los hombres, y él morará con ellos; y ellos serán su pueblo, y Dios mismo estará con ellos como su Dios. [*El Gobierno continúa morando entre el pueblo del Rey, y, no hay nada que separe al Rey Padre de sus amados hijos*].

Enjugará Dios toda lágrima de los ojos de ellos; y ya no habrá muerte, ni habrá más llanto, ni clamor, ni dolor; porque las primeras cosas pasaron. Y el que estaba sentado en el trono dijo: "He aquí, yo hago nuevas todas las cosas". [*El reino de la oscuridad ha sido completamente destruido, y el reino de vida y luz reina sobre la tierra*]. (Apocalipsis 21:1-5).

La creación de un nuevo cielo y una nueva tierra será el ápice del plan del Rey para la venida del Gobernador, lo cual ha tenido en mente desde el principio. Las personas de la tierra serán una verdadera comunidad mundial de reyes y sacerdotes viviendo la vida del Reino en su totalidad.

CIUDADANOS DEL REINO

El discípulo Pedro escribió la siguiente declaración a los ciudadanos del Reino de sus días, algo que también se aplica a nosotros:

Mas vosotros sois linaje escogido, real sacerdocio, nación santa, pueblo adquirido por Dios, para que anunciéis las virtudes de aquel que os llamó de las tinieblas a su luz admirable; vosotros que en otro tiempo no erais pueblo, pero que ahora sois pueblo de Dios; que en otro tiempo no habíais alcanzado misericordia, pero ahora habéis alcanzado misericordia (1 Pedro 2:9-10).

El Espíritu Santo es la clave para el mundo. Él es la persona más importante sobre la tierra porque nos trae la presencia y el poder del reino de los cielos. ¡Sea usted reconciliado con su Rey Creador, reciba al Gobernador en su vida y viva en el Reino como el ciudadano real que siempre debió haber sido!

PREGUNTAS DE ESTUDIO DEL CAPÍTULO CATORCE

PREGUNTA PARA REFLEXIÓN

1. ¿Qué tan efectivos crees que los líderes de hoy son al abordar los problemas y necesidades en el mundo? ¿Por qué?

EXPLORAR PRINCIPIOS Y PROPÓSITOS

2. Como la humanidad no puede resolver sus problemas autogenerados, ¿qué tipo de ayuda necesita nuestro mundo?

3. ¿Cuál será la causa si seguimos siendo víctimas de nuestra propia naturaleza corrupta?

4. ¿Qué requiere el diseño del Rey Creador para la vida de la humanidad en la tierra?

5. Cada uno de nosotros necesita al Gobernador para la vida verdadera, el propósito y _____.

6. No es la intención del Rey que los ciudadanos de su reino vivan en aislamiento. ¿Cuál es su plan?

7. ¿Cuándo tendremos un gran potencial para influir en la tierra con la naturaleza del reino? ¿Por qué todo el mundo necesita al gobernador?

8. ¿Qué provee el gobierno celestial, lo alienta y lo habilita?

9. ¿Cuál es la actitud del Rey hacia sus ciudadanos?

10. ¿Qué desea el enemigo del Rey, Lucifer, para este mundo?

11. ¿Qué hizo el Rey-Hijo para contrarrestar el poder y los propósitos de Lucifer?

12. ¿Cuál es el mensaje de Jesús y las Escrituras?

13. ¿Cuál es el propósito y la vocación colectiva de la humanidad?

14. ¿Qué pasará cuando cedamos a la presencia y el trabajo del Gobernador en nuestras vidas?

15. ¿Cómo se mueve el mundo en última instancia hacia la transformación completa en la imagen y la naturaleza del Rey?

16. ¿Por qué el Espíritu Santo es la persona más importante en la tierra?

APLICAR LOS PRINCIPIOS DE LA VIDA DEL REINO

PENSÁNDOLO BIEN

+ ¿Qué ha aprendido en este libro sobre la capacidad del Espíritu Santo, el Gobernador, para abordar las necesidades y problemas fundamentales del mundo?

+ ¿Qué significa para usted ser parte de una comunidad de "reyes y sacerdotes" que reinarán en la tierra bajo la guía del Gobernador? ¿Cuáles son los beneficios y las responsabilidades?

ACTUAR AL RESPECTO

+ Su capacidad de vivir su único propósito de vida y ejercitar todo su potencial depende totalmente de recibir el Espíritu Santo y de permitirle guiarlo y dirigirlo. Haga un compromiso ahora para entrar en el reino de los cielos y vivir de acuerdo con los propósitos del Rey bajo la dirección del Gobernador.

+ Si está acostumbrado a pensar en una relación aislada con el Rey Creador, escriba algunas ideas específicas de cómo puede vivir su vida en el reino celestial junto con sus conciudadanos en el reino. Al hacerlo, incluya aspectos de la vida del reino destacados en los capítulos de este libro.

ORAR SOBRE ESO

+ Diariamente reconozca su deseo de difundir el reino celestial en la tierra orando: "Padre, no se haga mi voluntad, sino la tuya" (Lucas 22:42).

+ Ore para que el Rey-Padre lo dirija a aquellos que necesitan escuchar el mensaje vivificante del regreso de su reino. Luego confíe en el Gobernador para darles las palabras y acciones que atraerán a otros al Padre y al reino.

"Mas buscad primeramente el reino de Dios y su justicia, y todas estas cosas os serán añadidas" (Mateo 6:33).

NOTAS BIBLIOGRÁFICAS

CAPÍTULO UNO

1. *Nuevo Diccionario Ilustrado de la Biblia de Thomas Nelson* (Nashville: Thomas Nelson Publishers, 1995, 1986), s.v. "Colonia", 287.
2. *Vox: Diccionario Actual de la Lengua Española.* s.v. "Colonia".
3. Atribuido a Harry Thurston Pecks, *Diccionario de Antigüedades Clásicas de Harper,* 1898 <http://en.wikipedia.org/wiki/Apoikia. (9 de junio de 2006)>

CAPÍTULO DOS

1. Véase, por ejemplo: http://helios.gsfc.nasa.gov/qa_sp_gl.html <http: //starchild.gsfc.nasa.gov/docs/StarChild/universe_level2/galaxies.html.> <http://hypertextbook.com/facts/2000/MarissaWagner.shtml/> <http://curious.astro.cornell.edu/question.php?number=31> <http://curious.astro.cornell.edu/question.php?number=40> <http://curious.astro.cornell.edu/question.php?number=510> (Todos los sitios fueron visitados el 28 de julio de 2006)
2. <http://nasaexplores.nasa.gov/show2_912a.php?id=01-079&gl=912 (6 de noviembre de 2006)>
3. Véase el *Diccionario Expositivo Completo de las Palabras del Antiguo y Nuevo Testamento de Vine* editado por W. E. Vine, Merrill F. Unger, y William White, hijo. (Nashville: Thomas Nelson Publishers, 1996), Palabras del Antiguo Testamento, s.v. "Estatua", 244.
4. Ibíd., Palabras del Antiguo Testamento, s.v. "Semejanza". B. Sustantivo, 137.
5. Atribuido a Harry Thurston Pecks, *Diccionario de Antigüedades Clásicas de Harper,* 1898 <http://en.wikipedia.org/wiki/Apoikia. (9 de junio de 2006)>

CAPÍTULO CUATRO

1. Para una discusión más amplia sobre el origen y uso de la palabra *santo* en este contexto, véase el *Diccionario Expositivo Completo de Palabras del Antiguo y Nuevo Testamento de Vine* editado por W. E. Vine, Merrill F. Unger, y William White, hijo. (Nashville: Thomas

Nelson Publishers, 1996), Palabras del Antiguo Testamento, s.v. "Santo". A. Adjetivo, 113–14.

2. Véase la *Concordancia Exhaustiva de Strong*, #H4467.

3. Véase *Strong*, #H3068.

CAPÍTULO CINCO

1. Véase la *Nueva Concordancia Americana Exhaustiva de la Biblia (NCEB)*, The Lockman Foundation, #G3341. Usada con permiso.

2. Véase la *Concordancia Exhaustiva de Strong*, #G3101.

3. Véase *Strong* y *NCEB*, #G4680; #G5384; #G5385; #G5386.

4. Véase *Strong*, #G3860, y, el *Diccionario Expositivo Completo de Palabras del Antiguo y Nuevo Testamento de Vine* editado por W. E. Vine, Merrill F. Unger, y William White, hijo. (Nashville: Thomas Nelson Publishers, 1996), Palabras del Nuevo Testamento, s.v. "Ceder". No. 5, 691.

CAPÍTULO SIETE

1. *Vox: Diccionario Actual de la Lengua Española*. s.v. "Recipere".

2. Véase la *Concordancia Exhaustiva de Strong*, #G3187, y la Nueva Concordancia Americana Exhaustiva de la Biblia (NCEB), The Lockman Foundation, #G3187. Usada con permiso.

CAPÍTULO OCHO

1. Véase la *Concordancia Exhaustiva de Strong*, #G1411, y la *Nueva Concordancia Americana Exhaustiva de la Biblia (NCEB)*, The Lockman Foundation, #G1411. Usada con permiso.

2. Véase *Strong*, #G3142.

CAPÍTULO NUEVE

1. Véase la *Concordancia Exhaustiva de Strong*, #G4395, y la *Nueva Concordancia Americana Exhaustiva de la Biblia (NCEB)*, The Lockman Foundation, #G4395. Usada con permiso.

2. Véase *Strong*, #G1849, y *NCEB*, #G1849.

3. Véase *Strong*, #G1411, y *NCEB*, #G1411.

4. Véase *Strong*, #H1870.

CAPÍTULO DIEZ

1. Véase la *Concordancia Exhaustiva de Strong*, #G3875.

2. Véase *Strong*, #G1484, y la *Nueva Concordancia Americana Exhaustiva de la Biblia (NCEB)*, The Lockman Foundation, #G1484. Usada con permiso.

CAPÍTULO DOCE

1. Véase la *Concordancia Exhaustiva de Strong*, #H894.

CAPÍTULO TRECE

1. Véase la *Concordancia Exhaustiva de Strong*, #G1411, y la *Nueva Concordancia Americana Exhaustiva de la Biblia (NCEB)*, The Lockman Foundation, #G1411. Usada con permiso.

2. Véase *Strong*, #G3619, y el *Diccionario Expositivo Completo de Palabras del Antiguo y Nuevo Testamento de Vine* editado por W. E. Vine, Merrill F. Unger, y William White, hijo. (Nashville: Thomas Nelson Publishers, 1996), Palabras del Nuevo Testamento, s.v. "Edificación, edificar, edificante". A. Sustantivo, 194.

3. Véase el *Diccionario Expositivo Completo de Palabras del Antiguo y Nuevo Testamento de Vine*, s.v. "Consuelo, Consolador, sin consuelo". A. Sustantivos. No. 1, 110; véase también *Strong*, #G3874; y *NCEB*, #G3874.

4. Véase el *Diccionario Expositivo Completo de Palabras del Antiguo y Nuevo Testamento de Vine*, s.v. "Consuelo, Consolador, sin consuelo". A. Sustantivos. No. 2, 111.

5. Véase *Strong*, #G1411, y *NCEB*, #G1411.

ACERCA DEL AUTOR

El Dr. Myles Munroe (1954–2014) fue un orador motivacional internacional, autor de éxitos de ventas, educador, mentor de liderazgo, y consultor gubernamental y de negocios. Viajaba extensamente por todo el mundo, abordando temas críticos que afectan a todas las áreas del desarrollo humano, social y espiritual. El tema central de su mensaje es la maximización del potencial individual, incluyendo la transformación de seguidores en líderes y de líderes en agentes de cambio.

El doctor Munroe fue fundador y presidente de Bahamas Faith Ministries International (BFMI), una organización multidimensional con oficinas principales en Nassau, Bahamas. Fue director general (CEO) de International Third World Leaders Association (Asociación Internacional de Líderes del Tercer Mundo) y presidente de International Leadership Training Institute (Instituto Internacional de Adiestramiento en Liderazgo). Fue además el fundador y productor ejecutivo de programas de radio y televisión transmitidos alrededor del mundo. Era invitado frecuente en otros programas de radio y televisión en emisoras internacionales, y fue colaborador de varias ediciones bíblicas, revistas y boletines como *The Believer's Topical Bible*, *The African Cultural Heritage Topical Bible*, *Charisma Life Christian Magazine* y *Ministries Today*. Fue un popular autor de más de 40 libros, entre otros, *El poder del carácter en el liderazgo*, *El propósito y poder de la autoridad*, *Los principios y beneficios del cambio*, *Convirtiéndose en un líder*, *El espíritu de liderazgo*, *El poder de la visión*, *Entendiendo el propósito y el poder de la oración*, *Entendiendo el propósito y el poder de la mujer*, y *Entendiendo el propósito y el poder del hombre*.

El doctor Munroe ha cambiado las vidas de multitudes en todo el mundo con un poderoso mensaje que inspira, motiva, desafía y empodera a las personas para descubrir su propósito personal, desarrollar el verdadero potencial, y manifestar las habilidades únicas del liderazgo. Por más de treinta años, ha adiestrado a decenas de miles de líderes en negocios, industria, educación, gobierno y religión. Asistió él mismo a más de 400,000 personas cada año, en su desarrollo personal y profesional. Su llamado y su mensaje trascienden edad, raza, cultura, credo y trasfondo económico.

El doctor Munroe obtuvo sus grados de bachillerato y maestría de la Universidad Oral Roberts y la Universidad de Tulsa, en Oklahoma. Recibió además diversos grados honorarios. Sirvió como profesor adjunto de la Escuela Graduada de Teología de la Universidad Oral Roberts.

Los padres de dos hijos adultos, Charisa y Chairo (Myles, Jr.), el doctor Munroe y su esposa Ruth viajaban como equipo, ofreciendo juntos seminaries de enseñanza. Ambos eran líderes que ministraban con corazones sensible y visión internacional. En noviembre de 2014, murieron trágicamente en un desastre aéreo rumbo a una conferencia anual de liderazgo auspiciada por Bahamas Faith Ministries International. Un enunciado en el libro del doctor Munroe, *El poder del carácter en el liderazgo*, resume su propio legado: "Recuerden que el carácter asegura la longevidad del liderazgo, y los hombres y mujeres de principios dejarán importantes legados y serán recordados por futuras generaciones".